Religiöses Lernen

Pastoralpsychologie und Spiritualität
Herausgegeben von Karl Frielingsdorf

Band 6

PETER LANG
Frankfurt am Main · Berlin · Bern · Bruxelles · New York · Oxford · Wien

Klaus Kießling

Religiöses Lernen

Multidisziplinäre Zugänge
zu religionspädagogischer Theorie
und Praxis

PETER LANG
Europäischer Verlag der Wissenschaften

Bibliografische Information Der Deutschen Bibliothek
Die Deutsche Bibliothek verzeichnet diese Publikation in der
Deutschen Nationalbibliografie; detaillierte bibliografische
Daten sind im Internet über <http://dnb.ddb.de> abrufbar.

Gedruckt auf alterungsbeständigem,
säurefreiem Papier.

ISSN 1437-6679
ISBN 3-631-51477-8
© Peter Lang GmbH
Europäischer Verlag der Wissenschaften
Frankfurt am Main 2003
Alle Rechte vorbehalten.

Das Werk einschließlich aller seiner Teile ist urheberrechtlich
geschützt. Jede Verwertung außerhalb der engen Grenzen des
Urheberrechtsgesetzes ist ohne Zustimmung des Verlages
unzulässig und strafbar. Das gilt insbesondere für
Vervielfältigungen, Übersetzungen, Mikroverfilmungen und die
Einspeicherung und Verarbeitung in elektronischen Systemen.

Printed in Germany 1 2 4 5 6 7

www.peterlang.de

Inhaltsverzeichnis

Vorwort 11

0. Eine Einstimmung – anhand erster Lernprozesse 13

0.1. Mein eigener Weg zum Thema: ein biographischer Zugang 13
0.2. Die Zeichen der Zeit: ein multidisziplinärer Zugang 16
0.3. Der Gang des Buches in drei Schritten 19
0.4. Lernen – in etymologischen Zugängen 21

1. Lernen – in pädagogisch-psychologischen Zugängen 27

1.1. Lernen – in verhaltenspsychologischen Zugängen
 oder Lernziel: konditionierte Verhaltensmodifikation 32
1.1.1. Klassische Konditionierung 33
1.1.2. Operante Konditionierung 37

1.2. Lernen – in psychologischen Zugängen des Lernens am Modell
 oder Lernziel: Erwerb kognitiver Kompetenz 41

1.3. Lernen – in gestaltpsychologischen Zugängen
 oder Lernziel: Bildung einer „guten Gestalt" 46

1.4. Lernen – in genetisch-epistemologischen Zugängen
 oder Lernziel: Äquilibration kognitiver Schemata 50
1.4.1. Biographische Notizen zu Jean Piaget 50
1.4.2. Einige Grundbegriffe der Entwicklungspsychologie Jean Piagets 53
1.4.3. Hauptzüge des Entwicklungskonzepts Jean Piagets 57

1.5.	Lernen – in humanistisch-pädagogischen Zugängen *oder* Lernziel: Verstehen und „Sich-einhausen"	60
1.5.1.	Axiome der Themenzentrierten Interaktion	62
1.5.2.	Daseinspostulate und Methoden der Themenzentrierten Interaktion	63
1.5.3.	„Hilfsregeln" der Themenzentrierten Interaktion	67
1.6.	Lernen – in systemtheoretischen Zugängen *oder* Lernziel: Selbstorganisation in Prozeßgestalten	68

2. Religiöses Lernen – in religionspädagogischen und theologischen Zugängen 75

2.1.	Religiöses Lernen nach Ronald Goldman: „Religiöses Denken von der Kindheit bis zum Jugendalter"	77
2.1.1.	Voroperationales religiöses Denken	78
2.1.2.	Konkret-operationales religiöses Denken	79
2.1.3.	Formal-operationales religiöses Denken	79
2.1.4.	Zusammenfassung	80
2.2.	Religiöses Lernen nach James W. Fowler: „Stufen des Glaubens. Die Psychologie der menschlichen Entwicklung und die Suche nach Sinn"	81
2.2.1.	Stufe 0: „Erster Glaube"	81
2.2.2.	Stufe 1: Intuitiv-projektiver Glaube	82
2.2.3.	Stufe 2: Mythisch-wörtlicher Glaube	83
2.2.4.	Stufe 3: Synthetisch-konventioneller Glaube	84
2.2.5.	Stufe 4: Individuierend-reflektierender Glaube	85
2.2.6.	Stufe 5: Verbindender Glaube	86
2.2.7.	Stufe 6: Universalisierender Glaube	87
2.2.8.	Stufenfolge im Lebenslauf	87
2.2.9.	Kritik an James W. Fowlers Konzept	88

2.3.	Religiöses Lernen nach Fritz Oser und Paul Gmünder: „Der Mensch – Stufen seiner religiösen Entwicklung. Ein strukturgenetischer Ansatz"	89
2.3.1.	Entwicklung des religiösen Urteils	90
2.3.2.	Merkmale der Stufen des religiösen Urteils	91
2.3.3.	Methode zur Erfassung des religiösen Urteils	92
2.3.4.	Stufen der religiösen Entwicklung im Überblick	94
2.3.4.1.	Stufe 0: Innen-Außen-Dichotomie	94
2.3.4.2.	Stufe 1: Absolute Heteronomie	95
2.3.4.3.	Stufe 2: Do-ut-des-Prinzip	96
2.3.4.4.	Stufe 3: Absolute Autonomie	97
2.3.4.5.	Stufe 4: Vermittelte Autonomie und Heilsplan	99
2.3.4.6.	Stufe 5: Religiöse Intersubjektivität	100
2.3.4.7.	Zusammenfassung und Ankerbeispiele	101
2.3.5.	Resultate einer empirischen Untersuchung	107
2.3.5.1.	Alterstrend und Nicht-Abbau-Hypothese	107
2.3.5.2.	Hypothesen zu Konfession, Bildungsniveau, Status und Geschlecht	108
2.3.5.3.	Transsituationalitäts-Hypothese	108
2.3.6.	Kritik an Paul Osers und Fritz Gmünders Konzept	109
2.4.	Religiöses Lernen nach Hartmut Beile: „Religiöse Emotionen und religiöses Urteil"	110
2.5.	Religiöses Lernen nach Karl Rahner: Diakonische Mystagogie	114
2.5.1.	Mystagogische Traditionen	114
2.5.2.	Mystagogisches Lernen	115
2.5.3.	Diakonisch-mystagogisches Lernen	118
2.6.	Weitere Ansätze religiösen Lernens	119
2.6.1.	Ein psychologischer Zugang zu sozialem Lernen	122
2.6.2.	Ein soziologischer Zugang zu sozialem Lernen	123
2.6.3.	Ein evolutionsbiologischer Zugang zu sozialem Lernen	124
2.6.4.	Soziales Lernen als religiöses Lernen?	125

3. Praxis religiösen Lernens – anhand der Lernorte Schule, Gemeinde und Familie 129

3.1.	Religiöse Praxisgestalten am Lernort Schule ...	129
3.1.1.	... im Horizont pädagogisch-psychologischer Konzepte	129
3.1.2.	... im Horizont religionspädagogischer Konzepte	130
3.1.3.	... im Horizont mystagogischer Konzepte	132
3.1.4.	... im Horizont diakonischer Konzepte	133
3.2.	Religiöse Praxisgestalten am Lernort Gemeinde	134
3.2.1.	Lebenswende Geburt	135
3.2.2.	Mystagogische Taufkatechese	136
3.2.3.	Elternschule	138
3.2.4.	Taufansprache zu Psalm 91, 11 – 12	140
3.3.	Religiöse Praxisgestalten am Lernort Familie	144
3.3.1.	„Superfromm": zum Beispiel Julia	145
3.3.2.	„Hoffnungsvoll": zum Beispiel Fritz	146
3.3.3.	„Auf der Suche alleingelassen": zum Beispiel Franziska	147
3.3.4.	Julia, Fritz, Franziska – was nun?	147
3.4.	Dokumentation einer multidisziplinären Pilotstudie zu Wirkzusammenhängen religiöser Familienerziehung	149
3.4.1.	Familienreligiosität – Fehlanzeige?	149
3.4.2.	Multidisziplinäre Pilotstudie zur Familienreligiosität	150
3.4.3.	Strategien qualitativ-empirischer Familienforschung	153
3.4.4.	Julia – offensive Streiterin für ihren katholischen Glauben in Wort und Tat	155
3.4.5.	Fritz – tapferer Hoffnungsträger im Kampf zwischen David und Goliath	160
3.4.6.	Franziska – schutzbedürftiger Schutzengel und religiöse Autodidaktin	164
3.4.7.	Mephisto – cooler Kämpfer für religiöse Autonomie	167
3.4.8.	Soraja – hochambivalente Grenzgängerin zwischen religiösem Halt und Einhalt	170

3.4.9.	Attila („Väterchen") – Opfer und Täter eines janusköpfigen väterlichen Erbes	175
3.4.10.	Attilas Mutter – „eine sehr gute Mutter, aber ein miserabler Vater"	180
3.4.11.	Bündelung der Ergebnisse qualitativ-empirischer Familienforschung	184
3.4.12.	Bewertung der Instrumente qualitativ-empirischer Familienforschung	187
3.4.13.	Strategien und erste Ergebnisse quantitativ-empirischer Familienforschung	193
3.4.14.	Familienreligiosität – Zukunftsperspektiven	196
3.5.	Eine Bündelung – anhand multidisziplinärer Zugänge zu religionspädagogischer Theorie und Praxis	198

Literatur   201

Vorwort

Religiöses Lernen vollzieht sich insbesondere in Familie, Schule und Gemeinde. Dieses Buch möchte dazu eine Einführung bieten – in multidisziplinären Zugängen: Zunächst macht es mit pädagogisch-psychologischen Lerntheorien in ihrer Vielfalt vertraut, sodann erfolgt eine Konzentration auf Konzepte religiösen Lernens. Schließlich nimmt über die Theoriebildung hinaus die Praxis religiösen Lernens breiten Raum ein. Denn zur Gestaltung religiöser Lernprozesse möchte dieses Buch ermutigen. Lernen verstehe ich als offen Erfahrungsprozeß, der zwar auf Unterstützung und Begleitung angewiesen ist, aber im Lehren nicht vorweggenommen werden kann. Dabei geschieht religiöses Lernen in Zusammenhängen, in denen Menschen aus der erfahrenen und erhofften Beziehung zu einer letzten Sinnmitte ihr Leben und ihre Umwelt gestalten.

Vor diesem Hintergrund entstand auch die Konzeption einer religionspädagogischen Vorlesung, die ich im Sommersemester 2002 an der Philosophisch-Theologischen Hochschule Sankt Georgen in Frankfurt am Main gehalten habe. Aus ihr ist dieses Buch hervorgegangen – für Studierende, für Religionspädagoginnen und Religionspädagogen, für Theologinnen und Theologen in Schule und Gemeinde, überhaupt für Menschen, denen religiöses Lernen am Herzen liegt und die dazu anstiften möchten, zunächst und zumeist in Familien.

Pater Prof. Dr. Karl Frielingsdorf SJ danke ich herzlich für die Aufnahme dieses Bandes in die von ihm herausgegebene Reihe „Pastoralpsychologie und Spiritualität" sowie für die spontane und großzügige Bereitstellung des Druckkostenzuschusses. Zugleich danke ich meinen Tübinger Mitarbeitern Stefan Fischer, Christian Kascholke und Joachim Köhler für ihre qualifizierte Unterstützung bei der Erstellung des Manuskripts und der Druckvorlage.

Das Interesse der Studierenden in Frankfurt, für die und mit denen ich diese multidisziplinären Zugänge zu religionspädagogischer Theorie und Praxis erarbeitete, wirkte für mich beflügelnd – auf dem Weg zu dieser Veröffentlichung. Ihre Bereitschaft zur Auseinandersetzung mit diesem Thema und ihre Fragen haben neue Lernprozesse angestoßen – untereinander sowie bei mir. Ihnen widme ich dieses Buch.

Freiburg i.Br., im Frühjahr 2003   Klaus Kießling

0. Eine Einstimmung – anhand erster Lernprozesse

Religiöses Lernen. Multidisziplinäre Zugänge zu religionspädagogischer Theorie und Praxis – diesen Titel gebe ich dem vorliegenden Buch in der Hoffnung, daß es seine Leserinnen und Leser zu glückenden *Lernprozessen* anregen möge. Denn um das *Lernen* soll es gehen. Lesende und ich bringen schon jeweils eine Lerngeschichte mit; einführend möchte ich darum exemplarisch einige Einblicke gewähren in meine Lerngeschichte – auch wenn der Gang des Buches selbst wohl Aufschluß geben wird darüber, worin für mich wichtige Lernerfahrungen liegen, die ich mit meinen Leserinnen und Lesern teilen möchte. Danach will ich meinen Blick nach vorn richten und in groben Zügen skizzieren, wie ich mir den Gang dieses Buches vorstelle. Daran wird sich dann – anhand der Geschichte des Lernens – ein inhaltlicher Einstieg anschließen.

0.1. Mein eigener Weg zum Thema: ein biographischer Zugang

Viele Fragen haben mich bewegt, viele innere Kämpfe hat es mir verursacht, als ich am Ende meiner Schulzeit herauszufinden versuchte, welches Studium ich aufnehmen wollte und wie ich es organisieren könnte. Durch meinen katholischen Vater und meine evangelische Mutter geprägt, durch kirchliche Jugendarbeit und pfarrgemeindliches Engagement weiter inspiriert, im Umgang mit sogenannten „lernschwachen" Mädchen und Jungen, die ich unterrichtete, geschult, durch meine Erfahrungen in der Pflege und Betreuung mehrfach behinderter sowie psychiatrisch auffälliger Kinder gestärkt, wählte ich schließlich Theologie und Psychologie als mögliche Studienfächer aus.

Es blieb die Frage, womit ich anfangen sollte und wollte, sofern mir die Umsetzung meiner Pläne formal gelingen würde. Vielleicht erscheint es meinen Leserinnen und Lesern naiv, nach welchen Kriterien ich damals entschied. Ich beschloß, mit dem Studium der Theologie zu beginnen und – sofern möglich – Psychologie später hinzuzunehmen (ohne zu ahnen, daß studientechnisch zumindest damals der umgekehrte Weg einfacher gewesen und mir manche Zusatzprüfung erspart geblieben wäre): erst Theologie – in der Hoffnung, diese würde meinen Horizont weiten, dann Psychologie – in der Meinung, daß diese mich auf einen praktischen Beruf vorbereiten würde.

Ich erinnere mich noch gut daran, wie aufregend ich es fand, als Theologiestudent erstmals eine Veranstaltung in Psychologie zu besuchen; sie fand am sogenannten Röntgenring an meinem ersten Studienort Würzburg statt. Zumal die Zentrale Vergabestelle für Studienplätze die Zahl der Studierenden im Hauptfach Psychologie streng reglementierte und das Bayrische Hochschulgesetz seinerzeit diese Fächerkombination gar nicht zuließ, war mir als Theologiestudent der Besuch von Veranstaltungen am Psychologischen Institut schlicht untersagt. Dadurch, daß ich mich trotzdem dorthin aufmachte, gewann das Unternehmen „Doppelstudium" eine subversive Note, die mich mehr beflügelte als lähmte.

Auffällig war für mich, daß es dort am Röntgenring – im Vergleich zur Theologischen Fakultät – viel bunter zuging, schon angesichts der Kleidung der Studierenden und Lehrenden, auch lauter, weniger andächtig, weniger diszipliniert. Gearbeitet wurde in der Psychologie in ganz anderen Denkstrukturen, in einer ganz anderen Sprache, mit für mich recht neuen Herangehensweisen an Forschungsgegenstände, auch mit einem anderen Verständnis von dem, was Wissenschaft ist und sein soll, schließlich mit einem ganz unterschiedlichen Menschenbild (was mir übrigens erst nach meinem Wechsel nach Freiburg so recht deutlich wurde, wo ich denn auch offiziell zum Doppelstudium zugelassen wurde): So habe ich Veranstaltungen zur theologischen Anthropologie besucht, in denen vom „*Geheimnis* Mensch" die Rede war, und zugleich physiologische Psychologie studiert – ein Fach, das sich der „*Biomaschine* Mensch" widmete. Geheimnis Mensch oder Biomaschine Mensch? Oder gar beides, etwa der Mensch als geheimnisvolle Biomaschine?

Einerseits empfand ich es als faszinierend, daß ich so verschiedene Welten kennenlernen konnte, andererseits fiel es mir nicht immer leicht, meine eigene Gangart auf so unterschiedlichen, auf theologischen und auf psychologischen Pfaden oder irgendwo dazwischen zu finden. Die Hoffnung auf neue Horizonte, die ich mit meinem Studium der Theologie verband, ging in Erfüllung; die Meinung, das Studium der Psychologie würde mich auf eine spätere praktische Arbeit vorbereiten, mußte ich jedoch revidieren. Ich erlebte die Vielfalt der Psychologie[1], die ich im Rahmen dieses Buches gern aufblitzen lassen möchte, als sehr spannend, oft auch als spannungsreich, aber meine spätere praktische Arbeit hätte ich damit nicht bewältigen können. Dazu bedurfte es einer eigenen psycho-

---

[1] Zur Einführung in psychologische Disziplinen s. Kießling 2002a.

therapeutischen sowie einer pastoralpsychologischen Ausbildung. Die letzten Jahre praktischer Arbeit mit suchenden und leidenden Jugendlichen und Erwachsenen, meine Praxis in psychologischer Beratung, Psychotherapie und Supervision, meine Lehrtätigkeit im Religionsunterricht an berufsbildenden Schulen im In- und Ausland sowie meine Mitarbeit in der katholischen Straffälligenhilfe stärkten mich in der Überzeugung, daß pädagogisch-psychologische Kenntnisse und – mehr noch – pädagogisch-psychologische Handlungskompetenzen unerläßlich sind für das Wirken praktischer Theologinnen und Theologen, insbesondere von Religionspädagoginnen und Religionspädagogen.

Dabei beschränkt sich Lernen, beschränkt sich mein Lernen nicht auf Schule, Ausbildung und Berufsleben. Gelernt habe ich in meiner Herkunftsfamilie: in der Beziehung zu meinen Eltern zunächst und immer wieder, dann auch in der Auseinandersetzung mit meinem jüngeren Bruder, der wohl als erster seinen Bruder (mich) als Lehrer erlebte – sehr zu seinem Leidwesen, wie er mir immer wieder bedeutet und wie ich rückblickend wohl eingestehen muß, ganz gegen meinen eigenen Erinnerungsoptimismus; mein Bruder ist inzwischen seinerseits zu einem leidenschaftlichen Lehrer geworden. Gelernt habe ich auch von meinen Großmüttern, die ich beide heiß liebte und die mir auch zumuteten zu lernen, mit ihrem Tod zurechtzukommen: die eine vor wenigen Jahren, als sie mit ihren beiden Kindern und mir die letzten Stunden ihres Lebens auf dieser Erde teilte und mir auf diese Weise Stunden schenkte, die sich tief in mein Herz eingegraben haben; die andere schon zu einer Zeit, als ich vier Jahre alt war. Im Tagebuch, das meine Eltern damals für ihren Erstgeborenen verfaßten, steht geschrieben: „Täglich betet Klaus: ‚Lieber Gott, laß die Omi im Himmel gut (‚recht gut' fügt er zum Nachdruck oft noch hinzu) schlafen.'" Diese Notiz stammt aus der Zeit nach dem Tod meiner Großmutter. Einige Seiten zuvor erzählt das Tagebuch davon, daß sie mich nahezu täglich besucht hatte und ich als vierjähriger „Inhaber" eines Kaufladens mit ihr als Hauptkundin mein größtes Geschäft gemacht hatte. Angesichts der Nachricht, daß sie gestorben sei, nicht mehr zu uns kommen könne und im Himmel gut schlafen würde, verfiel ich in kindliche Verzweiflung – mit den Worten: „Da kann ich meinen Laden ja zumachen." Ich erinnere mich gut daran, daß ich meine Eltern beim täglichen Abendgebet immer wieder gefragt habe, ob meine Großmutter auch wirklich gut schlafe im Himmel.

Lernen, mit Verlust umzugehen – als Kleinkind anders denn als Erwachsener, Lernen als religiöses Lernen auch: Das Tagebuch ist mir ein großer Schatz an Lernerfahrungen, die ich mit meinen Eltern, meinem Bruder und anderen wichtigen Bezugspersonen gesammelt habe und die ich mit ihnen auf andere Weise neu teile und aus denen ich neu lerne, wenn ich sie heute lese.

Heute lerne ich in meiner eigenen Familie – in meinen Rollen als Ehemann und als Vater eines drei Jahre und eines drei Tage alten Jungen. Auch dazu trage ich eine Notiz aus einem Tagebuch vor – aber aus dem, in welches ich als Vater unseres damals knapp zwei Monate alten Sohnes geschrieben habe: „Schmerzlich mitanzusehen sind Deine Koliken, die Dich den ganzen Tag über schwer plagen. Damit eine weihnachtliche Atmosphäre uns doch noch erreicht, unternehmen wir den ersten gemeinsamen Kirchgang. Im Tragerucksack kommst Du zur Ruhe, die festliche Musik scheint Dir wohlzutun, so daß Du während der beiden Stunden Christmette ganz zufrieden aussiehst. Ich bin sehr überrascht und erfreut über diese Wendung, und eine freundliche Frau in der Kirchenbank vor uns meint, Du seiest eine ‚richtige Kirchenmaus'. Als junger Vater lerne ich, daß Gottesdienstbesuche in einem Alter von acht Wochen nicht nur keine Überforderung, sondern geradezu heilsam sind."

Als prägend habe ich gerade solches Lernen in Beziehungen erfahren: ein Lernen, das nicht durch „Eintrichtern" und „Einpauken" zustande kommt, das ich als Lernender vielmehr selber generiere und das mir die Freude an der eigenen Entdeckung läßt.

0.2. Die Zeichen der Zeit: ein multidisziplinärer Zugang

Soweit mein biographischer Rückblick – oder zumindest meine Einblicke in denselben. Die für dieses Buch getroffene Auswahl von Zugängen zu seinem Thema führt Konzepte an, die als Lerntheorien aus Pädagogik und Psychologie stammen; sie nennt aber auch Konzepte religiösen Lernens, die vorrangig aus religionspädagogischen und anderen theologischen Quellen rühren. Neben pädagogisch-psychologische Studienfächer treten also religionspädagogisch-theologische Disziplinen. Zu meiner biographischen Motivation, mich mit diesen Fächern auseinanderzusetzen, tritt hinzu, was das Zweite Vatikanische Konzil „Zeichen der Zeit" nennt. So heißt es etwa in Artikel 4 der Pastoralkonstitution

„Die Kirche in der Welt von heute": „Zur Erfüllung ... ihres Auftrags obliegt der Kirche allzeit die Pflicht, nach den Zeichen der Zeit zu forschen und sie im Licht des Evangeliums zu deuten."[2]
Zu den Zeichen unserer Zeit zählt in der Welt der Wissenschaften gewiß die im Buchtitel genannte *Multidisziplinarität*: die Aufgabe, das Gespräch mit Disziplinen zu suchen, die dem je eigenen Fachbereich fremd sind, dabei allerdings auch das Risiko einzugehen, vielfältigen Mißverständnissen aufzusitzen, wenn beispielsweise identische Begriffe völlig Verschiedenes bezeichnen, und die Mühen nicht zu scheuen, diese Mißverständnisse – soweit überhaupt möglich – aus dem Weg zu räumen. Ein kleines Beispiel möge dies veranschaulichen: „Kontingenzen" etwa zielen in Theologie und Philosophie auf mögliche, jedoch nicht notwendige Zusammenhänge ab. Nach Auskunft des neu aufgelegten Lexikons für Theologie und Kirche findet das Attribut „kontingent" meist in der Weise Verwendung, daß „nicht nur die Notwendigkeit verneint, sondern zugleich auch die Möglichkeit bejaht wird. K.[ontingenz] besagt dann die beiderseitige Möglichkeit zu sein und nicht zu sein. K.[ontingenz] ist also etwas, das zugleich möglich u.[nd] nicht notwendig ist, das sein kann, aber nicht sein muß."[3]- Psychologische „Kontingenzen" hingegen spielen auf Zusammenhänge zwischen zwei Sachverhalten an, die gerade nicht bloß zufällig sind, denen vielmehr systematischer und vorhersagbarer Charakter im Sinne von „Wenn-Dann"-Beziehungen zukommt. So heißt es in einem stark verbreiteten Lexikon der Psychologie: „Der Begriff K.[ontingenz] weist auf die ‚Wenn-Dann'-Beziehung zweier Ereignisse bzw. zweier in Erscheinung tretender Symptome ... . Zwischen Klient (z.B. Schüler) und Therapeut (z.B. Lehrer) wird eine Vereinbarung darüber getroffen, daß immer ‚dann, wenn' der Klient ein bestimmtes Verhalten zeigt, der Therapeut mit einer bestimmten Art der Bekräftigung reagiert"[4] – und immer dann, wenn eine Schülerin ein bestimmtes Verhalten zeigt, die Lehrerin mit einer bestimmten Art der Bekräftigung reagiert.

Dieser exemplarische Hinweis auf die diametral entgegengesetzte Verwendung desselben Begriffs in unterschiedlichen Wissenschaftszweigen deutet an, daß in

---

[2] GS 4 (= Rahner & Vorgrimler 1985, 451f, hier 451).
[3] Muck 1997, 329 – 330, 329.
[4] Seitz 1987, 1134.

der Multidisziplinarität auch eine spezifisch theologische Herausforderung liegt, und zwar in doppelter Hinsicht. Zum einen spüre ich eine Herausforderung insofern, als Theologie nicht zu einem Elfenbeinturm verkommen darf, in dem das Klagelied über die Welt „draußen" erklingt – über eine Welt nämlich, die theologischen Fragen immer mehr abgeneigt zu sein scheint. Diese Diagnose, die ich ohnehin für eine Fehldiagnose halte, könnte die Theologie in Versuchung bringen, in „sicherem" Abstand zu dieser Welt zu bleiben, mit der in Kontakt zu treten auf den ersten Blick zu Problemen und Mißverständnissen führen kann – nicht nur im Fall der Kontingenz. Doch dieser Abstand führt zu einer weltlosen Theologie, die nicht nur in *sicherem* Abstand zur Welt bleibt, sondern *todsicher* ihrem eigenen Ende entgegentreibt. Auf längere Sicht hin ist der Kontakt zwischen welthafter Theologie und theologieträchtiger Welt aber doch für beide Seiten belebend, ja unerläßlich, und er vermag in einem guten Sinne lehrreich zu wirken.

Zum anderen sehe ich eine spezifisch theologische Herausforderung insofern, als Multidisziplinarität gerade dem Selbstverständnis einer Theologie entspricht, die sich aus einem ganzen Schatz unterschiedlicher Disziplinen zusammensetzt, nämlich aus biblischen, historischen, philosophischen, ethischen, weiteren systematischen, pädagogischen, psychologischen, soziologischen, juristischen und anderen Fächern. Dieser faszinierende Reichtum wirft jedoch zuweilen Schatten, wenn wissenschaftliche Ansprüche und gesellschaftliche Relevanz nicht zusammenspielen, sondern einander behindern, indem verschiedene theologische Disziplinen gegeneinander ausgespielt zu werden drohen.

Ein multidisziplinäres Anliegen verbindet sich auch mit dieser Veröffentlichung, sofern sie zunächst nach Lerntheorien in den profanen Wissenschaften fragt, wie Karl Rahner summarisch sagen würde[5], und danach nach Konzepten spezifisch religiösen Lernens, die vorwiegend aus Religionspädagogik und anderen theologischen Disziplinen stammen – denn *Religionspädagogik* befaßt sich ja eigens „mit der wiss.[enschaftlichen] Reflexion u.[nd] Orientierung rel.[igiöser] Lernprozesse"[6]. Damit komme ich zur Konzeption des Buchs, wie ich sie geplant habe – aus Gründen, die ich im folgenden mitanführen werde.

---

[5] s. Peitz 1998, 127, insbesondere Anmerkung 4.
[6] Englert 1999, 1062 – 1064, hier 1062.

0.3. Der Gang des Buches in drei Schritten

Das Buch gliedert sich in drei Schritte. Zunächst bietet es eine Einführung in vielfältige Lerntheorien – von der klassischen „Konditionierung" der Verhaltenspsychologie bis zu sogenannten „Prozeßgestalten", wie sie aus systemtheoretisch konzipiertem Lernen hervorgehen. Wichtig ist mir die Eigenständigkeit dieses ersten Teils, der wissenschaftliche Zugänge zu dem, was Lernprozesse ausmacht, bahnen soll, ohne sofort nach dem theologisch verwertbaren Nutzen scheinbar bloß profaner Erkenntnisse zu schielen.

Dieser Teil des Buches soll sein eigenes Gewicht bekommen – in Übereinstimmung wiederum mit Dokumenten des Zweiten Vatikanischen Konzils, das in seiner schon genannten Pastoralkonstitution verlautbart: „Wenn wir unter Autonomie der irdischen Wirklichkeiten verstehen, daß die geschaffenen Dinge und auch die Gesellschaften ihre eigenen Gesetze und Werte haben, die der Mensch schrittweise erkennen, gebrauchen und gestalten muß, dann ist es durchaus berechtigt, diese Autonomie zu fordern. Das ist nicht nur eine Forderung der Menschen unserer Zeit, sondern entspricht auch dem Willen des Schöpfers. Durch ihr Geschaffensein selber nämlich haben alle Einzelwirklichkeiten ihren festen Eigenstand, ihre eigene Wahrheit, ihre eigene Gutheit sowie ihre Eigengesetzlichkeit und ihre eigenen Ordnungen, die der Mensch unter Anerkennung der den einzelnen Wissenschaften und Techniken eigenen Methode achten muß."[7]
Soweit das Zweite Vatikanum und das dort gegebene Plädoyer für die Autonomie der irdischen Wirklichkeiten, zu denen auch die profanen Wissenschaften gehören. Im Blick etwa auf die Disziplinen der Psychologie vertrete ich nicht die Auffassung, nur eine „christliche Psychologie" sei eine gute Psychologie, im Gegenteil: Konzepten, die sich den Namen „christliche Psychologie" geben, begegne ich mit großer Vorsicht, weil sich dahinter häufig eine ideologisch aufgeladene Gemengelage auftut, in der pädagogisch-psychologische Erkenntnisse aus ihrem Zusammenhang gerissen, gleichsam einer Nottaufe unterzogen und zweifelhaften religiösen Zwecken zugeführt werden. Psychologie ist also weder

---

[7] GS 36 (= Rahner & Vorgrimler 1985, 482f, hier 482).

fundamentalistisch als „christliche Psychologie" zu vereinnahmen noch als bloß profane Psychologie in Mißkredit zu bringen[8].

Sodann erfolgt in einem zweiten Schritt eine Konzentration auf Konzepte *religiösen* Lernens. Religiöses Lernen verstehe ich als offenen Erfahrungsprozeß, der zwar auf Unterstützung und Begleitung angewiesen ist, aber im Lehren nicht vorweggenommen werden kann; dabei geschieht religiöses Lernen in Zusammenhängen, in denen Menschen ihr Leben und ihre Umwelt gestalten – aus der erfahrenen und erhofften Beziehung zu einer letzten Sinnmitte heraus. Zentrale Ansätze religiösen Lernens werden hier zur Präsentation gelangen und zur Diskussion stehen.

Dabei werden sich Zusammenhänge zwischen den beiden ersten Hauptteilen auftun – aber vielleicht gerade deshalb, weil beiden Zugängen, dem pädagogisch-psychologischen ebenso wie dem religionspädagogisch-theologischen, in ihrem Eigenstand Respekt gebührt und sie sich so auf Augenhöhe begegnen können, ohne daß die eine Seite fürchten muß, von der anderen vereinnahmt und verzweckt zu werden. Beide Seiten verhalten sich *zueinander eigenständig*.

Auf diese Weise versammeln sich multidisziplinäre Zugänge zur *Theorie* des Lernens, insbesondere des religiösen Lernens. Schließlich kommt über die Theoriebildung hinaus in einem dritten Schritt die *Praxis* religiösen Lernens zum Zug. Diese wird anhand der Lernorte Schule, Gemeinde und Familie jeweils exemplarisch skizziert werden.

In diesem Zusammenhang werde ich auch jüngste empirische Untersuchungen anführen, die ich als Koordinator eines interdisziplinären Pilotprojekts zur Frage nach Wirkzusammenhängen religiöser Familienerziehung anstellte; im Rahmen dieses Projekts konnte ich über die vergangenen beiden Jahre hinweg mit Kolleginnen und Kollegen aus der evangelischen Religionspädagogik, der Jugendpsychiatrie und der Jugendkriminologie forschend zusammenarbeiten.

Soweit ein erster Überblick zum Gang des Buches. Diesen ersten Klärungen soll nun ein inhaltlicher Einstieg folgen – anhand dieser Frage: Was heißt *Lernen*?

---

[8] s. Herbst 1999, 4 – 11, 5.

Dazu wähle ich einen etymologischen, also begriffsgeschichtlichen Zugang, der mir für unsere Zusammenhänge ganz aufschlußreich vorkommt.

0.4. Lernen – in etymologischen Zugängen

Was heißt Lernen? Während ich um diese Frage kreise und das Bedeutungsfeld auszumachen versuche, welches zum Begriff des Lernens gehört, stoße ich auf das Deutsche Wörterbuch von Jacob Grimm (1785 – 1863) und Wilhelm Grimm (1786 – 1859). Sie kennzeichnen dieses Stichwort dreifach.

Zum ersten umschreiben sie „lernen" als *„etwas in irgend welcher weise, durch anweisung, beispiel oder erfahrung gelehrtes sich aneignen"*[9]. Dieser Annäherung folgen zahlreiche Differenzierungen zum Sprachgebrauch, aus denen ich einige auswähle:
- das Lernen als Verb, das kein Objekt braucht, beispielsweise in dieser Wendung: „der lehrer lehrt, der schüler lernt"[10];
- das Lernen als Ausdruck für das Durchlaufen der Lehrzeit in einem Handwerk: „er lernt bei einem schneider"[11];
- das Lernen von einem lehrenden Subjekt, das aber ein sächliches ist, etwa im folgenden Spruch: „das leben lehrt, lasset uns vom leben lernen"[12];
- das Lernen, das ein sächliches Objekt kennt, etwa in folgender Aufforderung: „mein son, wiltu weise werden, so lerne die gebot"[13];
- das Lernen von Sprachen: „er lernt latein" oder „er lernt lateinisch"[14] anstelle der ungebräuchlichen und leicht gestelzt klingenden Wendung „er lernt die lateinische Sprache";
- das Lernen, das einen Infinitiv nach sich zieht: „mit ihm (*dem einsiedel*) lernete ich auch beten"[15] oder „lernt ewre ehefrawen recht zu lyben"[16];

---

[9] Grimm & Grimm 1999, 763.
[10] Grimm & Grimm 1999, 763.
[11] Grimm & Grimm 1999, 763.
[12] Grimm & Grimm 1999, 763.
[13] Grimm & Grimm 1999, 764.
[14] Grimm & Grimm 1999, 765.
[15] Grimm & Grimm 1999, 766.
[16] Grimm & Grimm 1999, 767.

- das Lernen in eigentümlicher deutscher Verbindung als „kennen lernen"[17], welches stufenweise[18] erfolgt, und schließlich
- das Lernen in reflexiver Fügung: „etwas lernt sich leicht, schwer"[19].

Alle diese Wendungen umschreiben Formen des Lernens im Sinne von „*etwas in irgend welcher weise, durch anweisung, beispiel oder erfahrung gelehrtes sich aneignen*".

Zum zweiten weisen die Brüder Grimm darauf hin, „*wie* lehren *mit* lernen *verwechselt wird*"[20] und Lernen an die Stelle des Lehrens tritt, etwa in den folgenden Wendungen:
- „dafür pfeif ich ihnen auch ... allerlei weisen, und lerne sie allerlei lustige lieder"[21];
- „damals lernete mich die noth erst recht beten"[22] und
- „das vater unser lernt uns wol wie eins fürs ander bitten sol"[23].

Die in der Begriffsgeschichte nachweisbare Schreibweise „lehrnen"[24] mit „h" deutet einen etymologischen Zusammenhang von Lehren und Lernen an. „Lernen" zeigt sich als Passivum zu „Lehren", und „*es hat diesen charakter bis heute wol vorwiegend, aber nicht uneingeschränkt bewahrt ..., wie auch die bedeutung von* lehren *in die von* lernen *übergeschwankt hat*"[25], wofür bereits Beispiele genannt sind.

Zum dritten schließlich „*wird in der volksphantasie das verbum vom stufenweise können und üben des individuums ... auf dinge übertragen und ersetzt günstig ein farbloseres* anfangen *oder* langsam beginnen"[26], etwa in folgenden begriffsgeschichtlich dokumentierten Formulierungen:

---

[17] Grimm & Grimm 1999, 767.
[18] s. Grimm & Grimm 1999, 767.
[19] Grimm & Grimm 1999, 768.
[20] Grimm & Grimm 1999, 768.
[21] Grimm & Grimm 1999, 768.
[22] Grimm & Grimm 1999, 768.
[23] Grimm & Grimm 1999, 769.
[24] Grimm & Grimm 1999, 762.
[25] Grimm & Grimm 1999, 762.
[26] Grimm & Grimm 1999, 770.

- „meine uhr lernt wieder gehen, *sagt einer, dessen uhr nach einem stillestand sich wieder zu bewegen anfängt*"[27], oder
- „die hosen lernen jetzt reiszen" bei – wie es erläuternd heißt – „*dünn gewordenen beinkleidern*"[28].

Zusammenfassend versteht Grimms Wörterbuch das Lernen als einen Prozeß, in dessen mitunter stufenartig zu beschreibendem Verlauf Lernende sich Fähigkeiten aneignen – durch Anweisung, Beispiel und Erfahrung. Ferner deckt es einen engen Zusammenhang von Lehren und Lernen auf. Drittens dokumentiert es einen sehr weiten Lernbegriff, der – über schulische Zusammenhänge hinaus – schlicht beginnende Entwicklungen ganz unterschiedlicher Qualität bezeichnet.

Heute gebräuchliche Wörterbücher, allen voran der Duden[29], verweisen nicht nur auf die Verwandtschaft des Lernbegriffs mit demjenigen des Lehrens sowie auf Umschreibungen wie „*sich Kenntnisse und Fähigkeiten aneignen*"[30], „*sich (durch Übung) einprägen*"[31] oder „sich [die Vokabeln o.ä.] angucken / anschauen"[32]. Vielmehr machen sie auch auf die Nähe des Lernbegriffs zu den Wortgruppen um „List" und „leisten" aufmerksam: „List" meint ursprünglich „Wissen", näherhin Techniken der Jagdausübung und des Kampfes, magische Fähigkeiten und handwerkliche Kunstfertigkeiten – und erhält erst sekundär einen negativ besetzten Nebensinn, der einem Trick oder einer geschickten Täuschung nahekommt[33]. Das Verb „leisten" versteht sich herkömmlich im Sinne von „einer Spur nachgehen", „nachspüren" und „wissen", „können" und „schaffen"[34].
Mit dem Lernbegriff sinnverwandt sind heute
- „ackern"[35], also „auf dem Feld schwer arbeiten";
- „ochsen"[36], also „schwer arbeiten wie ein als Zugtier verwendeter Ochse";

---

[27] Grimm & Grimm 1999, 770.
[28] Grimm & Grimm 1999, 770.
[29] s. Duden, Bd. 7, 1989, 416.
[30] Duden, Bd. 10, 1985, 416.
[31] Duden, Bd. 10, 1985, 416.
[32] Duden, Bd. 8, 1986, 423.
[33] s. Duden, Bd. 7, 1989, 422.
[34] s. Duden, Bd. 7, 1989, 415.
[35] Duden, Bd. 7, 1989, 21.
[36] Duden, Bd. 7, 1989, 494.

- „büffeln"[37], vom mittelhochdeutschen „buffen" stammend, das „schlagen" und „stoßen" meint und erst nachträglich mit dem „Büffel" in Verbindung kommt – im ebenso wie „ochsen" tierischen Sinne von „wie ein Büffel arbeiten"; schließlich
- „pauken"[38]; bekannt ist der Pauker, der die Pauke und im Unterricht den Schüler schlägt – heute pauken nicht mehr so sehr die Pauker, sondern vor allem eifrige Schülerinnen und Schüler: Das Substantiv „Pauker" ist zwar nach wie vor weitgehend für Lehrkräfte reserviert, aber das Verb „pauken" beschreibt meist die Tätigkeit von Lernenden.

Mit diesen Einsichten in die von Jacob und Wilhelm Grimm sowie von Konrad Duden (1829 – 1911) initiierten Nachschlagewerke zeichnen sich bereits einige charakteristische Züge des Lernbegriffs ab, wie er in der Lernpsychologie[39] kursiert. Zwei Hauptstränge lassen sich unterscheiden: zum einen die in traditionellen Konzepten vorrangig herausgestellte Abhängigkeit des Lernprozesses von einer „*Außensteuerung*" durch Lehrende und durch Konditionen, die Instruktionen und Beispiele geben oder Lernanreize bieten, wenn zum Lernstoff etwa „*durch anweisung ... gelehrtes*"[40] gehört; zum anderen die Einsicht, daß Lernen zudem oder gar primär einer „*Innensteuerung*" bedarf, also von Lernenden selbst arbeitsintensive Strukturierungsprozesse verlangt, ohne die sie sich kein neues Wissen und keine neuen Kompetenzen anzueignen und auch keine weiteren Entwicklungsschritte zu gehen vermögen, wenn „lernen" sich also umschreiben läßt mit der schon bekannten Wendung „*stufenweise können und üben des individuums*"[41]. Außensteuerung zielt darauf, daß Lernende sich ihrer Umwelt anpassen oder ihr angepaßt werden; Innensteuerung dagegen hebt darauf ab, daß Lernende ihrerseits ihre Umwelt aktiv gestalten.

Mit diesen Gewichtungen, die sich aus den Schlagwörtern „Außensteuerung" und „Innensteuerung" ergeben, zeichnen sich zugleich widerstreitende Strömungen innerhalb der Wissenschaftsgeschichte der Psychologie ab. Bevor ich diese Strömungen skizziere, versuche ich das Selbstverständnis von Psychologie und

---

[37] Duden, Bd. 7, 1989, 104.
[38] Duden, Bd. 7, 1989, 516.
[39] s. Edelmann 1988, 393 – 397, und Edelmann 2000, 276 – 289.
[40] Grimm & Grimm 1999, 763.
[41] Grimm & Grimm 1999, 770.

insbesondere Pädagogischer Psychologie zu umreißen und zu fragen, wie sich darin Fragen des Lernens verorten lassen.

1. Lernen – in pädagogisch-psychologischen Zugängen

Den etymologischen Zugängen zum Lernen, die unlösbar mit dem Lehren verquickt waren, schließen sich wissenschaftliche Zugänge zum Thema in Psychologie und – näherhin – Pädagogischer Psychologie an. Um eine Einordnung von Konzepten des Lernens in das weite Spektrum psychologischer Disziplinen überhaupt sinnvoll vornehmen zu können, bedarf es zunächst einiger Federstriche, die auch diejenigen Leserinnen und Leser, die damit noch wenig vertraut sind, wenigstens erahnen lassen, was Psychologie überhaupt meint.

Was ist Psychologie? Typische Antworten[42] sind die folgenden: Psychologie ist
- „interessant" (eine häufig zu hörende Auskunft);
- „das, was Psychologen tun" (eine kaum seltener anzutreffende Angabe);
- „eine Wissenschaft, um mir und anderen zu helfen" (Aussage einer angehenden Studentin);
- „Mist" (Kommentar eines Psychologiestudenten im Anschluß an das Vordiplom);
- eine besondere Tätigkeit: „Eines Tages dämmerte es den Bürgern der guten Stadt Schilda, daß sie sich gelegentlich bei ihren Unternehmungen geirrt hatten. Da sie aber nicht ganz sicher waren, ob nicht etwa auch diese Einsicht irrig sei, beauftragten sie einen der Ratsherren damit, sich fortan über die Irrtümer seiner Mitmenschen zu irren. Sie nahmen an, daß auf diese Weise die lautere Wahrheit zutage kommen werde. Die Tätigkeit dieses achtbaren Mannes aber nannten sie Psychologie."

Eine noch heute gängige Wendung besagt, Psychologie sei die Lehre vom Erleben und Verhalten des Menschen[43]. Erleben läßt eine subjektive Seite, Verhalten eine objektive oder doch per Beobachtung mehr oder minder objektivierbare Seite des Gegenstands der Psychologie anklingen. Es geht um Erleben und Verhalten *des* Menschen, was die auf das Individuum zentrierte, wenn nicht individualistische Ausrichtung einer so umschriebenen Psychologie dokumentiert.

---

[42] s. Klaus E. Rogge 1983, 7.
[43] s. Pongratz 1984, 245.

Ein Blick in das weitverbreitete „Lexikon der Psychologie"[44] genügt, um deutlich werden zu lassen, daß es den Begriff „Psychologie" gar nicht eigens thematisiert. Band 3 dieses Lexikons führt diesen Terminus lediglich als Verweisstichwort: „Psychologie ↗ Geschichte der Psychologie"[45]. Diese findet eine ausführliche Darstellung[46], und selbst das Stichwort „Psychologie ohne Seele"[47] findet im Lexikon Platz – erstaunlicherweise, denn in etymologischer Hinsicht ist Psychologie doch gerade die „Lehre von der Seele". So bleibe ich, was den Gegenstand der Psychologie betrifft, vorerst verwiesen auf die Formel „Lehre vom Erleben und Verhalten des Menschen".

Der sodann zu Rate gezogene „Steckbrief der Psychologie" einer Heidelberger Autorengruppe lehrt mich dazu folgendes: „Da allgemeine Definitionen" dieser Art „nur wenig sagen und auch Gegenstand anderer Wissenschaften sind, verweisen wir den Leser zunächst auf seine Vorverständnisse."[48] Aber auch damit bleibe ich ratlos zurück, weil dieser Aussage weder eine Psychologie der Vorverständnisse noch ein Hinweis auf eine Hermeneutik folgt, die solche Vorverständnisse eigens thematisiert. Vielmehr zeigt mir die Gliederung dieses Steckbriefs, daß sich an die Einleitung zunächst ein ausführliches Kapitel mit der Überschrift „*Methoden*" anschließt[49], bevor die *Inhalte* dieses Fachs erörtert werden. Dieser Sachverhalt wirft einige Fragen auf: Gehören zu einem Steckbrief der Psychologie in erster Linie ihre Methoden und erst in zweiter Linie ihr Gegenstand? Und wie läßt sich dieser Gegenstand bestimmen, wenn Psychologie sich einerseits klassisch mathematisch-naturwissenschaftlicher Methodik verschreibt und andererseits auch ihre Herkunft aus der Philosophie nicht leugnet, wie sie sich etwa in der Zugehörigkeit Psychologischer Institute zu Philosophischen Fakultäten ausdrückt[50]?

Eine Wissenschaft findet ihren Gegenstand in der Reflexion auf einen Wirklichkeitsbereich, der bereits im alltäglichen Leben auftaucht[51]. Psychologie gewinnt

---

[44] Arnold, Eysenck & Meili 1987.
[45] Arnold, Eysenck & Meili 1987, 1740.
[46] Wesley 1987, 734 – 749, und Wehner 1987, 749 – 751.
[47] Müller 1987, 1759 – 1760.
[48] Klaus E. Rogge 1983, 16.
[49] s. Klaus E. Rogge 1983, 15 – 57.
[50] So gehören etwa das Freiburger Psychologische Institut zur Philosophischen Fakultät I der Universität Freiburg und das Berner Psychologische Institut zur Philosophisch-historischen Fakultät der Universität Bern.
[51] s. Herzog 1984, 21 – 42.

ihren Gegenstand folglich als Resultat der Reflexion auf eine sich im Alltag phänomenal aufdrängende Wirklichkeit, der das Attribut „psychisch" bzw. „seelisch" zukommt. "Psychologisches" meint einen Reflexionsschritt, der von „Psychischem" ausgeht und letzteres voraussetzt. Dabei ist Psychisches nicht bloß Innerliches: Eine psychische Verfassung erscheint also nicht als gleichsam innerseelischer Zustand, nicht als rein subjektive Größe, die von einer objektiven Außenwelt streng getrennt bliebe; vielmehr erschließt sich etwa in unseren Stimmungen und Gefühlen gerade unser Bezug zur Welt[52]. Unsere Stimmung kann bewirken, daß uns die ganze Welt finster vorkommt – der oft belächelte Weltschmerz drückt dies, wie ich finde, treffend aus –, sie kann aber auch bewirken, daß einer sagt: „Ich könnte die ganze Welt umarmen!" Mit diesen beiden psychischen Extremen – dem besonders düster gestimmten ebenso wie dem äußerst lichten – will ich den unlösbaren Zusammenhang von psychischer Innen- und davon nur scheinbar unberührter Außenwelt andeuten.

Als Thema und Arbeitsdefinition der Psychologie läßt sich vor diesem Hintergrund die von dem Pädagogischen Psychologen Walter Herzog formulierte Frage anführen, „wie der Mensch im Geflecht seiner Wirklichkeitsverhältnisse und deren Störung zurechtkommt"[53]. Dabei schließen Wirklichkeitsverhältnisse zwischenmenschliche Interaktionen ein, die eine individualistische Ausrichtung der Psychologie zu weiten, ja aufzusprengen vermögen – so daß auch nicht mehr von „dem" Menschen im Singular auszugehen wäre. Psychisches wird spürbar und erfahrbar gerade dann, wenn in diesem Geflecht Störungen auftauchen.

Lernen als Thema einer Psychologie, die danach fragt, wie Menschen im Geflecht ihrer Wirklichkeitsverhältnisse und deren Störungen zurechtkommen, taucht im Kanon dieser Wissenschaft an mehreren Stellen auf. Zugunsten eines Überblicks teile ich die psychologischen Teildisziplinen grob ein – in sogenannte Grundlagen- und Anwendungsfächer. Ich übernehme diese terminologische Unterscheidung, da sie üblicherweise so getroffen wird, will aber doch zum Ausdruck bringen, daß die Bezeichnung „Anwendungsfach" in meinen Ohren ein wenig despektierlich klingt: Auch die Anwendungsfächer können sich nicht darauf beschränken, bloß anzuwenden, was in anderen Fächern an Grundlagen

---

[52] s. von Uslar 1989, 20 – 28.
[53] Herzog 1984, 33.

erarbeitet wurde, sondern stehen vor besonderen Herausforderungen, wenn sie das Verhältnis von Theorie und Praxis zu bestimmen oder Fragen multidisziplinären Arbeitens zu bewältigen haben. Zu den Grundlagenfächern gehören Allgemeine Psychologie, Entwicklungspsychologie, Persönlichkeitspsychologie und Sozialpsychologie. Diese Fächer bilden einen „Viererkanon", welcher ergänzt wird durch Physiologische Psychologie sowie durch das Fach Methodenlehre. Anwendungsfächer hingegen sind Klinische Psychologie mit Gesundheitspsychologie, „Psychotherapie und Beratung" sowie Rehabilitationspsychologie, dann Pädagogische Psychologie, schließlich Arbeits-, Betriebs- und Organisationspsychologie sowie – an wenigen Orten – Kultur- und Religionspsychologie.

Lernprozesse laufen in allen diesen Fächern ab, und doch sind es zwei unter ihnen, in denen das Lernen gleichsam beheimatet ist. Seine erste Heimat liegt in den Grundlagendisziplinen, und zwar in der sogenannten Allgemeinen Psychologie. Allgemein ist sie, insofern sie sich mit allgemeingültigen Gesetzmäßigkeiten des Erlebens und Verhaltens auseinandersetzt. Sie fokussiert also nicht zwischenmenschliche Unterschiede, Differenzen, wie sie etwa die Persönlichkeitspsychologie thematisiert, die differentiell vorgeht und etwa nach geschlechtsbedingten Unterschieden fragt. Die Allgemeine Psychologie untersucht grundlegende psychische Prozesse, näherhin die Wahrnehmung, das Gedächtnis, das Lernen, das Denken und Problemlösen, die Emotionen, die Motivation, Sprechen und Sprachverstehen. Dabei ist das Lernen gewiß das prominenteste unter den Themen der Allgemeinen Psychologie.

Die zweite wissenschaftliche Heimat des Lernens liegt – neben der Allgemeinen Psychologie – in den Anwendungsfächern, und zwar vorzugsweise in der Pädagogischen Psychologie. Pädagogische Psychologie „meint als Begriff sicher nicht mehr als einen Sammelnamen, der sehr heterogene Gegenstands- und Forschungsfelder zusammenhält, die nicht mehr gemeinsam haben als eine Beziehung zu Erziehung, Unterricht und Ausbildung im weitesten Sinne"[54]. Dabei ist „das Verhältnis von Pädagogik und Psychologie so einzurichten, daß die Pädagogik die Perspektive erschließt, in der die Pädagogische Psychologie psychologische Forschung betreibt"[55]. Pädagogische Psychologie versteht sich als eine

---

[54] Ulich 1988, 512 – 516, 512f.
[55] Herzog 1994, 425 – 445, 442.

interdisziplinäre Wissenschaft, die nicht das eine Fach zum bloßen Anwendungsfall des anderen degradiert. Diese Perspektive richtet sich auf Erziehungs- und Unterrichtsprozesse sowie darüber hinaus auf lebenslange Sozialisationsvorgänge.

Nachdem nun eingekreist ist, was Psychologie ausmacht, welche Disziplinen ihr zugehören und in welchen Fächern das Lernen seine Heimat findet, folgt nun die Präsentation zentraler Lernkonzepte, die sich ihrer Außen- und Innensteuerung gemäß grob einteilen lassen. Die Außensteuerung ist für sogenannte verhaltenspsychologische Lernkonzepte charakteristisch; auf sie komme ich zunächst zu sprechen.

Insgesamt möchte ich im ersten Teil des Buches sechs zentrale Zugänge zum Lernen vorstellen. Für jedes einzelne dieser Konzepte versuche ich ein charakteristisches Lernziel zu formulieren. Ich führe diese Zugänge vorweg in Stichworten an – mit Begriffen, die im Rahmen der Einzelpräsentationen erläutert werden.

Die schon angekündigten *verhaltenspsychologischen* Zugänge zum Lernen zielen auf Veränderungen, die sich unter klar erkennbaren Bedingungen – Konditionen – einstellen und sich sichtbar im Verhalten niederschlagen: Lernziel ist die konditionierte Verhaltensmodifikation.

Aus diesen verhaltenspsychologischen Traditionen geht das *Lernen am Modell* hervor, solches Lernen also, das durch Beobachtung potentieller Vorbilder zum Aufbau kognitiver Fähigkeiten führt und so zum Nachahmen dieser Modelle Anlaß gibt. Lernziel ist der Erwerb kognitiver Kompetenz.

In Abgrenzung gegen verhaltenspsychologische Ansätze des Lernens kommen sogenannte *gestaltpsychologische* Konzepte auf. Ihre Vertreterinnen und Vertreter verstehen Lernen nicht in erster Linie als Erlernen einzelner Verhaltensweisen, sondern vor einem philosophisch inspirierten, näherhin phänomenologischen Hintergrund als Bildung einer „guten Gestalt". Insbesondere wahrnehmungspsychologische Konkretionen zu einem so formulierten Lernziel werden folgen.

Wiederum als Fortführung gestaltpsychologischer Traditionen lassen sich die weiteren drei Zugänge zum Lernen auffassen.

Da ist zunächst das Konzept von Jean Piaget, dessen Fragen nicht primär psychologisch oder pädagogisch geprägt ist, sondern erkenntnistheoretisch – im Sinne einer strukturgenetisch ausgerichteten *Epistemologie*; auch dieser Begriff wird sich noch mit Leben füllen. Die Entwicklung von Lernschritten läßt sich dabei beschreiben als das Ausbalancieren kognitiver Strukturen, die von außen in ihrem Gleichgewicht gestört wurden und dieses unter Aufwendung innerer Kräfte neu herzustellen versuchen. Lernziel ist die Balancierung, die Äquilibration kognitiver Schemata.

Da ist des weiteren ein Konzept der humanistisch orientierten Pädagogik, das als Ziel des Lernens das *Verstehen* anführt. In der Sprache philosophischer Hermeneutik, die mit diesem Zugang zum Lernen verwoben ist, geht es beim Lernen und beim Verstehen um ein „Sich-einhausen".

Da ist schließlich ein weites Feld systemtheoretischer Zugänge zum Lernen. Die zunächst vielleicht befremdliche Lernzielformulierung „Selbstorganisation in Prozeßgestalten" mag zweierlei andeuten: zum einen mit dem Begriff der *Selbstorganisation* die in systemtheoretischen Zusammenhängen vorrangige Innensteuerung von Lernprozessen, zum anderen mit dem Begriff der *Prozeßgestalten* die Nähe zu gestalttheoretischem Denken.

Darum soll es im ersten, im quasi „profanwissenschaftlichen" Schritt gehen.

1.1. Lernen – in verhaltenspsychologischen Zugängen
oder **Lernziel: konditionierte Verhaltensmodifikation**

Verhaltenspsychologische Traditionen sind in ihrer Herkunft behavioristisch, gehen also auf das zu Beginn des 20. Jahrhunderts geprägte Verständnis einer Psychologie zurück, die als ihren Forschungsgegenstand exklusiv das Verhalten (engl. behavior) kennt. Verhalten ist – im Unterschied zum Erleben – beobachtbar und daher meßbar, auch in seinen Veränderungen, zudem lernbar und umweltdeterminiert, also außengesteuert – jedenfalls nach Einschätzung der berühmtesten Vertreter behavioristischer Psychologie, etwa Iwan Petrowitsch Pawlow (1849 – 1936), John Broadus Watson (1878 – 1958) und Burrhus Frederic Skinner (1904 – 1990). Auch wenn alle drei Forscher vorwiegend für ihre tierpsychologischen Experimente bekannt sind, geht insbesondere Watson[56] von einer Machbarkeit des Menschen in dem Sinne aus, daß ein neugeborener Mensch einer tabula rasa gleichkomme – mit allen Möglichkeiten zum Guten wie zum Bösen. Daraus entsteht ein großer Optimismus, was Chancen der Erziehung und der Verhaltensmodifikation angeht.

Ziele verhaltenspsychologischer Forschung sind Vorhersage und Kontrolle von Verhalten; zentral sind Reiz-Reaktions-Modelle, die sich auf einen von außen kommenden Reiz („Input") sowie auf die wiederum nach außen tretende Reaktion („Output") konzentrieren, dazwischen ablaufende psychische Prozesse allerdings methodologisch außer acht lassen oder gar metaphysisch leugnen[57].

Lernpsychologisch gilt jede Verhaltensänderung, die sich als über die Zeit hin stabil erweist, als gelernt, sofern sie durch Übung oder Beobachtung eines Modells zustande kam. Zu den bekanntesten verhaltenspsychologischen Untersuchungen zählen gewiß die Tierexperimente zur sogenannten *klassischen* sowie zur sogenannten *operanten* Konditionierung. Konditionierung zielt auf das Herstellen von Bedingungen, unter denen es zu Lerneffekten kommt. Die Übertragbarkeit der Versuchsergebnisse auf menschliche Zusammenhänge ist fraglich, die Experimente wirken aber heuristisch insofern, als die Lerngesetze, die das Konditionieren zeigt, Hinweise auf analoge Mechanismen bei Menschen geben. Beide Weisen des Konditionierens – die klassische und die operante – sollen im folgenden skizziert werden, zumal sie in praktischen Zusammenhängen noch heute zum Tragen kommen[58].

1.1.1. Klassische Konditionierung

Die berühmteste experimentelle Untersuchung zur klassischen Konditionierung geht auf den bereits genannten russischen Physiologen Iwan Petrowitsch Pawlow[59] zurück. In seinen Arbeiten zur Physiologie der Verdauung maß er bei Hunden die Speichelabsonderung nach Vorgabe verschiedener Substanzen, beispielsweise Fleischpulver. Dabei bemerkte er, wie auch zuvor neutrale Reize –

---

[56] s. Pongratz 1987, 2531 – 2533.
[57] Kießling 1994, 152.
[58] s. Spada, Ernst & Ketterer 1990, 323 – 372.
[59] s. Wittling 1987, 1562 – 1564.

etwa die Schritte des herannahenden Experimentators – den Speichelfluß auslösten, sofern diese Reize bereits mehrfach gemeinsam mit oder kurz vor der Futtergabe aufgetreten waren. Nach dieser Entdeckung wandte sich Pawlow von seinen ursprünglichen, rein physiologischen Forschungsarbeiten ab, für die ihm im Jahr 1904 der Nobelpreis verliehen wurde. Er konzentrierte sich fortan auf eine sorgfältige experimentelle Untersuchung dieser Lernprozesse.

Das klassische Experiment zeigt folgenden Aufbau: Bekommt ein Hund Fleischpulver ins Maul, so sondert er Speichel ab. Das Fleischpulver fungiert als unkonditionierter Reiz, als unkonditionierter Stimulus, der Speichel als unkonditionierte Reaktion, als Reflex. Die Abfolge von Futtergabe und Speichelfluß geschieht unwillkürlich, sie bedarf keines Trainings, keiner Konditionierung. Nun wird dem Hund in Verbindung mit der Gabe des Fleischpulvers mehrmals ein zunächst neutraler Stimulus angeboten, nämlich ein Glockenton, der die Aufmerksamkeit des Hundes findet und bei ihm eine sogenannte Orientierungsreaktion, eine Hinwendung zur Reizquelle auslöst. Erfolgt diese Koppelung von Fleischpulver und Glockenton häufig genug, so ruft der Glockenton allein den Speichelfluß hervor. Aus dem zunächst neutralen Reiz des Glockentons wurde ein konditionierter Reiz, ein konditionierter Stimulus, der nun die konditionierte Reaktion des Speichelflusses auslöst, ohne daß er mit dem unkonditionierten Reiz des Fleischpulvers gepaart wäre. Ich fasse die Konstellation dieses Lernprozesses in einem Schaubild stichwortartig zusammen:

unkonditionierter Reiz	⟶	unkonditionierte Reaktion
Fleischgabe	⟶	Speichelfluß
+neutraler Reiz	⟶	Orientierungsreaktion
Glockenton	⟶	Aufmerksamkeit
=konditionierter Reiz	⟶	konditionierte Reaktion
Glockenton	⟶	Speichelfluß

Was hat ein Tierexperiment der Psychologiegeschichte mit uns Menschen heute zu schaffen? Dieses einfache Grundmuster macht sich beispielsweise die Werbung zunutze, indem sie mit Schlüsselreizen arbeitet, attraktive Frauen und

Männer, Sonne und Strand, frohe Stimmung präsentiert, in der Sprache der Verhaltenspsychologie also Stimuli, die gleichsam reflexartig Reaktionen der Zuwendung nach sich ziehen. Diese Werbung kombiniert solche Schlüsselreize mit zunächst neutralen Reizen, also mit einem Produkt und seinem Markennamen, mit dem Ziel, daß aus dem neutralen Stimulus ein konditionierter werde, der konditionierte Zuwendung und damit den Kauf dieses Produkts veranlassen möge.

Abbildung: Reifenwerbung[60]

---

[60] Dieses Bild stammt aus der Fernsehzeitschrift „TV Spielfilm", Ausgabe 7 / 2002 (23. März – 5. April 2002), 149.

Klassische Konditionierung gewinnt ihre Bedeutung jedoch nicht nur im Zusammenhang mit Reflexen, sondern auch dadurch, daß etwa emotionale Reaktionen an unterschiedliche, zuvor neutrale Reize gekoppelt werden können. So läßt sich eine Furcht- oder Angstreaktion gegenüber spezifischen Situationen auf Vorkommnisse in der Lebens- und Lerngeschichte eines Menschen zurückführen, welche als klassische Konditionierungsprozesse verstanden werden können. Ein Beispiel dafür bietet der schon genannte Watson mit seinem Versuch um den berühmten kleinen Albert, der im Alter zwischen 9 und 13 Monaten lernen sollte, eine Ratte zu fürchten. Dieses Experiment, das zu heftigen Diskussionen Anlaß gab und gibt, möchte ich gern präsentieren.

Eine erste Versuchsphase dient der Prüfung der Frage, ob Albert auf das plötzliche Hämmern auf einen Stahlstab hin eine Schreckreaktion zeigen würde. Erwartungsgemäß stellt sich die Verbindung zwischen unkonditioniertem Reiz (unerwartetem Lärm) und unkonditionierter Reaktion (Erschrecken) ein. Darüber hinaus wird getestet, wie sich der kleine Albert Ratten gegenüber verhält: er wirkte interessiert und zeigte sich zutraulich.

Eine zweite Phase umfaßt das Konditionierungstraining. Dem Jungen wird mehrfach die Ratte präsentiert, wobei jedesmal hinter seinem Rücken – also für ihn unsichtbar – mit einem Hammer gegen jenen Stahlstab geschlagen und damit ein lautes Geräusch erzeugt wird. Die Ratte fungiert im Versuchsaufbau also zunächst als neutraler Stimulus, der Interesse findet, und der Lärm als unkonditionierter Stimulus, welcher eine unkonditionierte Reaktion auslöst, eben jene Schreck- oder Angstreaktion. Bereits nach wenigen Koppelungen von neutralem und unkonditioniertem Stimulus, also von Ratte und Geräusch, beginnt der kleine Albert beim bloßen Anblick der Ratte zu weinen und sich von ihr abzuwenden. Der zunächst neutrale Reiz – die Ratte – ist durch wiederholte gleichzeitige Darbietung eines aversiven Reizes selbst zu einem Erschrecken und Angst auslösenden Reiz geworden. Bis hierher läßt sich die Konstellation in dem schon bekannten Schaubild wie folgt zusammenfassen:

unkonditionierter Reiz	→	unkonditionierte Reaktion
unerwarteter Lärm	→	Erschrecken und Angst
+ neutraler Reiz	→	Orientierungsreaktion
Ratte	→	Interesse und Zutrauen
= konditionierter Reiz	→	konditionierte Reaktion
Ratte	→	Erschrecken und Angst

Schließlich läßt sich in einer dritten Phase zeigen, daß die konditionierte Reaktion zur Generalisierung neigt; hier bedeutet dies, daß nicht nur eine Ratte, sondern auch andere Felltiere dem kleinen Albert Angst und Schrecken einjagen.
Wichtig wäre es für den Jungen gewesen – und ist es heute für Menschen, die unter Ängsten leiden –, dieses zunächst erlernte Verhalten wieder zu löschen, also zu verlernen und mit einer Gegenkonditionierung einzusetzen, indem die Darbietung der Ratte fortan mit einem für den kleinen Albert angenehmen Reiz kombiniert wird.

1.1.2. Operante Konditionierung

Neben der klassischen existiert die operante Konditionierung. Auch dafür kennt die Verhaltenspsychologie ein einschlägiges Tierexperiment, das ich vorstellen möchte – wiederum nicht aus bloß psychologiegeschichtlichen Motiven, sondern aufgrund der nach wie vor anhaltenden Wirkungsgeschichte der damit einhergehenden Befunde.
Eine hungrige Katze wird in einen Käfig gesperrt; eine Schale mit Futter ist – für die Katze gut sichtbar – außerhalb des Käfigs deponiert. Durch Zug an einer von der Decke des Käfigs herabhängenden Schlaufe läßt sich die Käfigtür öffnen. Die Katze läuft eine Weile unruhig im Käfig umher und kratzt vielleicht an dessen Wänden, bis sie – wohl zufällig – in die Schlaufe tritt und damit bewirkt, daß sich die Tür öffnet und der Weg zum Futter frei wird. Bei einer mehrfach durchgeführten Wiederholung dieses Versuchs verringert sich die Zeit immer mehr, die die Katze zum Öffnen des Käfigs benötigt. Der Lernfortschritt erfolgt gradu-

ell, bis die Katze nach vielen Durchgängen sofort zur Schlaufe greift, sobald sie in einen solchen Käfig gesperrt wird. Die Katze hat also gelernt – zwar nicht systematisch, aber nach Versuch und Irrtum.

Zur Unterscheidung von klassischer und operanter Konditionierung: Bei der klassischen Konditionierung in ihrer ursprünglichen Form geht es darum, einen Reflex, also eine angeborene Reaktion des Organismus auf einen bestimmten auslösenden Reiz, mit einem anderen und zunächst neutralen Reiz zu koppeln. Bei der operanten Konditionierung hingegen handelt es sich um einen Lernprozeß, bei dem die Wahrscheinlichkeit des Auftretens eines auf die Umwelt einwirkenden Verhaltens dadurch erhöht wird, daß mit diesem Verhalten positive Konsequenzen einhergehen. Ein spontan auftretendes Verhalten – der Tritt in die Schlaufe etwa – bewirkt eine günstige Veränderung in der Umwelt eines Lebewesens, wobei die zu diesem Verhalten führenden Reize – was motiviert die Katze gerade zum Tritt in die Schlaufe? – häufig nicht recht bekannt sind. Operantes Verhalten, das positive Folgen nach sich zieht, ist also nicht reizgebunden im Sinne der klassischen Konditionierung[61]. Folgt dem Auftreten einer operanten Verhaltensweise eine *Verstärkung* – der Zugang zum Futter etwa –, so erhöht sich die Wahrscheinlichkeit, daß dieses Verhalten in gleichen oder jedenfalls vergleichbaren Situationen erneut auftaucht.

Einen Verstärker definiert der Vater der operanten Konditionierung, der schon genannte Burrhus Frederic Skinner[62], durch seine Wirkung: Ein Verstärker ist ein Reiz, welcher als Konsequenz einer Verhaltensweise auftritt und deren Stärke (Auftretenswahrscheinlichkeit) steigert.

Belohnungen durch Süßigkeiten, Spielzeug, Lob und andere Formen der Zuwendung bekräftigen und verstärken Verhaltensweisen (nicht nur bei Kindern), so daß dieses Verhalten zunehmend häufig auftritt und in das Verhaltensrepertoire eines Menschen Eingang findet. Neben solcher *positiver* Verstärkung durch Hinzufügen eines angenehmen Reizes kennt die Verhaltenspsychologie *negative* Verstärker, die Verhaltensweisen dadurch verstärken, daß ein unangenehmer Reiz entfällt.

Analog zur Verstärkung lassen sich zwei Typen der *Bestrafung* ausmachen, die die Auftretenswahrscheinlichkeit von Verhaltensweisen senken, indem ihnen ein

---

[61] Ein *Operant* ist „ein mehr oder weniger komplexes Verhaltenssegment, das nicht durch einen Umweltreiz ausgelöst ist, sondern vielmehr vom Individuum selbst ausgeht" (Leslie 1987, 1509).
[62] Die von ihm gebildete Versuchsanordnung heißt „Skinner-Box", s. Roth 1987, 2095.

unangenehmer Reiz folgt oder indem ein angenehmer Reiz entfällt (eine Belohnung also ausbleibt). In einem Schaubild lassen sich diese Zusammenhänge des operanten Konditionierens wie folgt bündeln:

Klassifikation zur Auftretenswahrscheinlichkeit von Verhalten beim operanten Konditionieren	Steigerung der Auftretenswahrscheinlichkeit von Verhaltensweisen	Senkung der Auftretenswahrscheinlichkeit von Verhaltensweisen
Hinzufügen eines angenehmen Reizes	positive Verstärkung	---
Entfernen eines angenehmen Reizes	---	Bestrafung des Typs II
Hinzufügen eines unangenehmen Reizes	---	Bestrafung des Typs I
Entfernen eines unangenehmen Reizes	negative Verstärkung	---

Operantes Konditionieren spielt beispielsweise in der Erziehung eine wichtige Rolle, in verschiedenen Ausformungen wohl in allen zwischenmenschlichen Interaktionen, schließlich auch in der Gerichtsbarkeit. Beispielsweise wird ein Straftäter in Haft genommen, denn die von ihm gezeigte Verhaltensweise soll in ihrer Auftretenswahrscheinlichkeit gesenkt, ein weiteres Vergehen also verhindert werden (Bestrafung des Typs I durch Inhaftierung). Zugleich sind in dieser Zeit des Einsitzens die Möglichkeiten des Straftäters, seine Freundin zu treffen, massiv eingeschränkt (Bestrafung des Typs II durch erzwungene Trennung von der Freundin). Bei guter Führung jedoch kann die Haftzeit abgekürzt werden (negative Verstärkung für gute Führung durch vorzeitige Entlassung aus aversiven Zusammenhängen). Zugleich kann der Straftäter außerhalb der Gefängnismauern seiner Freundin nahe sein (positive Verstärkung für gute Führung durch Wiedergewinnung der Freundin).

Aber wird der Straftäter motiviert sein, gute Führung zu praktizieren, wenn er beispielsweise erst nach etlichen Jahren auf vorzeitige Entlassung hoffen kann? Und wie würde sich die Zahl der Straftaten verändern, wenn die Bestrafung nicht unmittelbar drohen würde, sondern ebenfalls erst Jahre später? Damit operantes Konditionieren seine Wirkung voll entfalten kann, braucht es eine große zeitliche Nähe zwischen den in Frage stehenden Verhaltensweisen einerseits und Verstärkung bzw. Bestrafung andererseits.

Je größer das Zeitintervall ist, welches zwischen der Ausübung eines Verhaltens und dem Angebot eines Verstärkers verstreicht, desto langsamer erfolgt der Lernprozeß, desto geringer ist auch die Stärke des konditionierten Verhaltens[63]. So fällt manchem oder mancher das Sparen schwer, weil es zunächst einen Verzicht bedeutet und erst auf lange Sicht eine Belohnung winkt. Und umgekehrt entstehen viele Situationen, in denen positive Konsequenzen sofort eintreten, negative aber nur mit starker zeitlicher Verzögerung folgen, so daß diese langfristig schädlichen Folgen trotz ihrer bestrafenden Wirkung die Verhaltenshäufigkeit nicht zu senken vermögen. Solche „*Fallen*"[64] tauchen im individuellen Bereich auf, etwa beim Rauchen, wenn die Zigarette einen unmittelbaren Genuß und allenfalls späte Gesundheitsschäden vermittelt. Solche Fallen existieren aber auch kollektiv, etwa im Umgang mit ökologischen Fragen. Die Umweltministerien versuchen diese Fallen zu umgehen und den damit verbundenen Problemen durch operante Konditionierung Herr zu werden, insbesondere bei der Erhebung von Flaschen- und Dosenpfand. Ohne diese politische Maßnahme wäre es unmittelbar bequem, das Leergut schlicht dem Restmüll beizugeben, auch wenn der Prozeß des Recycling dadurch auf Dauer erschwert und die Umwelt zusätzlich belastet würde; mit der Erhebung von Pfand jedoch erfolgt eine Gegensteuerung, denn die Rückgabe des Leerguts wird sofort belohnt, also positiv verstärkt (mit 15 Cents pro Flasche), und wer dieser Aufforderung nicht nachkommt, dem winkt eine Bestrafung des Typs II: angenehme Reize (die genannte Auszahlung) bleiben aus. Damit beschließe ich meine Ausführungen zum operanten Konditionieren.

---

[63] s. Grice 1948, 1 – 16.
[64] s. Platt 1973, 641 – 651.

1.2. Lernen – in psychologischen Zugängen des Lernens am Modell *oder* Lernziel: Erwerb kognitiver Kompetenz

Neben den beiden Varianten der klassischen und der operanten Konditionierung kommt als dritte Weise des Lernens das Lernen am Modell zum Tragen, das eng mit dem Namen des 1925 geborenen Psychologen Albert Bandura[65] verknüpft ist. Durch Beobachtung eines Vorbilds erwirbt ein Mensch die Möglichkeit, neue Verhaltensweisen zu lernen und diese zu zeigen, indem er das Modell nachahmt. In der Geschichte der Lernpsychologie setzt damit zugleich eine kognitive Wende[66] ein; deren Verdienst besteht darin, daß sie einen Lernprozeß nicht mehr auf das klassische Reiz-Reaktions-Modell reduziert, sondern die sogenannte „black box" zwischen Reiz und Reaktion, den Organismus und dessen kognitive Kompetenz in das Lerngeschehen einbezieht.

Lernen wäre sehr mühsam und äußerst riskant, wenn Menschen sich in ihrem Tun und Lassen ausschließlich auf die Wirkungen ihres *eigenen* Handelns beziehen könnten. Ich denke etwa an den Unterricht in einer Fahrschule: würde diese exklusiv im Sinne operanten Konditionierens vor sich gehen – die Fahrlehrerin würde abwarten, bis die Schülerin mehr oder minder zufällig, durch Versuch und Irrtum eine passende Verhaltensweise zeigt, um sie darin lobend zu bekräftigen –, würde der Lernprozeß wohl ein Leben lang andauern, sofern die daran Beteiligten die wohl kaum vermeidlichen Unfälle überhaupt lebend überstehen. Glücklicherweise lernen Menschen auch durch Beobachtung von Modellen – und nicht nur schrittweise im Sinne Skinners.
Im Sinne seines Verstärkungskonzepts ließe sich Lernen am Modell auf zweierlei Weise verstehen. In der einen Variante zeigt das Modell ein Verhalten, für welches es eine Belohnung erhält; Beobachtungslernen heißt dann, daß eine zweite Person wahrnimmt, wie das Modell in seinem Verhalten verstärkt wird. Lernen am Modell funktioniert dann als *stellvertretende Verstärkung*. In der anderen Variante wird der Beobachter für seine Nachahmungsreaktion direkt verstärkt, er erhält also eine *eigene* Belohnung für sein Verhalten. Das Modell regt dieses Verhalten lediglich an – ob der Beobachter dieses erlernt und prakti-

---

[65] s. Bandura 1979; ferner Halisch 1990, 373 – 402, und Edelmann 2000, 188 – 193.
[66] s. Jürgen Kriz, Lück & Heidbrink 1987, 222ff.

ziert, darüber entscheiden die Konsequenzen, die der Beobachter selbst erfährt. Das Modell wird zum bloßen Hinweisreiz, und das Lernen des Beobachters erfolgt schlicht im Sinne operanten Konditionierens. Angesichts dieser Erklärung scheint es aber nicht mehr angebracht zu sein, überhaupt von Lernen am Modell zu sprechen. Solches liegt nur dann vor, wenn Menschen als Folge der Beobachtung des Verhaltens von Mitmenschen und der damit einhergehenden Konsequenzen sich selbst neue Verhaltensweisen aneignen oder bereits bestehende Verhaltensmuster verändern.

Albert Bandura entwickelt eine kognitiv orientierte Theorie des Modell-Lernens, die zwischen der Anregung eines Verhaltens durch ein Modell und dessen Ausführung durch den Beobachter oder die Beobachterin kognitive Prozesse verortet. Modell-Lernen erfolgt in einer Aneignungsphase (Akquisition) sowie in einer Ausführungsphase (Performanz). Die Aneignungsphase setzt sich aus Aufmerksamkeits- und Gedächtnisprozessen zusammen, die Ausführungsphase aus motorischen Reproduktions- sowie Motivationsprozessen. Diese Phasen und Prozesse möchte ich erläutern – anhand der nachfolgenden Übersicht:

Lernen am Modell

1. Phase der Aneignung (Akquisition)
   - Aufmerksamkeitsprozesse
   - Gedächtnisprozesse

2. Phase der Ausführung (Performanz)
   - motorische Reproduktionsprozesse
   - Motivationsprozesse

Ich beginne mit der Aneignungsphase und den für sie typischen Aufmerksamkeits- und Gedächtnisleistungen. Die Vorführung modellhaften Verhaltens kann nur Wirkung zeigen, wenn Beobachter dieses aufmerksam wahrnehmen – bedingt durch Charakteristika der Modellperson (ihre Kompetenz, ihre Autorität, ihre beeindruckende Persönlichkeit), bedingt auch durch Charakteristika des

Beobachters (seine emotionale Erregbarkeit, seine Zweifel an der Angemessenheit eigener Verhaltensformen) sowie durch eine günstige Beziehung des Beobachters zur Modellperson, sei sie nun als Original präsent, sei sie im Fernsehen sichtbar. Den Aufmerksamkeitsprozessen schließen sich Gedächtnisleistungen an, da das beobachtete Modellverhalten vielleicht erst nach einiger Zeit offen gezeigt werden kann – und folglich zwischenzeitlich gespeichert und zu einem Handlungsschema geformt werden muß.

Die Ausführungsphase setzt bei Gelegenheit aufgrund dieses Schemas mit motorischer Reproduktion des Modellverhaltens ein, welche durch verstärkende Konsequenzen motiviert wird. Die Vorwegnahme von Verstärkung bestimmt nicht nur über die Ausführung des modellierten Verhaltens, sondern motiviert schon dessen Erwerb. Motivierende Rollen spielen dabei stellvertretende Verstärkung im beschriebenen Sinne[67], sodann antizipierte Verstärkung des Beobachters, die er von Dritten erwartet[68], sowie mögliche Selbstverstärkung des Beobachters, etwa im Sinne von „Ich bin ein guter Mensch, wenn ich mich so verhalte" – in Abhängigkeit beispielsweise von persönlichen Standards, von Normen, von Vergleichsgrößen, an denen ich mich orientiere, in Abhängigkeit auch von der eigenen Einschätzung des Wertes einer bestimmten Tätigkeit und vom Maß der Zuschreibung erbrachter Leistungen an die eigene Person und ihre Kompetenz[69]. Das Lernen als solches findet in der Aneignungsphase statt. Ob das Gelernte in der Ausführungsphase tatsächlich offen zutage tritt, hängt von der jeweiligen Motivationslage ab. Lernziel ist nicht die Performanz – und damit nicht die für klassische und operante Konditionierungsprozesse zentrale Verhaltensmodifikation –, sondern der Erwerb kognitiver Kompetenz.

Damit ist klar, daß beispielsweise medial vermittelte Gewaltszenen nicht zwingend Gewalt unter den Medienrezipientinnen und –rezipienten auslösen. Denn ich halte es für kurzschlüssig und dem Lernphasenmodell unangemessen, aus einer größeren Zahl von Fernsehleichen eine direkte Steigerung des Gewaltpotentials abzuleiten. Zugleich wäre es leichtfertig und verantwortungslos, den Einfluß gewaltverherrlichender Medienangebote zu leugnen. Ängstliche und verunsicherte, in ihrem Selbstwertgefühl wacklige Jugendliche etwa „stehen" auf

---
[67] s. Bandura 1979, 120 – 131.
[68] s. Bandura 1979, 101 – 120.
[69] s. Bandura 1979, 132 – 161.

Horrorfilme[70], in denen sich der einzelne Held, mit dem sie sich identifizieren können, im Kampf bewähren muß. Ein solcher TV-Trip dient als psychische Prothese, die Jugendliche zu ihrer eigenen Stabilisierung und zur Entwicklung ihrer Eigenständigkeit brauchen. Zu Gewalttaten kann es dann kommen, wenn Jugendliche keine andere Chance sehen, existentielle Ängste abzubauen, als eben durch Flucht in eine Medienwelt; wenn Jugendliche schon vor der Rezeption medial inszenierter Gewalt in ihren aggressiven Neigungen Verstärkung erhalten haben, etwa durch „schlagkräftige" persönliche Vorbilder; wenn also zerstörerische Aggressionen bereits zu ihren Handlungsschemata gehören; wenn das Empfinden von Verantwortung und Schuld unterlaufen wird durch Rationalisierung von Verbrechen, wenn deren Opfern übel nachgeredet wird in dem Sinne, daß sie die ihnen angetane Gewalttat durch ihr eigenes Verhalten provoziert hätten, etwa bei sexueller Gewalt, oder durch Dehumanisierung von Opfern, wenn diese nicht in ihrer menschlichen Würde geachtet werden, sondern als „Pack, das es nicht besser verdient hat", oder mit Tiernamen („Schweine") degradiert werden.

Lernen am gewalttätigen Modell kommt also gewiß nicht auf einer Einbahnstraße daher, vom Bildschirm direkt ins Wohnzimmer; das Publikum hegt vielmehr seinerseits unfriedliche Sehnsüchte, wartet geradezu auf Gewaltszenen. Wie sonst läßt sich der Erfolg von „Big Brother" erklären, wenn nicht damit, daß Zuschauerinnen und Zuschauer allabendlich aufs Neue mit dem Ausbruch von Gewalt rechneten, welcher allerdings nur äußerst maßvoll erfolgte? Die Insassen des künstlichen Käfigs, in den das Publikum per Knopfdruck Einblick nehmen konnte, hielten mit geringfügigen Dosen von Haß und Gewalt Hoffnungen auf das große Böse[71] wach. Lust am Bösen und Schadenfreude im bequemen Fernsehsessel sind nicht nur medial erzeugte Effekte, sondern menschliche Neigungen, auf die das Medium bauen kann.

An diesem Beispiel wird deutlich, daß es von der emotionalen und motivationalen Verfassung der Zuschauerinnen und Zuschauer, der Beobachterinnen und Beobachter abhängt, ob sie das an einem Modell Gelernte selbst praktizieren. Das Lernen am Modell erweist sich damit als ein Prozeß, der die radikale Milieuabhängigkeit klassischer und operanter Konditionierung hinter sich läßt und – mit anderen Worten – neben einer Außensteuerung von Lernprozessen auch

---

[70] s. Jan-Uwe Rogge 1999, 39 – 54.
[71] s. Kießling 2001, 98 – 105.

eine Innensteuerung zur Geltung bringt, zunächst im Sinne der kognitiven Wende, schließlich auch unter Würdigung emotionaler und motivationaler Regungen[72].

Dabei war bereits zur Zeit der Anfänge der Verhaltenspsychologie eine Bewegung im Gange, die sich gegen einen sogenannten Assoziationismus wandte, der alles durch bloß mechanische Assoziationen zwischen bestehenden Elementen zu erklären suchte, etwa zwischen isolierbaren Reizen aus der Umwelt einerseits und Reaktionen, die sich dadurch determinieren lassen, andererseits. Reize legen nicht – zumindest nicht allein – fest, welche Reaktion ihnen folgt, weil verschiedene Menschen aufgrund divergierender Lerngeschichten denselben Reiz unterschiedlich wahrnehmen oder schlicht verschiedene Reize wahrnehmen, auf die sie wiederum entsprechend unterschiedlich reagieren.

Dies belegen auch Untersuchungen zur Kontextabhängigkeit des Lernens. Die Wiedergabe von im Gedächtnis gespeichertem Wissen gelingt am besten, wenn die Reproduktion in einer Umgebung erfolgt, die der Lernsituation stark ähnelt (wenn also die Studierstube dem Prüfungszimmer gleicht!), und die Lernenden den fraglichen Lernstoff in einer mit der Lernsituation vergleichbaren körperlichen und seelischen Verfassung reproduzieren. Zu diesem empirischen Befund paßt die Anekdote, daß sich etwa nüchterne Alkoholiker nicht mehr daran erinnern können, wo sie in berauschtem Zustand die Flasche versteckt haben, während sie im Rausch nicht mehr wissen, wo sie in nüchterner Verfassung ihr Geld deponiert haben. Es finden sich in der Tat einige empirische Belege für eine alkoholbedingte Zustandsabhängigkeit des Gedächtnisses und seiner Reproduktionsleistung, wenngleich der wichtigere Befund gewiß darin besteht, daß Alkohol die Lernleistung insgesamt schlicht reduziert[73].

Die eben genannte anti-assoziationistische Bewegung widersetzt sich einem sogenannten naiv-positivistischen Realismus, der einen Reiz für objektivierbar und die ihm nachfolgende Reaktion für prognostizierbar hält; vielmehr hält diese Bewegung „Wahr-*nehmung*" – unsere Sprache verrät es bereits – für einen akti-

---

[72] s. Edelmann 2000, 240 – 275.
[73] s. Anderson 1989, 177ff.

ven, einen konstruktiven, einen gestaltbaren Prozeß[74]. Diese Bewegung trägt den Namen „Gestaltpsychologie"[75].

1.3. Lernen – in gestaltpsychologischen Zugängen
oder Lernziel: Bildung einer „guten Gestalt"

Wolfgang Köhler (1887 – 1967), Kurt Koffka (1886 – 1941) und Max Wertheimer (1880 – 1943) sind die Begründer der Gestaltpsychologie, die sich unter dem Einfluß der Phänomenologie entwickelt hatte und noch heute mit ihr verschränkt ist: Koffka führt die Leitideen seiner Psychologie auf den Einfluß seines Lehrers Edmund Husserl (1859 – 1938) zurück; Husserl seinerseits nimmt in der Spätphase seines philosophischen Arbeitens den Gestaltbegriff neu auf[76].
Köhler, Koffka und Wertheimer führen in den zwanziger Jahren des 20. Jahrhunderts den Strukturbegriff in die Psychologie ein. Denn in menschlicher Wahrnehmung kommt mehr und anderes vor, als aus physikalischen Einzelreizen bzw. aus der Summe der zugehörigen Empfindungen resultiert. Konkret: Eine Melodie erweist sich nicht als Summe ihrer Elemente, also ihrer Töne; sie ist auch nach einer Transposition der Töne als dieselbe zu erkennen. Was die Musik zur Musik macht, ist die Struktur der Tonreihe, ihre „Gestalt". Menschliche Wahrnehmung folgt nach den Erkenntnissen der Gestaltpsychologie verschiedenen Gestaltgesetzen und läßt sich beschreiben als ein sich selbst strukturierender, als ein sich selbst organisierender Prozeß.
Dazu gehört das *Gesetz der Erfahrung*, demzufolge dem Menschen vertraute Wahrnehmungsgestalten geradezu „ins Auge springen". Zwei alltägliche Beispiele: Als ich einmal ein Bein in Gips hatte, schien es in der Stadt nur so zu wimmeln von Menschen, die sich mit Krücken fortbewegten. Oder: nie habe ich so viele schwangere Frauen gesehen wie in den Zeiten vor der Geburt eines eigenen Kindes!

Daß ein und dasselbe Bild unterschiedliche Wahrnehmungen, ein Reiz also verschiedene Reaktionen zuläßt, zeigt ein bekanntes Bild.

---
[74] s. Herzog 1995, 100 – 145.
[75] s. Metzger 1986.
[76] s. Waldenfels 1992, 84 – 88, und Kießling 1998, 133 – 137.

Abbildung: Kippfigur

Manche werden das dort sichtbare Reizmuster als Pokal oder Vase sehen, andere werden zwei aufeinander gerichtete Gesichtsprofile entdecken. Es handelt sich um eine sogenannte *Kippfigur*, die das Bild bzw. die menschliche Wahrnehmung kippen kann, so daß entweder die Gestalt der Vase oder die Gestalt der beiden Profile erscheint, nicht aber beide Gestalten zugleich. Die Vase zeigt sich, wenn die Gesichtsprofile in den Hintergrund treten. Und die Profile können sich nur profilieren in Abgrenzung gegen die Vase, auf Kosten des Pokals. Das gestaltpsychologische *Gesetz von Figur und Grund* verweist darauf, daß das Auge jedes Bild in eine im Vordergrund deutlich zu erkennende Figur und in einen diffusen Hintergrund aufteilt, also in ein weißes Gefäß auf schwarzem Grund oder in zwei schwarze Profile auf weißem Grund.

Reize lösen biophysiologische Wahrnehmungsprozesse aus, indem sie von dafür spezialisierten Nervenzellen aufgenommen werden, etwa durch die Lichtrezeptoren der Netzhaut oder durch die Schallrezeptoren des Innenohrs. Diese Rezeptoren leiten ihre Erregung über afferente (also von der Peripherie zum Zentralen Nervensystem führende) Nervenfasern an die Hirnrinde weiter. Dort entsteht ein bewußtseinsfähiges Wahrnehmungsbild, in unserem Beispiel ein weißes Gefäß oder zwei schwarze Gesichtsprofile.

Ein solches Wahrnehmungsbild differiert oft massiv von seinen ursprünglichen Reizen. Dies sieht unmittelbar ein, wer sich nochmals die Wahrnehmung eines Musikstücks und dessen ästhetischen Genuß vergegenwärtigt – Ästhetik ist das griechische Wort für Wahrnehmung – und ferner bedenkt, daß diesem physikalisch bloße Schallwellen zugrunde liegen. Zwischen diesen Schallwellen und der Musik liegt ein konstruktiver Wahrnehmungsprozeß, der diversen Selektionen, Strukturierungen und Konstruktionen unterliegt.

Diese Musik wiederum wirkt auf verschiedene Menschen ganz unterschiedlich: Unsere bisherige Lerngeschichte prägt unsere aktuelle Wahrnehmung und deren Organisation. Dazu führe ich eine einfache Untersuchung[77] zu nachfolgender Bilderreihe an:

Abbildung: Bilderreihe

Wenn ich im Bild links das Gesicht eines Mannes sehe und mit meinen Augen dann die Reihe von links nach rechts passiere, so werde ich lange an dieser Wahrnehmung, es handle sich um ein Gesicht, festhalten, bis ich im Laufe der Serie eine Frau erkennen werde. Analoges gilt in umgekehrter Weise: Wenn ich die Reihe zuerst von rechts nach links lese, so werde ich die rechts erkannte Frauengestalt häufig wiederentdecken, bevor ich das Bild als männliches Gesicht sehe.- Während also die Bilder an den Enden dieser Reihe klar zu erkennen sind, nehme ich im mittleren Bereich ein männliches Gesicht oder eine weibliche Gestalt wahr – je nachdem; aus welcher Richtung ich komme, je nach meiner bis dahin durchgemachten Lerngeschichte also.

---

[77] s. Schiepek & Tschacher 1992, 3 – 31.

Menschen tragen in ihrem Wahrnehmen Vorurteile mit sich, Voraus-Urteile, die nicht als solche falsch sind, die sie zur Strukturierung ihrer Wahrnehmung, zur Bildung einer „guten Gestalt" sogar brauchen, die sie aber immer wieder überprüfen sollten, soweit ihnen dies möglich ist. Lernen im gestaltpsychologischen Rahmen ist auf die Bildung einer „guten Gestalt" aus.

Karl Duncker (1903 – 1940), ein Schüler der schon genannten Gestaltpsychologen Wolfgang Köhler und Max Wertheimer, leistete einen wichtigen Beitrag zum *Gesetz der guten Gestalt*. Er geht in seinem erstmals 1935 publizierten und später nachgedruckten Buch „Zur Psychologie des produktiven Denkens"[78] davon aus, daß Menschen ein Problem zu verstehen und zu lösen lernen, sofern sie seine strukturalen Zusammenhänge sowie die Notwendigkeit erkennen, daß es zur Problemlösung einer davon abweichenden Struktur, einer Umstrukturierung bedarf. Menschen suchen alles in einer Problemsituation Gegebene daraufhin ab, ob und wie es zu deren Lösung beitragen kann, ob dem, was ihnen dabei begegnet, ein „Funktionalwert"[79] zukommt. Dieser Funktionalwert eines Gegenstands liegt zumeist nicht offen zutage; diesen zu entdecken, macht gerade den produktiven, den schöpferischen Charakter des Denkens aus.

Ein einfaches Beispiel möge das Vorgehen veranschaulichen: Ein Wanderer möchte einen Bach überqueren, stößt aber auf keine Brücke. Irgendwo in Ufernähe liegt jedoch ein Baumstamm, und der Wanderer entdeckt dessen Funktionalwert, insofern dieser Baumstamm als Steg über den Bach fungieren könnte. In vielen Problemsituationen aber ist es für uns weitaus schwieriger, den zielführenden Funktionalwert eines Gegenstands zu entdecken, insbesondere dann, wenn dieser Gegenstand in andere Strukturen fest eingebunden ist und es einer relativ komplexen Umstrukturierung bedarf. Einem Schimpansen etwa, der einen Stock oder einfach einen langen festen Gegenstand benötigt, um ein Problem zu lösen (etwa eine für ihn zu hoch hängende und nicht direkt erreichbare Banane zu ergattern), fällt es mitunter schwer, in einem noch am Baum befindlichen Ast den Stock zu sehen, den er braucht, ihn sozusagen „loszusehen". Denn am Baum ist er Ast, integraler Bestandteil der Gesamtfigur des Baumes, und diese Eingebundenheit in, diese „funktionale Gebundenheit"[80] an diese Struktur ist offenbar

---

[78] Duncker 1963.
[79] s. Duncker 1963, 5ff.
[80] s. Duncker 1963, 102ff.

schuld daran, daß der Ast am Baum schwerer als etwa ein am Boden liegender Ast in seinem Funktionalwert zu entdecken ist für den, der etwas Stockartiges sucht.

Im Sinne der Gestaltpsychologie gehen Lernprozesse des Denkens und Problemlösens von einer gestörten Gestalt aus, die in eine gute Gestalt überzuführen ist. Da das Denken zu funktionaler Gebundenheit, ja funktionaler Fixierung neigt, müssen kreative Prozesse der Umstrukturierung und der Bildung einer „guten Gestalt" allererst eingeübt werden – gegen ein dem Denken offenbar innewohnendes Gefälle zu Gewöhnung und blindem Vorgehen.

Zum Verständnis von Lernprozessen, Denkwegen und Intelligenzentwicklung trug Jean Piaget (1896 – 1980), gewiß der wichtigste Entwicklungspsychologe des 20. Jahrhunderts[81], Maßgebliches bei. Er selbst gibt zu bedenken, daß er wohl Gestaltpsychologe geworden wäre, wenn er die Werke von Wertheimer und Köhler frühzeitig genug kennengelernt hätte[82]. Vor diesem Hintergrund dürfte die Präsentation einiger Grundbegriffe und zentraler Züge seines Konzepts an dieser Stelle gut plaziert sein.

1.4. Lernen – in genetisch-epistemologischen Zugängen
oder Lernziel: Äquilibration kognitiver Schemata

Die Einführung in Piagets Konzeption beginne ich aufgrund der großen Bedeutung dieses Forschers für das Thema dieses Buches mit einigen biographischen Notizen zu seiner Person und seinem Werdegang.

1.4.1. Biographische Notizen zu Jean Piaget

Jean Piaget wurde im Jahr 1896 in Neuchâtel geboren. Nach seinem Studium der Biologie an der dortigen Universität wechselte er 1919 nach Paris, um dort einen Denk- bzw. Intelligenz-Test für französische Kinder zu standardisieren. Sein

---

[81] s. zum folgenden Herzog 1995a, 25 – 77, und Buggle 1997.
[82] s. Walter 1994, 134.

Interesse galt jedoch weniger der psychometrischen Methode, also dem quantitativen Erfassen von richtigen und falschen Antworten, sondern vielmehr den Denk*wegen*, die Kinder zu richtigen und insbesondere zu falschen Antworten führten. Dabei entwickelte Piaget seine klinische Methode, also Weisen der Befragung, wie sie für seine qualitativen Analysen der Struktur des Denkens von Kindern und später auch von Jugendlichen charakteristisch werden sollten.

1921 kehrte Piaget in die Schweiz zurück, um in Genf zu arbeiten. Während der Jahre 1925 bis 1929 übernahm er eine Professur in Neuchâtel; diese Zeit widmete er insbesondere der Untersuchung der Geschichte des naturwissenschaftlichen Denkens sowie der Entwicklung des kindlichen Denkens. Diese Doppelung der Forschungsinteressen von Jean Piaget ist zum Verständnis seines Schaffens wichtig, da er Parallelen zwischen der Geschichte des naturwissenschaftlichen Denkens und der Entwicklung des kindlichen Denkens sah – Parallelen also zwischen Wissenschaftsgeschichte und Individualgeschichte, in biologischer Sprache zwischen Phylogenese (Stammesgeschichte) und Ontogenese.

Nach seinen Jahren in Neuchâtel wirkte er in Genf weiter, und zwar als Professor für Wissenschaftsgeschichte an der dortigen Naturwissenschaftlichen Fakultät, um weiter voranzukommen auf dem Weg zu einer *Epistemologie*, die sich auf die ontogenetische sowie auf die phylogenetische Entwicklung des Denkens gründen sollte. Epistemologie läßt sich als Erkenntnistheorie übersetzen. Allerdings ist das französische Wort *épistémologie* enger gefaßt als dessen deutsche Entsprechung; es meint eine Theorie der *wissenschaftlichen* Erkenntnis, ist also eher als Wissenschaftstheorie zu übersetzen. Vor diesem Hintergrund erhellt, wie Piaget *Intelligenz* versteht. Intelligenz meint die epistemische Kompetenz eines Menschen, also seine Fähigkeit, (natur-) wissenschaftlich zu erkennen.

Gegenstand von Piagets Epistemologie ist zunächst die Geschichte des wissenschaftlichen Denkens, welche allerdings nur in beschränktem Maße zugänglich ist. Insbesondere ihre Anfänge liegen im dunkeln. Da es Piaget an Erkenntnissen zu dieser Etappe der Phylogenese mangelte, wandte er sich als Biologe der Ontogenese individueller Lebensläufe zu – und wurde auf diesem Wege Entwicklungspsychologe. Piaget war von seiner Ausbildung her Biologe und hatte Psychologie nie als Studienfach belegt. Aber der Frage nach einer Epistemologie ging er nach, indem er kindliche Prozesse untersuchte – seine Epistemologie erwies sich als Entwicklungstheorie, also als genetische Theorie. Piaget sprach darum von einer *épistémologie génétique*. Einen wichtigen Teil seiner Studien

51

führte Piaget mit seinen eigenen drei Kindern durch, mit Lucienne, Jacqueline und Laurent.
In die von Piaget entwickelte Psychologie gingen methodische Konzepte ein, die aus der Biologie stammten, etwa die Idee der Parallelität von Phylo- und Ontogenese oder die Begriffe *Assimilation* und *Akkommodation* – Begriffe, die ich noch klären werde. Während ihm die Biologie bei der Entwicklung seiner Psychologie also mit methodischen Konzepten diente, stammte von erkenntnistheoretischer Seite die Fragestellung, die Piaget in seiner entwicklungspsychologischen Forschung bewegte. Auf diese Weise entstand Piagets „Psychologie-Sandwich", das quasi die psychologische „Wurst" zwischen einer biologischen und einer erkenntnistheoretischen Brötchenhälfte verortet[83].

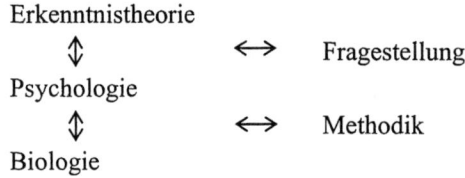

Dabei postuliert Piaget einen *Zirkel* der Wissenschaften, welcher die einzelnen Disziplinen rekursiv, also durch wechselseitige Rückkoppelungen, miteinander verknüpft[84].
Später lehrte Piaget neben Kinderpsychologie auch Soziologie (in Lausanne und Genf). Im Jahr 1955 wurde er der erste Direktor des interdisziplinären Zentrums für genetische Epistemologie in Genf. 1971 zog er sich von seiner Lehrtätigkeit zurück. 84jährig starb er 1980 in Genf.
Diese biographischen Notizen zu Piaget sind mir wichtig – nicht nur, weil er der wohl bedeutendste Entwicklungspsychologe des 20. Jahrhunderts war, sondern mehr noch, weil sie sichtbar machen können, daß ihm der Titel „Entwicklungspsychologe" allein gar nicht wirklich gerecht wird. Es war sein wissenschaftstheoretisches Interesse, das ihn als Biologen bewegte und von zunächst phyloge-

---

[83] s. Piaget 1992.
[84] s. Fetz 1979, 163 – 201.

netischen zu ontogenetischen Fragestellungen führte, so daß er Entwicklungspsychologe wurde. Um Piaget verstehen zu können, braucht es, wie ich meine, die Würdigung dieses naturwissenschaftlichen Rahmens.

1.4.2. Einige Grundbegriffe der Entwicklungspsychologie Jean Piagets

Vor diesem Hintergrund wende ich mich im folgenden einigen Grundbegriffen der Entwicklungspsychologie Piagets sowie seinem Entwicklungskonzept zu. Grundbegriffe sind kognitive Schemata, Assimilation und Akkommodation, Adaptation und Äquilibration sowie Intelligenz. Dabei ist der Begriff der *Intelligenz* bereits konturiert – als sogenannte epistemische Kompetenz, also als Fähigkeit, (natur-) wissenschaftlich zu erkennen. Bereits von Bandura bekannt sind *Schemata*, die im Rahmen des Lernens am Modell als Handlungsschemata auftraten.

Bei Piaget bezeichnet ein Schema[85] eine kognitive Struktur, welche sich auf eine Klasse gleichartiger Handlungssequenzen bezieht. Diese Handlungssequenzen bilden im Rahmen eines Schemas eine organisierte Ganzheit, innerhalb derer die einzelnen Handlungssegmente in klar bestimmter Ordnung straff miteinander verkoppelt sind. Zur Veranschaulichung nenne ich das bekannte Greifschema, das sich auf die Klasse der gleichartigen – aber eben nicht völlig gleichen – Handlungssequenzen des Greifens bezieht. Die Greifhandlungen bilden eine organisierte Ganzheit, innerhalb derer die Segmente „Ausstrecken des Arms", „Ausstrecken der Finger", „Berühren und Umklammern des zu greifenden Gegenstands" und „Wiederheranziehen des Arms" einer klaren Ordnung, einer schlüssigen Chronologie folgen. Das in sich konsistente Greifschema läßt sich von der mehr oder minder diffusen Hintergrundmotorik des greifenden – und allmählich kognitiv begreifenden – Säuglings abheben.

Ein Schema ist mit der Verhaltenssequenz, von der es seinen Namen erhält („Greifschema"), nicht identisch; „Schema" ist ein Dispositionsbegriff und bezeichnet – darin Banduras Konzept ähnlich – eine Kompetenz. Dabei haftet einem „Schema" nichts Starres an (im Sinne von „Schema F"[86]); vielmehr ist ihm

---
[85] s. Buggle 1997, 30 – 36.
[86] Diese Wendung leitet sich von den seit 1861 beim deutschen Militär vorgeschriebenen „Frontrapporten" her, in denen Berichte über den Bestandsnachweis der vollen Kriegsstärke festgehalten

gerade in Piagets Konzeption eine „intrinsisch innewohnende Tendenz zur Aktivierung"[87] eigen, so daß ein Schema zu seiner Bildung – im Unterschied zu behavioristischen Ansätzen – nicht auf von außen direkt einwirkende Verstärkung angewiesen ist. Vielmehr kommt es zu einer „Innensteuerung" durch Assimilations- und Akkommodationsprozesse.

Assimilation und *Akkommodation* sind biologische Begriffe. Die genetische Epistemologie fragt nach dem Werden, also nach Entstehung und Entwicklung von Erkennen und Denken – danach, wie sich der Übergang von einer bestimmten Stufe der Erkenntnis zu einer anderen Stufe vollzieht, die als höher eingeschätzt werden kann. Da dieser Übergang sich in der Phylogenese nicht beobachten und beschreiben läßt, verfolgt ihn die genetische Epistemologie an der Entwicklung des Denkens eines Kindes.

Dabei versteht Piaget einen Menschen nicht als gedankenlose Maschine im Sinne Skinners, sondern als organismische Lebendigkeit. Für Piaget hängen erkenntnistheoretische und biologische Fragen eng zusammen, insofern sie genetisch aufeinander bezogen sind: Das Epistemische erwächst evolutiv aus dem Organismischen. Intelligenz, wie Piaget sie versteht, ist eine evolutionsgenetische Weiterführung organismischer Anpassungsprozesse mit anderen, eben mit epistemischen Mitteln.

Assimilation und Akkommodation sind Weisen der organismischen Anpassung, mit anderen Worten die beiden Hauptformen der Selbstregulation eines Lebewesens. Für Piaget, für den die lebende Organisation weitgehend aus Selbstregulation besteht, gehört der Gedanke der *Selbstorganisation* oder – in neurobiologischer oder systemtheoretisch-soziologischer Diktion – der *Autopoiesis*[88] zum Begriff des Lebens[89]. Die Umwelt eines Lebewesens sowie das Verhalten dieses Lebewesens verändern sich fortwährend. Geschieht die Anpassung so, daß das Umweltgeschehen den Strukturen des Organismus angepaßt wird, diesem gleich-

---

wurden und die immer nach dem Schema „F(rontrapport)" abgefaßt wurden; s. Duden, Bd. 11, 1992, 617.
[87] Buggle 1997, 32.
[88] s. Kießling 1998, 107 – 113 (zu Humberto Maturana und Francisco Varela) und 289 – 354 (zu Niklas Luhmann), sowie Lanzerath 2001, 15.
[89] s. Herzog 1991, 242; s. auch Willy C. Kriz 2000, 90 – 95; s. von Glasersfeld 1987, 144, der nachfolgenden Satz Jean Piaget zuschreibt: „Die Intelligenz organisiert die Welt, indem sie sich selbst organisiert."

sam einverleibt wird, so spricht Piaget von Assimilation. Assimilation bedeutet also eine *Bewahrung* organismischer Strukturen, wohingegen Akkommodation deren *Veränderung* mit sich bringt. Akkommodation findet statt, wenn Assimilation nicht gelingt und folglich der lebende Organismus sowie seine Strukturen sich ihrerseits an Eigenschaften des Umweltgeschehens anpassen.
Ein Beispiel: Die mechanische Zerkleinerung der in der Umwelt gesammelten Nahrung ist ein Assimilationsprozeß, da der Organismus sich die Nahrung in der Weise passend macht, daß er sie mit seinen Möglichkeiten aufnehmen, sich einverleiben kann. Umgekehrt aber ist das „Zahnen" der Kleinkinder ein Akkommodationsprozeß: Die Eigenschaften des Organismus verändern sich mit dem Ziel der Anpassung an in der Umwelt gegebene Produkte.
Für Piaget sind Assimilation und Akkommodation zwei Formen der Anpassung. Der Begriff der *Adaptation* ist insofern dem der Anpassung vorzuziehen, als Anpassung im Sinne sozialer Anpassung mit negativen Assoziationen belastet ist – im Sinne von anpaßlerischem Konformismus. Adaptation umfaßt die beiden Möglichkeiten der Assimilation und der Akkommodation.
Äquilibration schließlich gewinnt den Charakter eines Ausgleichs zwischen Bewahrung und Veränderung, zwischen Assimilation und Akkommodation organismischer Strukturen. Ohne Akkommodation fände keine Entwicklung von Organismen statt – die Widerständigkeit der Umwelt, die sich der Assimilation, der Einverleibung durch den lebenden Organismus entzieht, nötigt den Organismus zur Selbstmodifikation, zur Akkommodation. Assimilation und Akkommodation spielen zusammen – mit dem Ziel, durch Selbstregulierung ein Gleichgewicht zwischen beiden Formen der Adaptation anzustreben, also eine Äquilibration zu erreichen.
Ungleichgewichte, die Entwicklung anstoßen können, sind unterschiedlicher, näherhin dreifacher Art. Da sind erstens Ungleichgewichte aufgrund *äußerer* Störungen, also Widerstände in der Umwelt, die eine Assimilation verhindern und nach Akkommodation des Organismus an seine Umwelt verlangen. Da sind zweitens Ungleichgewichte zwischen kognitiven Subsystemen des Organismus, die nicht miteinander zu koordinieren sind – also *innere* Ungleichgewichte, innere Widersprüche. Und da sind drittens Ungleichgewichte zwischen der kognitiven Gesamtstruktur und kognitiven Teilstrukturen eines Organismus, also wiederum *innere* Ungleichgewichte, innere Widersprüche.- Ungleichgewichte aufgrund äußerer Störungen und Widerstände regen Entwicklung an, insofern sie

eine Handlungshemmung provozieren, die ein Mensch als Nichtanpassung und Einengung der eigenen Lebensmöglichkeiten erleben kann, welche er hinter sich lassen möchte. Innere Ungleichgewichte zwischen verschiedenen kognitiven Subsystemen oder zwischen kognitivem Gesamt- und Teilsystem eines Organismus sind Widersprüche im Denken, die wir selbst oft gar nicht bemerken. Häufig braucht es den Kontakt, die Interaktion mit anderen Menschen, braucht es ihren Widerspruch, damit wir diese inneren Widersprüche aufdecken und unsere – oft verdrängten – inneren Ungleichgewichte in einen Äquilibrationsprozeß überführen können[90].

Die Bedeutung sozialer Beziehungen für die menschliche Entwicklung zu immer neuer Äquilibration betone ich, um dem Mißverständnis entgegenzuwirken, menschliche Entwicklung sei ein gleichsam automatisierter Reifungsprozeß, der sich *unabhängig* von der Umwelt des heranreifenden Organismus vollziehen könne. Es braucht vielmehr äußere Ungleichgewichte, die einen Organismus zu Akkommodationsprozessen drängen, und Mitmenschen, die gegen innere Ungleichgewichte Widerspruch erheben, wenn selbstregulierende und selbstorganisierende Prozesse überhaupt in Gang kommen sollen. Andernfalls müßten Erziehung und Unterricht in ihrer Bedeutung massive Einbußen hinnehmen!

Soviel zu einigen Grundbegriffen der Entwicklungspsychologie Piagets. Wie bereits erwähnt, wandte sich die gestaltpsychologische Bewegung gegen einen Assoziationismus, auf welchen auch Piaget anspielt, wenn er in „Biologie und Erkenntnis" formuliert: „Die alten Psychologen und mit ihnen auch viele Physiologen sprechen nicht von Assimilation, sondern von ‚Assoziationen': der Pawlowsche Hund ‚assoziiert' den in Verbindung mit Futter dargebotenen Glockenton mit dem Futter und sondert in der Folge schon beim Hören des Tons Speichel ab, als ob das Futter da wäre. Die Assoziation ist aber nur ein künstlich aus dem Prozeß der Assimilation herausgeschnittenes Teilmoment. Der Beweis dafür ist, daß der konditionierte Reflex nicht in sich selbst stabil ist, sondern periodisch ‚verstärkt' werden muß: läßt man nur die Glocke klingen, ohne je wieder danach

---

[90] Besonders eindrücklich sind mir in diesem Zusammenhang Erfahrungen aus Gesprächen mit Strafgefangenen, die an der großen Schuld von Mitinsassen keinen Zweifel lassen und bei Gelegenheit deutlich härtere Strafen verhängen würden, als es tatsächlich geschehen ist, während sie umgekehrt den Weg zur eigenen Straftat als umweltdeterminierte Kette ungünstig zusammentreffender Zufallsereignisse rekonstruieren und den Tathergang so reinszenieren, daß sie selbst daraus eher als Opfer denn als Täter hervorgehen.

Futter zu reichen, so sondert der Hund auf dieses Signal hin alsbald keinen Speichel mehr ab. Das Signal erhält nur dadurch seinen Sinn, daß es an ein Gesamtschema assimiliert ist, das sowohl das anfängliche Bedürfnis nach Nahrung als auch seine schließliche Befriedigung umfaßt."[91] Dieses Gesamtschema bildet eine kognitive Struktur, die sich im Laufe der menschlichen Lerngeschichte verändert und immer neu ordnet. Ziel Piaget'schen Lernens ist die Äquilibration kognitiver Schemata.

1.4.3. Hauptzüge des Entwicklungskonzepts Jean Piagets

Vor diesem Hintergrund läßt sich nun das Entwicklungskonzept Jean Piagets einführen. Er unterscheidet vier Stufen der kognitiven Entwicklung:
- die Stufe der sensomotorischen Intelligenz,
- die Stufe des voroperationalen Denkens,
- die Stufe der konkreten Operationen sowie
- die Stufe der formalen Operationen.

Die *Stufe der sensomotorischen Intelligenz* im Alter bis zu zwei Jahren richtet sich auf den Umgang mit konkreten Dingen im äußeren Anschauungsraum, auf das *Begreifen* von Gegebenem, beginnend beim angeborenen Greifreflex. Es handelt sich um eine Vorstufe des späteren Denkens, insofern aus dem handgreiflichen Begreifen der sensomotorischen Intelligenz ein erkennendes Begreifen reiferer Entwicklungsstufen erwächst. In der sensomotorischen Phase existieren die unmittelbar gegebenen Dinge nur so lange, wie sie durch die kindliche Wahrnehmung zugänglich sind, wie sie also gesehen, gefühlt, gerochen, geschmeckt, gehört, ertastet werden. Was ich nicht mit meinen Sinnen wahrnehme, existiert gar nicht.

Ein dominierendes Merkmal der sensomotorischen Entwicklungsstufe ist der nach Piaget so bezeichnete *Egozentrismus*, der dem Kind nicht erlaubt, seine Welt aus der Perspektive anderer Menschen wahrzunehmen. Die ich-zentrierte Wahrnehmung unterbindet die Erkenntnis, daß andere Menschen anders sehen als das Ego, als ich. Egozentrismus meint also keine bewußte Zentrierung auf

---
[91] Piaget 1992, 5f.

das eigene Ich; denn das Kind vermag verschiedene Perspektiven noch gar nicht zu differenzieren. Mit der Bewußtwerdung des Egozentrismus geht bereits seine Zerstörung einher.-
In der Welt eines Neugeborenen sind die darin auftauchenden Dinge nur existent, solange sie wahrnehmbar sind. Ihnen kommt also keine darüber hinausgehende dauerhafte Existenz zu. Solche *Permanenz der Objekte* auch außerhalb ihrer Wahrnehmbarkeit durch das kindliche Subjekt ergibt sich erst am Ende der sensomotorischen Phase. Dabei fungiert die Möglichkeit der *Nachahmung* sozusagen als Vehikel des Übergangs zur nächsten Stufe der kognitiven Entwicklung, nämlich zum voroperationalen Denken. Denn die Nachahmung einer Handlung oder eines Ereignisses ist eine erste Vorform späterer symbolischer Vergegenwärtigungen. Nachahmung ist noch sinnlich wahrnehmbar; als zeitlich zunehmend aufschiebbare Nachahmung wird sie jedoch immer unabhängiger von der Präsenz des so Dargestellten. Die Nachahmung, welche in Abwesenheit des imitierten Modells erfolgen kann, setzt bereits die Existenz innerer Bilder, symbolischer Vergegenwärtigungen voraus.

Die *Stufe des voroperationalen Denkens* bezieht sich ebenfalls auf die Entwicklung dieser Symbolfunktion, also der Fähigkeit, Bezeichnendes (ein Bild, ein Symbol, ein Zeichen) und Bezeichnetes (in der Umwelt gegebene Dinge und Beziehungen) voneinander zu unterscheiden und zugleich aufeinander beziehen zu können. So kann ein Holzstück als Lokomotive Verwendung finden oder ein Auto darstellen.
Ein anderes Beispiel aus eigener Erfahrung mit der dreijährigen Luca: Ihr dient Sand als Kuchenteig. Sand und Teig lassen sich aufeinander beziehen, insofern sie den Sand in eine Kuchenform füllt, ihn bäckt in einem Ofen, den ihr Vater ihr aus Holz gebaut hat, und mir den im Spiel gebackenen Sand in der Kuchenform anbietet mit den Worten: „Guten Appetit, Klaus!" Sand und Teig werden aber nicht nur aufeinander bezogen, sondern zugleich unterschieden. Denn in dem Moment, in dem Luca mir den Sandkuchen auftischt und ich – weil ich kein Spielverderber sein will – ansetze, davon etwas zum Mund zu führen, belehrt sie mich sofort mit sorgenvoller Miene: „Nicht essen! Das ist doch gar kein richtiger Kuchen!"

Mit dem hohen Grad an Konkretheit, an Verhaftetheit an die unmittelbar wahrzunehmende Wirklichkeit hängt ein wichtiges Merkmal voroperationalen Denkens zusammen, seine sogenannte *Zentrierung*. Unter Zentrierung versteht Piaget die Fokussierung der kindlichen Aufmerksamkeit auf jeweils dasjenige Merkmal eines Objekts, welches in besonderer Weise hervortritt, sozusagen ins Auge sticht. Das Kind vermag noch nicht zu *de*zentrieren, sich aus der Fesselung durch das jeweils augenfälligste Merkmal eines Objekts wahrnehmend und denkend zu lösen, wie Piagets berühmte Umschüttversuche eindrücklich zeigen.

Zwei Gläser A1 und A2 von gleicher Form und Größe werden mit der gleichen Flüssigkeitsmenge gefüllt. Die Frage, ob in beiden Gläsern die gleiche Menge Flüssigkeit enthalten ist, bejaht ein vierjähriges Kind.- Der Inhalt von A2 wird – für das Kind sichtbar – in ein schmäleres Glas B umgeschüttet, so daß die Flüssigkeitssäule in B höher ist als in dem unverändert gefüllten Glas A1. Das Kind konstatiert nun eine größere Menge an Flüssigkeit in B, „weil es höher ist". Die Wahrnehmung des Kindes ist zentriert auf das Merkmal „Höhe der Flüssigkeitssäule", ohne – dezentrierend – die Abnahme des Durchmessers des Gefäßes zu berücksichtigen.- Mit zunehmend geringerem Durchmesser von B kann die Zentrierung auf das nun immer auffälliger werdende Merkmal der Schmalheit von B übergehen, so daß das Kind nun angibt, in B sei weniger Flüssigkeit enthalten, „weil es dünner ist". Die Zentrierung auf die Höhe der Flüssigkeitssäule wird also abgelöst durch eine Zentrierung auf deren Breite. Damit erfolgt bereits eine erste Regulierung, also eine Zwischenstufe, die nicht mehr – wie noch beim frühen voroperationalen Denken – auf ein einziges Merkmal, etwa die Höhe, fixiert bleibt und durch den Wechsel der Zentrierung auf ein anderes Merkmal, etwa die Schmalheit, eine später mögliche dezentrierende Operation zumindest ankündigt. Diese Zwischenstufe läßt sich als *anschauliches Denken* bezeichnen, das noch der voroperationalen Entwicklungsstufe zuzurechnen ist.

Ab etwa sieben Jahren, so Piaget, setzt die *Stufe der konkreten Operationen* ein. Der Begriff der Operation deutet an, daß Piaget Erkennen als eine Tätigkeit versteht, Denken als Handeln faßt. Das Denken vermag zu dezentrieren, im Falle der Umschüttversuche also zu erkennen, daß die Flüssigkeitsmenge erhalten bleibt. *Invarianzen* werden dem Kind sichtbar, wenn es aufgrund der Fähigkeit zur Dezentrierung vom jeweils hervorstechenden Merkmal die ausgleichende Funktion eines ebenfalls zugehörigen, wenn auch wahrnehmungsmäßig zurück-

59

tretenden Merkmals in sein Denken einzubeziehen vermag: Das zur Dezentrierung fähige Kind weiß die wachsende Höhe der Flüssigkeitssäule gegen ihren geringer werdenden Durchmesser abzuwägen.
Hinzu tritt die *Reversibilität* des operationalen Denkens. Gemeint ist die Fähigkeit, eine Handlung in beiden Richtungen auszuführen, also den Prozeß des Umschüttens rückgängig zu machen und die Flüssigkeit wieder ins ursprüngliche Gefäß A2 zu schütten und dabei die Invarianz der Flüssigkeitsmenge klar zu erkennen.

In der laut Piaget ab etwa elf Jahren einsetzenden *Stufe der formalen Operationen* löst sich das Denken von seiner engen Bindung an die jeweiligen konkreten Inhalte. Es schreitet unter wachsender Systematisierung kognitiver Vorgänge vom konkret Wirklichen zum weiteren Bereich des hypothetisch Möglichen und Abstrakten voran, vom Hier und Jetzt zu räumlich und zeitlich immer weiteren Horizonten. Formallogisches Denken, mathematisches und hypothetisch-deduktives Denken sind Operationen, die Heranwachsende in dieser Phase ihrer Entwicklung auszuführen vermögen.

Soweit das Entwicklungskonzept bei Jean Piaget. Der Übergang von einer Stufe zur nächsten läßt sich durch die Neubildung äquilibrierter kognitiver Strukturen charakterisieren. Damit nimmt Jean Piaget systemtheoretische Ansätze vorweg, die als die jüngsten unter den aktuellen Lernkonzepten firmieren. Bevor diese zum Zuge kommen, spreche ich gern bereits traditionsreiche humanistisch-pädagogische Zugänge zum Lernen an. Diesem humanistisch-pädagogischen ist ebenso wie dem systemtheoretischen Denken eine Nähe zur Gestaltpsychologie eigen.

1.5. Lernen – in humanistisch-pädagogischen Zugängen
oder **Lernziel: Verstehen und „Sich-einhausen"**

Die Gestaltpsychologie versteht den menschlichen Organismus als ein unteilbares Ganzes, das sich nach eigenen Regeln in spezifischen Strukturen entwickelt und verändert – darin ist sie der Entwicklungspsychologie Jean Piagets verwandt. Mit der phänomenologischen Bewegung innerlich verwoben, wirkt die

Gestaltpsychologie ideengeschichtlich auch auf die sogenannte Humanistische Pädagogik ein.

In Abgrenzung gegen verhaltenspsychologische Lerntheorien und ihre positivistisch-realistischen Anschauungen setzt die *Humanistische* Pädagogik, wie ihr Name schon sagt, auf die Grundannahme, daß Menschsein nicht schlicht gegeben, sondern aufgegeben sei. Menschen verstehen sich also als Mitschöpferinnen und Mitschöpfer ihrer selbst in Freiheit und Verantwortung im Hier-und-Jetzt. Damit geht eine Anthropologie einher, die menschliche Sinn- und Wertorientierung betont.

Zur Humanistischen Pädagogik zählt auch das Lernen in Gruppen im Anschluß an die im Jahr 1912 geborene jüdische Psychoanalytikerin Ruth Cohn. Ihr Konzept der Themenzentrierten Interaktion, in der Abkürzung bekannt als TZI, stelle ich exemplarisch vor[92].

Ruth Cohn berichtet: „Eines Nachts ... träumte ich von einer gleichseitigen Pyramide. Im Aufwachen wurde mir sofort klar, daß ich die Grundlage meiner Arbeit ‚erträumt' hatte. Die gleichseitige Traumpyramide bedeutete mir: Vier Punkte bestimmen meine Gruppenarbeit. Sie sind alle vier miteinander verbunden und gleich wichtig. Diese Punkte sind:
- die Person, die sich selbst, den andern und dem Thema zuwendet (= Ich);
- die Gruppenmitglieder, die durch die Zuwendung zum Thema und ihre Interaktion zur Gruppe werden (= Wir);
- das Thema, die von der Gruppe behandelte Aufgabe (= Es);
- das Umfeld, das die Gruppe beeinflußt und von ihr beeinflußt wird – also die Umgebung im nächsten und weitesten Sinn (= der Globe)."[93]

Diese Pyramide ist in folgender Gestalt bekannt geworden:

---

[92] s. dazu Quitmann 1985, 175 – 204; Kießling 1996, 327 – 328; Hobelsberger 2000, 1392; Lott 2001, 55 – 162.
[93] Cohn & Farau 1987, 343f.

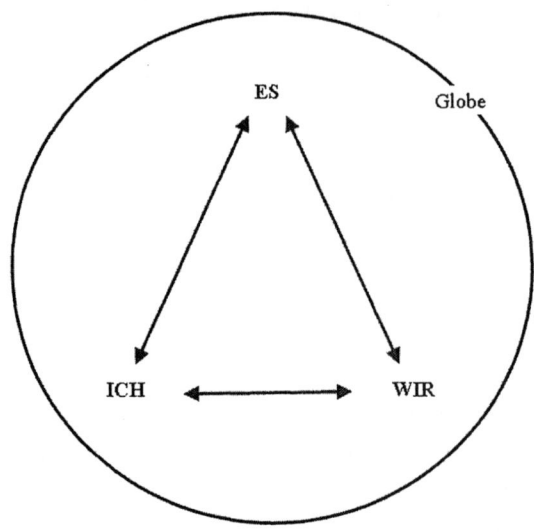

Abbildung: TZI-Dreieck

Das so visualisierte Konzept setzt sich aus Axiomen, Postulaten und sogenannten Hilfsregeln zusammen, die in ihrer Bedeutung für Lernprozesse konturiert werden sollen.

1.5.1. Axiome der Themenzentrierten Interaktion

Das erste Axiom der Themenzentrierten Interaktion lautet: „Der Mensch ist eine psycho-biologische Einheit. Er ist auch Teil des Universums. *Er ist darum autonom und interdependent. Autonomie (Eigenständigkeit) wächst mit dem Bewußtsein der Interdependenz (Allverbundenheit)*."[94]
Autonomie und Interdependenz, Selbst-Stand und Beziehung gelten Ruth Cohn also als gleichwertig, es kommt ihr auf eine Balance von „Ich" und „Wir" an, um das TZI-Dreieck in seiner Begrifflichkeit aufzugreifen. Von außen kommende Reize bringen diese Autonomie aus dem Gleichgewicht und regen zu eigentäti-

---

[94] Cohn 1997, 120.

gem Lernen an – mit dem Ziel erneuter Balancierung. So konzipierte Lernprozesse erinnern erneut an Jean Piaget.

Das zweite Axiom lautet: „Ehrfurcht gebührt allem Lebendigen und seinem Wachstum. Respekt vor dem Wachstum bedingt bewertende Entscheidungen. Das Humane ist wertvoll; Inhumanes ist wertbedrohend."[95]
Auch Lernprozesse zielen auf die Förderung menschlichen Wachstums, auch auf eine Neubalancierung von rationalen und emotionalen Kräften, von Kopf und Herz der Menschen. Der Wertebezug Humanistischer Pädagogik wird anhand dieses Axioms besonders deutlich.

Das dritte Axiom lautet: „Freie Entscheidung geschieht innerhalb bedingender innerer und äußerer Grenzen. Erweiterung dieser Grenzen ist möglich."[96]
Menschen sind weder allmächtig noch ohnmächtig, vielmehr sind sie in Grenzen entscheidungsmächtig.

Aus diesem und den anderen humanistischen Axiomen lassen sich Postulate ableiten, insbesondere zwei Daseinspostulate. Ihrem Charakter nach umschreiben sie Forderungen und Herausforderungen, mit denen uns Menschen unser Dasein konfrontiert. Damit gehen spezifische Methoden im Vorgehen der Themenzentrierten Interaktion einher.

1.5.2. Daseinspostulate und Methoden der Themenzentrierten Interaktion

Das erste der beiden Daseinspostulate lautet: *„Sei dein eigener Chairman / Chairwoman, sei die Chairperson deiner selbst."*[97]
Im Zusammenhang des hier zu verhandelnden Themas erinnert Ruth Cohn mit ihrem Chairman- oder Chairwoman-Postulat daran, daß alle an einem Lernprozeß Beteiligten Subjekte ihres Lernens sein sollen: „Sei dein eigener Lehrer!" – „Sei deine eigene Lehrerin!" Nicht nur Lehrende, auch Lernende sind chairper-

---

[95] Cohn 1997, 120.
[96] Cohn 1997, 120.
[97] Cohn & Farau 1987, 358; s. auch Langmaack 2001, 134ff.

sons. Schüler werden zu „Schülerlehrern", die sich im Sinne des bei den Brüdern Grimm mit „lehrnen" (mit „h") umschriebenen Vorgangs selbst unterweisen. Umgekehrt werden Lehrer zu „Lehrerschülern", die selbst Lernende sind: Bei dieser TZI-Methode denke ich an den großen Lehrer Hans-Georg Gadamer (1900 – 2002), welcher kurz nach seinem 102. Geburtstag verstarb. Noch in seinem 100. Lebensjahr hielt er unter dem bezeichnenden Titel „Erziehung ist sich erziehen"[98] einen Vortrag am Dietrich-Bonhoeffer-Gymnasium in Eppelheim bei Heidelberg. Darin setzt er wie folgt an:

„Meine Damen und Herren, wie Sie sehen, ich bin ein gebrechlicher alter Mann, und Sie dürfen auch nicht erwarten, daß ich nun auf der Höhe meiner Produktivität oder gar meiner Weisheit bin. Das ist ja ohnehin ein etwas zweifelhafter Anspruch, auf der Höhe seiner Weisheit zu sein. Immerhin, wenn man so ein alter Mann ist, kann man gewiß sagen, daß ich eine große Erfahrung gesammelt habe. In Wahrheit ist aber auch meine Haltung Ihnen gegenüber eine komisch verrückte. Eigentlich möchte ich so viel von Ihnen lernen!"[99]

Auch Gadamer, dieser große Lehrer der Philosophie – insbesondere der Phänomenologie und der Hermeneutik im Anschluß an Martin Heidegger (1889 – 1976) –, will *lernen*, und dies mit knapp 100 Jahren; auch er will ein Lehrerschüler sein.

Das zweite Daseinspostulat lautet: „Beachte Hindernisse auf deinem Weg, deine eigenen und die von anderen. *Störungen und Betroffenheiten haben Vorrang*; ohne ihre Lösung wird Wachstum verhindert oder erschwert"[100]. Störungen haben Vorrang. „Denn wenn innere und äußere Widerstände, innere und äußere Unterdrückung und Zwang, Betroffenheiten wie Schmerz, Freude, Angst, Zerstreutheit, Frustration, Antipathie oder ein unerträglicher Lärm von außen, giftige Dämpfe etc. im Weg sind, wird Wachstum und Lernen verhindert oder gehemmt; dann muß die Störung Vorrang haben. Jede Ablenkung und Störung ist ernst zu nehmen – und zwar als Realität, die Anerkennung und Auseinandersetzung beansprucht und nicht mit Verleugnung und Abwehr aus der Welt geschafft werden kann."[101]

---

[98] Gadamer 2000.
[99] Gadamer 2000, 9f.
[100] Matzdorf & Cohn 1993, 39 – 92, hier 69.
[101] Matzdorf & Cohn 1993, 69.

„Daß Störungen und Betroffenheiten im Leben und im Lernen Vorrang haben, entspricht dem psychoanalytischen Grundsatz, daß Widerstand vor Inhalt bearbeitet werden soll. Doch das TZI-Konzept der Störung ist weiter gefaßt als das des Widerstands. Störungsquellen im Sinn der TZI sind nicht *nur* die Störungen des ‚Widerstands', der aus ungelöster intrapsychischer Angst entsteht. Störungsquellen können alle inneren emotionalen Vorgänge und äußeren Gegebenheiten sein, die zur Zuwendung zum Thema oder zur Aufgabe querliegen."[102]

Damit komme ich zum TZI-Dreieck zurück. Darin spielen das Ich einer Person, das Wir einer Gruppe und ein Thema, die gemeinsame Sache, der Lerninhalt zusammen – mit Einwirkungen auf den Globe und Auswirkungen des Globe auf dieses Zusammenspiel von Ich, Wir und Thema. Vor dem Hintergrund des zweiten Daseinspostulats lassen sich methodisch zweierlei Ebenen der Kommunikation unterscheiden. Die Waagerechte im Dreieck, welche Ich und Wir miteinander balanciert, markiert eine *Beziehungsebene*, den Boden von Stimmungen und Gefühlen. Parallel dazu läßt sich eine zweite Ebene denken, auf der die Spitze des Dreiecks, das Thema, zu liegen kommt. Dabei handelt es sich um die *Inhaltsebene*; sie bezeichnet das Anliegen, das die Gruppe eint – oder entzweit!

Häufig hängen gruppendynamische Konflikte mit der Mißachtung des Unterschieds von Inhalts- und Beziehungsebene zusammen[103]. Anzuzielen wäre das Austragen sachlicher Differenzen auf der Grundlage einer tragenden Beziehung. Dies gelingt, wenn nicht die Wogen der einen Ebene auf die andere Ebene überschwappen, was aber in beiden Richtungen passieren kann: Da werden Beziehungsprobleme auf der Sachebene ausgetragen, indem das heiße Eisen – gipfelnd etwa in dem Vorwurf: „Du versteckst dich hinter einer Maske." – auf theoretischer Ebene verhandelt und damit abgekühlt wird, etwa so: „Ich schätze die Bedeutung von Transparenz für einen Interaktionsverlauf recht hoch ein." Diese Verlagerung führt aber nicht weit, wenn es um konkrete Beziehungen innerhalb einer Gruppe von Menschen geht – und eben nicht um den Austausch von Konzeptionen. Umgekehrt kann eine Sachdiskussion – mit dem Ergebnis: „Du denkst darüber inhaltlich anders als ich." – auf die Beziehungsebene ausgreifen: „Du

---

[102] Matzdorf & Cohn 1993, 69; s. auch Langmaack 2001, 147ff.
[103] s. Watzlawick, Beavin & Jackson 1990, 53 – 56.

magst mich wohl nicht mehr.", obwohl die Klärung einer inhaltlichen Differenz genügen würde. Mit diesen Ausführungen will ich nicht leugnen, daß beide Ebenen einander auch stützen können, indem die Sach- oder Inhaltsebene mit Worten präzisiert, was auf der Ebene der Beziehung mehrdeutig bleibt, oder indem eine beziehungsreiche Geste ankündigt und unterstreicht, was in Worten folgt. Ein fruchtbares Zusammenspiel – methodisch eine Balancierung – führt dazu, daß auf der Beziehungsebene Menschen Stärkung und auf der Sachebene Inhalte Klärung erfahren.

Lernen zielt also nicht allein auf Inhalte „zum Wissen", sondern ganz stark auf Beziehung – „zum Verstehen". Die Erfahrung ist weit verbreitet, daß manches uns langweilende Schulfach, mancher zum Gähnen veranlassende Inhalt erst und gerade dann unser Interesse weckt, wenn ein Mensch Beziehungen knüpft und pflegt, so daß auf diesem Grund zwischen Lehrenden und Lernenden bewegte Inhalte plötzlich Resonanz finden und Prozesse des Verstehens im Sinne der Hermeneutik in Gang setzen.

Hermeneutik[104] als Kunst des Verstehens geht begrifflich auf den Götterboten Hermes zurück, dem in der griechischen Mythologie die Aufgabe zukommt, die Botschaften der Götter so an ihre Adressatinnen und Adressaten zu vermitteln, daß diese sie verstehen und in ihrer Bedeutung erschließen können. Verstehen geschieht im hermeneutischen Zirkel[105], und zwar dergestalt, daß jeder Teil eines Ganzen von diesem Ganzen her verstanden, korrigiert oder erweitert wird und daß umgekehrt das Ganze sich in gleicher Weise vom Teil her bestimmt. Einzelne Kapitel oder auch nur Seiten eines Buches erschließen sich aus dem Gesamt des Werkes, und das Ganze bleibt auf die einzelnen Kapitel angewiesen, auch wenn das Buch mehr und anderes ist als die Summe seiner Kapitel. Der Zirkel des Verstehens meint also eine Kreisbewegung zwischen Teil und Ganzem, zwischen Fragen und Antworten. Lernen mit dem Ziel des Verstehens ist in einen beziehungsreichen Rahmen eingebettet, der mit dem TZI-Dreieck modellhaft skizziert ist. Lernen wird möglich durch solches hermeneutisches Kreisen

---

[104] s. Danner 1989, 31–116.
[105] s. Danner 1989, 55–61.

zwischen Teil und Ganzem, zwischen Frage und Antwort, im Gespräch[106], um es mit Gadamer zu formulieren.

1.5.3. „Hilfsregeln" der Themenzentrierten Interaktion

Die genannten Axiome und Postulate entlassen aus sich sogenannte „Hilfsregeln"[107], von denen ich abschließend zwei anklingen lasse.

Im Kontext des chairperson-Postulats taucht folgende Regel auf: „Vertritt dich selbst in deinen Aussagen; sprich per ‚Ich' und nicht per ‚Wir' oder per ‚Man'."[108]

Eine andere Regel lautet: „Sei authentisch und selektiv in deinen Kommunikationen."[109]

Selektive Authentizität zielt auf eine Offenheit beim Lernen in Gruppen – eine Offenheit, die aber nicht darauf abzielt, daß ich alles ausdrücken sollte, was ich denke und fühle. Aufrichtigkeit ohne Selektivität kann unnötig schwer verletzen. Selektive Authentizität hingegen begünstigt Prozesse des Vertrauens und des Verstehens. Und auf Verstehen zielt humanistisch-pädagogisch orientiertes Lernen ab.

Dieses Verstehen richtet sich auf alle Bereiche des TZI-Dreiecks: das Verstehen in den Grenzen des Globe, in den die TZI-Prozesse eingebettet sind; das Verstehen des Themas in der Absicht, die gemeinsame Sache voranzutreiben; das Verstehen im Wir-Zusammenhang, das die Lerngruppe stärkt; das Verstehen meiner selbst, um *wachsen* zu können.

Mit dem Stichwort des Wachsens komme ich zur Zusammenfassung. Themenzentrierte Interaktion läßt sich umschreiben als ein Wachstumsprozeß – etwa eines Baumes. Das humanistische Menschenbild mag den Nährboden dieses Lehr- und Lernkonzepts abgeben. Die Axiome machen die Wurzeln des nun entstehenden Baumes aus. Die Daseinspostulate bilden seinen Stamm, der sich anhand der genannten Methoden und (Hilfs-) Regeln verzweigt und verästelt.

---

[106] s. Gadamer 2000, z.B. 10.
[107] Lott 2001, z.B. 136.
[108] Cohn 1997, 124.
[109] Cohn 1997, 125.

Blätter und Früchte gehen aus lebendigem Lehren und Lernen hervor, aus wachsendem Verstehen.

„Wer hat denn wirklich gelernt, wenn er nicht an seinen eigenen Fehlern lernt?"[110] fragt Hans-Georg Gadamer am Ende seines Vortrags. Ihm zufolge sind solche Prozesse des Verstehens Vorgänge des Heimischwerdens[111] in einer vorher unbekannten oder jedenfalls unverstandenen Welt. In dieser Welt hausen wir uns verstehend ein, wie sich Gadamer ausdrückt. Lernen zielt auf Verstehen, Lernen zielt auf Sich-einhausen[112].

Soweit Hans-Georg Gadamer, soweit auch meine Ausführungen zum humanistisch-pädagogischen Lernen, welches mit Ruth Cohns Themenzentrierter Interaktion exemplarisch in Erscheinung trat – zum Kennenlernen. Und Kennen*lernen* ist ja auch eine Form des Lernens!

Eingestiegen in diesen Zugang zum Lernen war ich mit der Gestaltpsychologie. Sie wirkte auf Jean Piaget und auf Humanistische Pädagogik, aber auch auf jüngste systemtheoretisch ausgerichtete Lernkonzepte. Da es in der Themenzentrierten Interaktion um Lernen in Gruppen geht, ist damit das Lernen in Systemen bereits gut vorbereitet.

1.6. Lernen – in systemtheoretischen Zugängen
oder Lernziel: Selbstorganisation in Prozeßgestalten

Grundlegend unterscheiden lassen sich das lineare und das systemische Denken[113]: das *lineare* Denken, das geradlinige Zusammenhänge zwischen Ursachen und Wirkungen annimmt, etwa zwischen Reiz und Reaktion, und damit rechnet, daß ein stärkerer Reiz auch das Ausmaß der Reaktion erhöht, eine Verdoppelung der Zahl eingenommener Tabletten also auch deren Wirkung verzweifacht, sowie das *systemische* Denken, das von nichtlinearen, näherhin von zirkulären Prozessen ausgeht.

---

[110] Gadamer 2000, 48.
[111] s. Gadamer 2000, 17.
[112] s. Gadamer 2000, 21.
[113] s. von Schlippe 1991, 16.

Im folgenden versuche ich mich dem anzunähern und damit vertraut zu machen, was eine systemische Konzeption ausmacht – in zunächst recht abstrakter Sprache. Eine systemische Theorie setzt auf Regelhaftigkeiten in verschiedenen Bereichen bzw. auf mehreren Ebenen des Lebens, die sich durch jeweils spezifische Strukturen auszeichnen. Dabei haben historische Prozesse aus unvorstellbar vielen möglichen Strukturen auf jeder Ebene nur wenige realisiert[114]; dies gilt für kosmologische, geologische, evolutionäre, ontogenetische und politische Entwicklungen gleichermaßen. Die Fähigkeit von Systemen, spezifische Strukturen spontan auszubilden, trägt die Bezeichnung *„Selbstorganisation"*[115]. Atomare, molekulare, organische, organismische, psychische, soziale und gesellschaftliche Erscheinungen lassen sich als Phänomene betrachten, die im Laufe der Evolution lebender Systeme auf jeder Organisationsstufe neu auftauchende charakteristische Züge zeigen, sogenannte *emergente* Eigenschaften[116].

Systeme, beispielsweise Familien[117], lassen sich in ihren Binnenvernetzungen betrachten; deren Aufsplitterung in einzelne „Elemente" bzw. „Bestandteile" – etwa isolierte Einzelpersonen – führt nicht weiter; vielmehr fungiert etwa ein psychisch gekränktes oder erkranka Kind als „identifizierter Patient" bzw. „identifizierte Patientin". Er bzw. sie leidet unter Familienregeln, die das Einbeziehen aller Systemmitglieder in einen dann gemeinsamen Lernprozeß erforderlich werden lassen.

Aber auch eine systemisch weite Perspektive muß eine Unterscheidung zwischen einem System und seiner Umwelt treffen, um eine – so oder so begrenzte – Beobachtung jedweder Art überhaupt zu ermöglichen: Die Beziehungen innersystemischer Elemente untereinander sind quantitativ intensiver und qualitativ produktiver als deren Beziehungen zu anderen Elementen. Diese Differenz der Beziehungen schafft eine Grenze zwischen System und Umwelt[118].

Über die Zeit hin laufen Prozesse ab, die entweder der Stabilität eines Systems dienen und seine Konstanz unter sich wandelnden Bedingungen gewährleisten – solche Prozesse heißen *morphostatisch* bzw. gestalterhaltend – oder aber zu systemischer Entwicklung und dynamischer Veränderung beitragen – letztere

---

[114] s. Eilenberger 1990, 71 – 134, insbesondere 74f.
[115] s. Höger 1992, 223 - 231.
[116] s. Willke 1987, 173, und Böse & Schiepek 1989, 44f.
[117] Zu den im folgenden aufgeführten Charakteristika von (insbesondere Familien-) Systemen s. von Schlippe 1991, 22 – 31.
[118] s. Willke 1987, 176.

heißen *morphogenetische*, also gestaltbildende Prozesse. Wichtig hierfür sind Rückkoppelungsschleifen[119]. Das Ergebnis eines Prozesses dient dabei jeweils als Basis eines neuen Prozesses, d.h. eine bestimmte Operation wird in einer Rückkoppelung bzw. in einem sogenannten iterativen Prozeß immer wieder auf sich selbst angewendet[120]. Welche Beispiele können dies verdeutlichen?
Systeme sind allemal komplexe Gebilde. In einem systemischen Sachverhalt findet sogenannte *positive Rückkoppelung* statt, wenn ich etwa in ein Mikrofon spreche und über Lautsprecher zu hören bin. Dabei bedeuten Positivität und Negativität von Rückkoppelungen keine Wertungen; für beide Varianten werde ich Beispiele geben. Wenn Mikrofon und Lautsprecher nahe beieinander sind, bilden sie ein System – mit einer Rückkoppelungsschleife, d.h. das Ergebnis eines Vorgangs – ich bin über Lautsprecher zu hören – wird zur Basis eines neuen Vorgangs: Diese Geräusche gehen erneut in das Mikrofon ein, der Lautsprecher gibt die Geräusche wieder, und das Mikrofon nimmt diese nochmals auf, bis es zum Pfeifen kommt. Es handelt sich um Aufschaukelungsprozesse, wie sie auch in zwischenmenschlichen Beziehungen vorkommen, eben bis es eskalierend zum Pfeifen kommt (oder einer auf den anderen pfeift). Positive Rückkoppelungen sind auch bekannt als Matthäus-Effekte[121], so benannt nach dem biblischen Text in Mt 13, 12 (mit Parallelen in Mk 4, 25 und Lk 8, 18b): „Denn wer hat, dem wird gegeben, und er wird im Überfluß haben; wer aber nicht hat, dem wird auch noch weggenommen, was er hat."
Negative Rückkoppelungen hingegen zielen auf Stabilität. So nutzt in einem Heizungssystem ein Thermostat die Meldung über eine zu hohe Raumtemperatur zu deren erneuter Absenkung sowie die Meldung über eine zu niedrige Raumtemperatur zu deren Erhöhung – in jedem Fall zu einer Regulierung der Temperatur in Richtung zum Soll-Wert. Ein solches ausgleichendes, die ursprüngliche Entwicklungsrichtung also umkehrendes und insofern negativ rückkoppelndes Geschehen stabilisiert auch zwischenmenschliche Beziehungen, manchmal allerdings bis hin zur Rigidität.

---

[119] s. Gerbig 1993, 17f, mit dem Beispiel einer Video-Rückkoppelung.
[120] s. dazu die bei Beziehungsstörungen häufigen Zwangsprozesse, dargestellt in Hahlweg 1990, 295 – 319, insbesondere 302.
[121] s. z.B. Keupp 1995, 50 – 55, 55.

Eine Balancierung von positiven und negativen Rückkoppelungsschleifen ermöglicht ein *homöostatisches Plateau*[122], ein Fließgleichgewicht zwischen stabilisierenden und verändernden Prozessen.
Für systemische Entwicklungen typisch sind diskontinuierliche Prozesse bzw. Sprünge von einer Stufe zur anderen: Die Gangschaltung eines Wagens etwa sieht pro Gang einen umgrenzten Spielraum an Geschwindigkeitszu- bzw. -abnahme vor. Dabei gilt die Regel: Gasgeben beschleunigt. „Nach einer bestimmten Beschleunigung (Entwicklung) muß eine Neukalibrierung (Höherschaltung) erfolgen, um ein Weiterfunktionieren des Systems ‚Motor' auf einer höheren Ebene zu ermöglichen. Das System muß dazu einen Schritt über sich selbst hinaus tun, d.h. über seine bisher geltenden Regeln hinaus: in unserem Beispiel ist es nun nötig, Gas wegzunehmen, um nach dem Schalten schneller werden zu können."[123]

Regeln, beispielsweise im „System" Familie, regeln die innersystemischen Beziehungen. Systemisches Denken widmet sich nicht scheinbar objektivierbaren Bestandteilen, sondern systemischen Beziehungen, Relationen und Strukturen[124].- Lebende sind niemals geschlossene[125], sondern immer offene Systeme, insofern zwischen System und Umwelt beispielsweise Energie ausgetauscht wird. Ansonsten kann ein System nicht (über-) leben; geschlossen ist es allenfalls in seiner Regelhaftigkeit, die ausschließlich innerhalb der Systemgrenzen zutrifft, nicht aber außerhalb derselben.

Erkenntnistheoretisch bedeutsam sind die systemischen Sichtweisen von Wirklichkeit und Kausalität. Wirklichkeit meint – wie schon in der Gestalttheorie und bei Jean Piaget, so auch in systemischen Zusammenhängen – keine objektivierbare Größe, sondern Wirklichkeit in bezug auf eine Person, die erst durch den

---

[122] Eine kritische Auseinandersetzung mit dem Homöostase-Modell bietet – unter dem Einfluß des Neurobiologen Humberto Maturana – Paul F. Dell 1986, 46 – 77, insbesondere 51ff.
[123] von Schlippe 1991, 26. Von Schlippe 1988, 81 – 89, 83, lehnt einen Begriffstransfer aus der Waffentechnik („Kalibrieren" als „Bleistücke in eine dem Gewehrlauf angepaßte Form ... bringen") in das menschliche Sozialleben in anthropologischer Hinsicht ab, verzichtet aber in Schlippe 1991, 26, selbst nicht auf diese Sprache!
[124] s. Rombach 1981.
[125] „Geschlossene" Familiensysteme schließen sich von ihrer Mit- und Umwelt weitgehend ab, sind aber im Sinne der oben eingeführten Terminologie niemals geschlossene, sondern allenfalls restringierte offene Systeme; s. von Schlippe 1991, 29, Anmerkung 5.

Akt ihres Wahrnehmens ihrerseits diese Wirklichkeit konstituiert[126]: „Haben Sie gewußt, daß die Kapazität unseres Wahrnehmungsapparates für die interne Verarbeitung hunderttausend Mal größer ist als für die Aufnahme von sensorischen Außenreizen? Das Gehirn ‚unterhält' sich beim Finden der Bedeutung von dem, was wir erfahren, in der Tat hauptsächlich mit sich selbst!"[127]
Das Problem der Kausalität gestaltet sich in systemischer Perspektive nicht linear, sondern – wie bereits angedeutet – zirkulär bzw. rekursiv: Menschliche Erkenntnisstrukturen bestimmen die Bedeutung, die der jeweilige Mensch dem, was ihm begegnet, zuweist. Das Ergebnis dieses Zuschreibungsprozesses wirkt auf das Begegnende ein. Jeder Mensch zeigt – diesen Zuschreibungen entsprechend – bestimmte Verhaltensweisen, die wiederum auf ihn zurückwirken. Es erscheint willkürlich, was ich in einem kommunikativen Prozeß als Ursache und was ich als Wirkung ansetze. Ein Mann könnte argumentieren: „Ich ziehe mich zurück, weil du nörgelst", und seine Frau könnte ihr Verhalten so erklären: „Ich nörgle, weil du dich zurückziehst."[128]
Die Besonderheit psychischer und sozialer Systeme liegt darin, daß ihre Grenzen nicht physikalisch-räumlich bestimmt sind, sondern symbolisch-sinnhaft[129]. Die spontane Ausbildung neuartiger Strukturen, d.h. Selbstorganisation, ist dynamischen Systemen unter den genannten Voraussetzungen der *Rekursivität*, der *Nichtlinearität* und der *Offenheit zwischen System und Umwelt* möglich[130].

Wie lassen sich vor solchem systemtheoretischem Hintergrund Lernprozesse beschreiben?

Lernen erfolgt in systemischem Rahmen selbstorganisiert, und es entspricht der Erfahrung vieler Menschen, daß Ordnung und Struktur sich gleichsam selbstorganisiert entwickeln: Die werdende Mutter, die ihr Kind unter dem Herzen trägt, der Bauer und der Gärtner erfahren täglich, daß komplexe Ordnungen, die sie heranwachsen sehen, durch „ordnende" Ein-Griffe weniger gefördert werden als

---

[126] s. von Schlippe 1988, 82f. Daß diese erkenntnistheoretische Position mit systemischem Denken Hand in Hand geht, macht Hammers 1993, 234 – 257, auf sehr lebendige Weise deutlich; vgl. auch Böse & Schiepek 1989, 90 – 93.
[127] Hammers 1993, 238.
[128] Zu dieser Interpunktion von Ereignisfolgen s. Watzlawick 1990, 57 – 61.
[129] s. Willke 1987, 176.
[130] s. Höger 1992, 224.

durch das Bereiten von Rahmenbedingungen, die Entwicklungsprozesse ermöglichen, welche aus sich heraus Ordnungen und Strukturen ausbilden. Auch die Gestaltpsychologie kennt Arten des Geschehens, die, frei sich selbst überlassen, einer ihnen gemäßen Ordnung fähig sind[131].
Beispielsweise denke ich an die zeitliche Organisation der Nahrungsaufnahme beim Säugling. Während der ersten Lebensmonate – dies lehren mich meine eigenen Erfahrungen – setzen sich die Grundbedürfnisse des Säuglings mehr oder weniger spontan durch. Zwar entnehme ich dem Tagebuch meiner Eltern den dort beschriebenen Versuch, mich in den Wochen und Monaten nach meiner Geburt an fest vorgegebene Essens- und Schlafzeiten zu gewöhnen. Allerdings ist eine solche periodische Ordnung nur schwer durchzusetzen, wenn das Baby bereits eine Stunde vor dem geplanten Nahrungsangebot massive Hungergefühle hegt – und artikuliert! Es ist einen Versuch wert, den Säugling sich von selbst auf seine Periodik einschwingen zu lassen und diesen Vorgang zu dokumentieren, wie dies Gestaltpsychologen schon in früheren Zeiten getan haben.

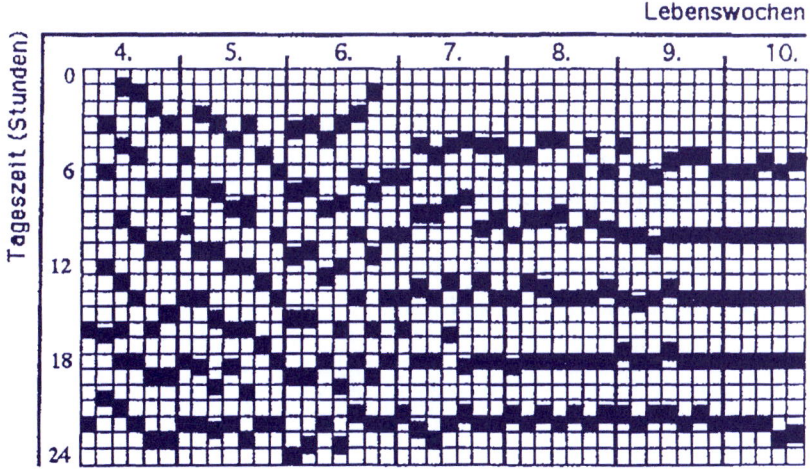

Abbildung: Nahrungsaufnahme im Säuglingsalter

---

[131] s. Metzger 1975, 209.

Im Ergebnis bringt dieses Experiment binnen weniger Wochen eine periodische Struktur hervor, derzufolge der Säugling seinen Hunger zu jeweils gleichen Tageszeiten anmeldet, die zudem gleichabständig – in einem Vier-Stunden-Rhythmus – über den Tag verteilt sind. Diese Resultate haben sich – nicht nur in meiner Familie – bestätigen lassen[132].

Den genannten Grundsatz natürlicher Gestaltbildung, demzufolge frei sich selbst überlassene Prozesse einer ihnen gemäßen Ordnung fähig sind, teilen moderne systemtheoretische Konzepte, die in ihrer Vielfalt gerade durch die Idee der Selbstorganisation miteinander verbunden sind[133]. Selbstorganisation bezeichnet – wie bereits angedeutet – die Fähigkeit zur spontanen Ausbildung neuartiger Strukturen, ohne daß Eingriffe von außen diese direkt verursachen können. Selbstorganisierte Lernprozesse bilden kognitive Strukturen, Muster, Gestalten von Erfahrung aus, die sich in ihrer Entwicklung durch die Zeit als *Prozeßgestalten*[134] beschreiben lassen. Der Begriff „Prozeßgestalten" läßt zugleich anklingen, daß Lernende ihren Lernprozeß gestalten, sich an der Erfahrungsbildung also konstruktiv beteiligen: Die Bedeutung der „Innensteuerung" des Lernens stellen Gestaltpsychologie, das Konzept Jean Piagets und die von ihnen vorbereiteten Selbstorganisationsansätze moderner Systemtheorien gleichermaßen heraus – ohne dabei zu vergessen, daß diese Prozeßgestalten auf einen Rahmen angewiesen sind, innerhalb dessen ein Lernprozeß überhaupt Gestalt annehmen kann. Darum läßt sich Lernen als ein offener Prozeß der Erfahrungsbildung bezeichnen, der zwar auf Unterstützung und Begleitung angewiesen ist, aber im Lehren nicht vorweggenommen werden kann.

Mit dieser zusammenfassenden Umschreibung dessen, was Lernen ausmacht, beschließe ich den ersten Teil dieses Buches.

---

[132] s. Stadler, Kruse & Carmesin 1996, 323 – 352, 325f.
[133] s. Böse & Schiepek 1989, 16.
[134] s. Tschacher 1997.

2. Religiöses Lernen –
in religionspädagogischen und theologischen Zugängen

Lernen versteht sich als offener Erfahrungsprozeß, der zwar auf Unterstützung und Begleitung angewiesen ist, aber im Lehren nicht vorweggenommen werden kann. Diese Umschreibung gilt auch für religiöses Lernen; letzteres geschieht in Zusammenhängen, in denen Menschen aus der erfahrenen und erhofften Beziehung zu einer letzten Sinnmitte ihr Leben und ihre Umwelt gestalten.

Die überragende Rolle, die Jean Piaget im Kontext von Lern- und Entwicklungspsychologie spielt, schlägt sich auch in den Konzeptionen spezifisch religiösen Lernens nieder, die sich weitgehend auf Jean Piaget beziehen – wenn auch auf je eigene und in gewiß unterschiedlich intensiver Weise.

Einen ersten Zugang zu spezifisch religiösem Lernen läßt sich in Abschnitt 2.1 bahnen anhand einer frühen Untersuchung dazu, ob die Entwicklung religiösen Lernens parallel zu den Entwicklungsstufen verläuft, die Piaget herausarbeitet. Motiviert wurde diese Studie, die ich nachzeichnen möchte, durch starke Unzufriedenheit, ja Enttäuschung angesichts der Lage des Religionsunterrichts in England. Der im Jahr 1944 erlassene „Education Act", also ein Erziehungsgesetz, und die damit einhergehenden „Allgemeinen Richtlinien für den Religionsunterricht" sollten das religiöse und moralische Leben der Nation erneuern und die Nachkriegsgeneration von Schulkindern „christianisieren", erreichten aber ihr Ziel ganz offenkundig nicht. In den späten 50er und den frühen 60er Jahren in England durchgeführte Untersuchungen „legten nahe, daß die Diät aus Bibellesen und Kirchengeschichte, die die Richtlinien vorschrieben, bei weitem nicht die religiöse Empfänglichkeit der Kinder förderten, sondern bei der Mehrzahl der Schüler zu Langeweile, Verwirrung, ja sogar zur Ablehnung von Religion führten"[135]. Vor diesem Hintergrund unternimmt Ronald Goldman[136] den Versuch, das Versagen des Erziehungsgesetzes von 1944 auf seine Ursachen hin zu untersuchen.

Im Anschluß an die Darstellung der Arbeiten Goldmans folgt in Abschnitt 2.2 eine Präsentation der „Stufen des Glaubens"[137] nach James W. Fowler, der nicht nur bereits bekannte lern- und entwicklungspsychologische Ansätze fortschreibt,

---

[135] Slee 1988, 124 – 143, hier 128.
[136] s. Goldman 1968.
[137] Fowler 2000.

sondern ein eigenes Entwicklungskonzept religiösen Lernens vorlegt, das mit Impulsen für eine sowohl religionspädagogisch als auch praktisch-theologisch fundierte religiöse Praxis aufwarten läßt.
Ein religionspädagogisch ähnlich einflußreiches Konzept geht aus dem strukturgenetischen Ansatz von Fritz Oser und Paul Gmünder hervor, der in Buchform bereits mehrfach aufgelegt wurde unter dem Titel: „Der Mensch – Stufen seiner religiösen Entwicklung"[138]. Er wird in Abschnitt 2.3 zur Darstellung gelangen.
Von Fowler sowie Oser und Gmünder stammen die derzeit bekanntesten Konzepte religiösen Lernens. Darum beschließe ich diese beiden Einzeldarstellungen mit einer Diskussion der Kritik, die an ihnen laut wurde. Aus dieser Kritik ist schließlich eine Arbeit entstanden, in die ich im Anschluß an Oser und Gmünder einführen möchte. Denn im bisher zurückgelegten Gang des Buches und in der damit einhergehenden Diskussion tauchte bereits mehrfach die Frage nach emotionalen Qualitäten des Lernens, insbesondere des religiösen Lernens, auf. „Religiöse Emotionen und religiöses Urteil"[139] ist der Titel einer empirischen Studie von Hartmut Beile, mit der er eine praktisch bedeutsame Forschungslücke schließt. Einen Zugang dazu soll Abschnitt 2.4 bahnen.
Ein Konzept religiösen Lernens, das nicht primär aus pädagogischen oder religionspädagogischen Zusammenhängen stammt, ist das mystagogische Lernen nach Karl Rahner. Exemplarisch ist diesem theologischen Konzept des vielleicht bedeutendsten katholischen Theologen des 20. Jahrhunderts der Abschnitt 2.5 gewidmet, zumal Rahner als Systematiker die Frage nach der praktischen Relevanz seines Denkens nie vernachlässigte. Rahners theologischen Zugang zum Lernen in mystagogischen Traditionen versuche ich schließlich diakonisch zu qualifizieren: Einer diakonischen Mystagogie erscheint religiöses Lernen als soziales Lernen.
Weitere Ansätze religiösen Lernens werde ich in Abschnitt 2.6 bündeln.

Als Initialzündung für diese vorab skizzierten religionspädagogischen und theologischen Entwicklungen kann die Arbeit von Goldman gelten. Mit ihr setze ich nachfolgend ein.

---

[138] Oser & Gmünder 1996.
[139] Beile 1998.

2.1. Religiöses Lernen nach Ronald Goldman: „Religiöses Denken von der Kindheit bis zum Jugendalter"

Ronald Goldman prüft, ob die von Piaget wahrgenommene und beschriebene Stufenfolge sich auch im Verständnis biblischer Geschichten nachweisen läßt, insbesondere in Auseinandersetzung mit dem Text, der in Ex 3, 1 – 6 vom brennenden Dornbusch erzählt. Ich rufe zunächst diese alttestamentliche Passage – im Kontext der Berufung des Mose – in Erinnerung:
„Mose weidete die Schafe und Ziegen seines Schwiegervaters Jitro, des Priesters von Midian. Eines Tages trieb er das Vieh über die Steppe hinaus und kam zum Gottesberg Horeb. Dort erschien ihm der Engel des Herrn in einer Flamme, die aus einem Dornbusch emporschlug. Er schaute hin: Da brannte der Dornbusch und verbrannte doch nicht. Mose sagte: Ich will dorthin gehen und mir die außergewöhnliche Erscheinung ansehen. Warum verbrennt denn der Dornbusch nicht?
Als der Herr sah, daß Mose näher kam, um sich das anzusehen, rief Gott ihm aus dem Dornbusch zu: Mose, Mose! Er antwortete: Hier bin ich. Der Herr sagte: Komm nicht näher heran! Leg deine Schuhe ab; denn der Ort, wo du stehst, ist heiliger Boden. Dann fuhr er fort: Ich bin der Gott deines Vaters, der Gott Abrahams, der Gott Isaaks und der Gott Jakobs. Da verhüllte Mose sein Gesicht; denn er fürchtete sich, Gott anzuschauen."

Den englischen Kindern und Jugendlichen, die Goldman auf ihr Verständnis der Geschichte vom brennenden Dornbusch hin untersucht, legt er die folgenden drei Fragen vor:
1. Warum hat Moses Furcht, Gott anzusehen[140]?
2. Warum war der Boden, auf dem Moses stand, heilig[141]?
3. Wie erklärt es sich, daß der Busch zwar brannte, aber nicht verbrannte[142]?

Die 200 Kinder und Jugendlichen, die dazu im Alter zwischen 6 und knapp 18 Jahren befragt wurden, lassen sich anhand der von Piaget entwickelten und hier schon bekannten Konzeption in drei Gruppen einteilen, nämlich in voroperatio-

---
[140] s. Goldman 1968, 117 – 121.
[141] s. Goldman 1968, 121 – 126.
[142] s. Goldman 1968, 104 – 107.

nal, konkret-operational und formal-operational denkende Kinder. Sensomotorisch orientierte Kleinkinder nahmen an der Untersuchung aus auf der Hand liegenden Gründen nicht teil.

2.1.1. Voroperationales religiöses Denken

Ich beginne mit der Gruppe voroperational denkender Kinder – und mit der Frage, warum wohl Moses Furcht hatte, Gott anzusehen. Typische Antworten sind die folgenden:
- „Gott hatte ein schreckliches Gesicht."
- „Gott besaß eine furchtbare, laute Stimme."
- „Der liebe Gott hatte nicht freundlich zu Moses gesprochen."

Kennzeichnend für diese voroperational geprägten Antworten ist die unmittelbare Verlängerung von Erfahrungen der kindlichen Lebenswelt in die biblische Welt und die damit verbundenen Inhalte hinein: schreckliche Mimik, laute Stimmen, unfreundliches Ansprechen wirken furchterregend, eben auch in Zusammenhängen, wie sie Ex 3, 1 – 6 aufweist.

Wie eng die biblische Geschichte mit der kindlichen Lerngeschichte verwoben wird, zeigen besonders deutlich zwei Antworten auf die Frage danach, warum der Boden, auf dem Moses stand, heilig war.
„Weil der Boden mit Gras bewachsen war", ist eine Auskunft, die die Heiligkeit des Bodens mit einem Verbot verknüpft, mit dem Kinder in öffentlichen Gärten Englands häufig konfrontiert sind: „Rasen betreten verboten".
Eine andere Auskunft lautet: „Der Boden war heiß." Und sie findet eine Fortführung: „Gott brauchte einen Freund, Moses zog wegen der Hitze die Schuhe aus, und weil Gott auch keine Schuhe anhatte, wurden beide Freunde."

Und wie erklärt es sich, daß der Busch zwar brannte, aber nicht verbrannte? Eine typische Antwort legt offen, daß es den Kindern noch nicht möglich ist, sich beiden Momenten des Geschehens – dem Brennen und dem Ausbleiben des Verbrennens – zugleich zu widmen: „Der Busch wurde immer wieder gelöscht und dann von bösen Jungen neu angezündet."

2.1.2. Konkret-operationales religiöses Denken

Vom voroperationalen Denken gehe ich weiter zum konkret-operationalen Denken. Warum hatte Moses Furcht, Gott anzusehen? Ein Kind gibt zur Antwort: „Gott trug einen Bart, und Moses mochte keine Bärte." Es erfolgt eine logische Verknüpfung zweier Momente, nämlich des Umstands, daß Gott Bartträger war, mit demjenigen, daß Moses Bärte nicht mochte. Allerdings übersieht das im Übergang vom voroperationalen zum konkret-operationalen Denken befindliche Kind dabei, daß Moses Gott noch gar nicht gesehen hatte, so daß der göttliche Bartträger hypothetisch bleibt.
Ein anderes Kind bringt Moses' Furcht mit dem Buschbrand in Verbindung: „Moses hatte Angst, verbrannt zu werden. Auch war das Feuer so hell, daß er befürchtete zu erblinden."

Konkret-operationales Denken zeigt erste Verknüpfungen von konkreten Sachverhalten, sofern sie sinnlich erfahrbar sind. Warum etwa war der Boden, auf dem Moses stand, heilig? „Weil Gott heilig ist, und der stand ja mit den Füßen auf dem Boden."

Ansatzweise systematische Denkstrukturen tun sich bei der Antwort auf das Problem des Brennens und Nichtverbrennens des Dornbuschs auf – konkret: „Der Busch befand sich in einem anderen Land. Dort gibt es andere Häuser. Also gibt es auch anderes Gebüsch, das nicht verbrennen kann."
Andere Antworten sind:
- „... weil Gott den Busch mit Eisen überzogen hatte."
- „... weil ein Engel das Verbrennen mit seinen feuchten Händen verhinderte."
- „... weil das richtige Feuer sich hinter dem Busch befand."

Konkrete Erklärungsansätze werden angeboten, die auf sinnliche Wahrnehmungen des Kindes zurückgehen, die es lernend verarbeitet hat.

2.1.3. Formal-operationales religiöses Denken

Im Übergang von konkreten zu formalen Operationen greifen Kinder weiterhin auf konkrete Sachverhalte zurück, zielen aber in wachsendem Maße auf Hypothesenbildung und Generalisierungen hin, die verbal und abstrakt geprägt sind. Zur Begründung von Moses' Furcht geben konkret-operational denkende Kinder an, Moses könne Gott nicht ansehen, weil Moses schon lange nicht mehr die Heilige Messe besucht habe. Auf der formal-operationalen Stufe erfolgt eine Generalisierung: „Moses hat böse Dinge getan. Er schämt sich, Gott anzusehen." – oder: „Jeder Mensch hätte sich in dieser Situation gefürchtet, und jeder Mensch wäre sich gegenüber Gott sehr klein vorgekommen."

Warum war der Boden, auf dem Moses stand, heilig? „Weil die Menschen, die auf ihm standen, gläubig waren."

Und zur Frage nach dem brennenden, nicht aber verbrennenden Dornbusch tauchen folgende Antworten auf: „Der Dornbusch hat nur in Moses' Vorstellung gebrannt, und diese Vorstellung war eine Eingebung Gottes." – oder: „Diese Frage kann man nicht beantworten, dafür gibt es keine vernünftige Erklärung."

Das formale Denken vollzieht sich also abstrakt, auch in religiösen Zusammenhängen.

2.1.4. Zusammenfassung

Mit diesen Untersuchungen läßt sich belegen, daß Lernen im allgemeinen und religiöses Lernen im besonderen aufeinander verwiesen sind und sich mit Goldman durchaus parallele Entwicklungen abzeichnen[143]. „Weil ... das meiste biblische Material ... im wesentlichen symbolischer und abstrakter Natur sei, eigne es sich vor dem Erreichen des abstrakten religiösen Denkens nicht zum Gebrauch. Es war daher nach Goldmans Ansicht gar nicht zu vermeiden, daß der Bibelunterricht der ‚Allgemeinen Richtlinien' weithin nur Mißerfolg brachte. Der Versuch, ein Verständnis der Bibel einzuflößen, sei wegen der inhärenten Grenzen des kognitiven Wachstums des Kindes von vornherein zum Scheitern verurteilt gewesen."[144]

---

[143] s. auch Schweitzer 1999, 111f.
[144] Slee 1988, 129.

2.2. Religiöses Lernen nach James W. Fowler: „Stufen des Glaubens. Die Psychologie der menschlichen Entwicklung und die Suche nach Sinn"

James W. Fowler (*1940) ist Theologe und Entwicklungspsychologe, tätig an der Theologischen Fakultät der Emory University in Atlanta (Georgia, USA). Auf ihn geht einer der wichtigsten Versuche zurück, religiöses Lernen im Laufe menschlicher Entwicklung zu beschreiben und in Phasen des Glaubens zu gliedern. Glauben versteht Fowler als Streben nach Sinn, als das, was uns Menschen unbedingt angeht. Dabei unterscheidet er *faith* und *belief*, *faith* als sinnstiftendes Vertrauen auf letzte Werte und *belief* als Für-wahr-Halten von Auffassungen, wie sie in den Lehren der verschiedenen Religionen entwickelt wurden.

Basis von Fowlers Konzeption[145] ist eine empirische Untersuchung, in deren Rahmen er 359 Personen im Alter zwischen 4 und 90 Jahren in halboffenen Interviews befragte, und zwar jeweils über einen Zeitraum von etwa 150 min hinweg. Diese Interviews bestehen aus vier Teilen; sie beginnen mit einem Rückblick auf das Leben der Befragten (1), gehen dann auf Schlüsselerfahrungen und lebensbedeutsame Beziehungen ein (2), fragen schließlich nach Werten und Überzeugungen (3) sowie nach religiösen Erfahrungen und religiöser Praxis der Befragten (4).

Die Auswertung des so erhobenen umfangreichen Datenmaterials führt zur Konturierung unterschiedlicher Glaubensstile, die sich wie folgt skizzieren lassen.

2.2.1. Stufe 0: „Erster Glaube"

Der sogenannte „erste Glaube" entsteht in der vorsprachlichen Phase der frühen Kindheit. Auch wenn kognitive Strukturen erst allmählich entstehen, so bilden sich bereits jetzt affektiv geprägte Grundstimmungen aus, die die weitere Entwicklung des Glaubens nachhaltig beeinflussen. Das für den ersten Glauben charakteristische *Vertrauen* ist der Anfang einer nachfolgenden religiösen Entwicklung.

---

[145] s. Fowler 2000, ferner Trautner 1996, 41 – 55, und Schweitzer 1999, 137 – 167.

2.2.2. Stufe 1: Intuitiv-projektiver Glaube

Ein intuitiv-projektiver Glaubensstil kann heranwachsen, wenn das Denken des Kindes präoperational und egozentrisch im bei Piaget beschriebenen Sinne ist. Bei einem solchen Kind dominieren häufig Intuition und Phantasie, ohne daß diese bereits vom logischen Denken gebremst würden. Die *imaginative und projektive Kraft* und der *Reichtum an Bildern* sind die Stärken dieser Stufe. Bilder dienen der Bündelung der Erfahrungswelt zu einer Einheit. Illustrierend führe ich ein Beispiel an.

„Die dreijährige Betty steht zweifellos in einer sie bewegenden Auseinandersetzung, von der ihre Betreuer nur sehr zufällig etwas erfahren. Auf einer gemeinsamen Autofahrt mit der Berichterstatterin ... hält Betty nach den Briefkästen Ausschau, singt vor sich hin und vertreibt sich sonst irgendwie die Zeit. Vom lieben Gott und von ihrer Mutter war auf der Fahrt nicht die Rede gewesen. Sie sagt plötzlich: ‚Wußtest du schon, daß Mutter den Kopf von Gott in sich hat?' Die Begleiterin schenkt dieser Äußerung keine Beachtung. Erst als Betty nach einer Weile sagt: ‚Hast du nicht gehört, was ich gesagt habe: Die Mutter hat den Kopf von Gott', sieht sie sich genötigt, auf Bettys Mitteilung einzugehen. Sie stellt, völlig unwissend, worum es sich denn handeln könnte, auf gut Glück eine Frage: ‚Und was hat dein Vater?' Sie erfährt, daß er ‚ein Bein' habe, und fährt fort, nach jedem der 5 Geschwister von Betty und nach ihr selbst zu fragen. Nachdem Kopf, Arme und Beine verteilt sind, werden die letzten beiden Angehörigen nur mehr ‚mit einem Stück' Bein bedacht. Nach erfolgter Mitteilung lehnt Betty sich zurück und singt wieder.

Diese Vorstellung der Zerstückelung des Leibes Gottes zugunsten der eigenen Familie entspricht durchaus der konkretistischen und egozentrischen Vorstellung des kleinen Kindes. Betty versucht nämlich, das Problem der Allgegenwart Gottes auf eine ihr verständliche Weise zu lösen. Auf die Auseinandersetzung mit diesem Problem wurde sie offenbar durch eine Unterhaltung mit der Mutter gestoßen. Betty hatte einige Tage vorher gehört, daß Gott überall sei. Sie hatte die Mutter mit einer Reihe von Fragen bedrängt, wie die, ob Gott auch im Zimmer sei, auch in der Mutter und auch in ihr selbst, und von der Mutter immer wieder die Antwort ‚ja' erhalten. Ihr Wissen darum, daß auch das kürzlich geborene Schwesterchen in der Mutter gewachsen sei, ist in die Vorstellung von Gottes Allgegenwart mit eingegangen."[146]

2.2.3. Stufe 2: Mythisch-wörtlicher Glaube

Wenn das Kind seinen Egozentrismus hinter sich läßt und anderer Perspektiven als nur der eigenen gewahr wird, setzt auch sein Interesse für Geschichten, Mythen und Symbole ein, die ihm zu seiner Orientierung von seiner Mitwelt angeboten werden. Geschichten, Mythen und Symbole versteht das Kind wörtlich, weil es in seinem konkret-operationalen Denken auf konkrete Anschauung angewiesen bleibt.

In der *Offenheit für solche Erzählungen* liegt die große Stärke dieser Stufe. Ihnen kommt große Bedeutung zu, da sie der Erfahrung, die das Kind in seiner Welt sammelt, Einheit und auch Wert verleihen. Ein Ausschnitt aus einem Interview mit der 10jährigen Millie mag dies verdeutlichen.

„*Millie*: Gott ist wie ein Heiliger. Er ist gut und er – er regiert so die Welt, aber in einer guten Weise. Und –
Interviewer: Wie regiert er die Welt?
Millie: Ja, er – er regiert nicht wirklich die Welt, sondern hm – Moment, er – er lebt oben auf der Welt und wacht stets über alle Menschen. Jedenfalls versucht er es. Und er tut, was er für richtig hält. Er tut, was er für richtig hält, und versucht, das Beste zu tun und – er lebt oben im Himmel und –
Interviewer: Kann man denn in den Himmel kommen?
Millie: Wenn man will und wenn man an Gott glaubt, dann kann man in den Himmel kommen.
Interviewer: Und wenn man nicht will oder nicht an Gott glaubt? Was passiert dann?
Millie: Dann geht man in die entgegengesetzte Richtung.
Interviewer: Und wo ist das?
Millie: Unten, unter der Erde, wo der Teufel lebt.
Interviewer: Ach, ich verstehe. Kannst du sagen, was der Teufel ist?

---

[146] Hetzer 1971, 137 – 148, hier 142f.

Millie: Der Teufel ist auch ein Heiliger, aber er glaubt an das Böse und daran, alles falsch zu machen. Genau das Gegenteil von Gott. Und er macht immer Sachen, von denen Gott nicht will, daß man sie tut.
Interviewer: Hat er Macht über die Welt?
Millie: Der Teufel? Hm, nein. Gott – nein. Ich denke nicht ... . Das ist eine schwierige Frage. Gott hat nicht wirklich Macht über die Welt. Er wacht nur über sie sozusagen. Und der Teufel ist wie eine kleine Maus, die an den Käse möchte. Er versucht hereinzukommen, aber ich meine, es gelingt ihm halt nicht"[147].

2.2.4. Stufe 3: Synthetisch-konventioneller Glaube

Heranwachsende bilden allmählich formal-operationale Kompetenzen aus – sowie ein Gespür für die Mehrdeutigkeit von Symbolen und Erzählungen. Jugendliche stehen auf Stufe 3 noch ganz im Banne von Autoritäten und Konventionen, und auch die eigene Identität resultiert weitgehend aus Rollenzuweisungen durch wichtige Bezugspersonen. Auch der Glaubensstil ist konventionell geprägt – und bildet eine Synthese aus den Überzeugungen, die Jugendliche bei anderen Menschen kennenlernen und sich zu eigen machen.
Die Stärke dieser Stufe liegt in der *Fähigkeit, sich auf andere Menschen verlassen zu können* – allerdings ohne daß sich bis dahin eine von anderen unabhängige Perspektive herausgebildet hätte. Beispielhaft dafür ist der nachfolgende Text eines angehenden Handelskaufmanns im Alter von 20 Jahren.
„Ich glaube an Gott, weil ich erstens von meinen Eltern schon darauf erzogen wurde, zweitens habe ich die Bibel und andere Heilige Schriften gelesen. Außerdem ist bewiesen, daß man die Bibel beweisen kann und daß sie nicht nur irgend ein ‚Komik oder Roman' ist. Außerdem liest man ja noch jetzt von verschiedenen Wundern aus Fatima oder Lourdes, oder anderen Wallfahrtsorten. Ich habe auch schon von Verwandtschaft gehört, die in Lourdes waren, wieviele Menschen – gesunde und kranke – jährlich dorthin kommen, beten und aus ihrem festen Glauben heraus auf ihre Genesung hoffen und teilweise erlangen. Wenn man so etwas liest, dann muß man sich doch auch einfach vorstellen, daß es

---

[147] Schweitzer 1999, 145f; das Original findet sich bei Fowler 2000, 156f.

einen Gott gibt und an den man glauben kann. Denn sonst wären die Leute, die dort hingehen, nur irre Anhänger irgend eines Hirngespinstes."[148]

2.2.5. Stufe 4: Individuierend-reflektierender Glaube

Das formal-operationale Denken ist auf Stufe 4 voll entfaltet. Aus der zugewiesenen entwickelt sich eine eigens erarbeitete Autonomie – mit klarem, fast grellem Selbstverständnis. Die Zugehörigkeit zu Gruppen und deren Überzeugungen unterliegen nun einer kritischen Prüfung; dieser Stufe kommt eine entmythologisierende Wirkung zu.
Die *Fähigkeit zur Bildung eines eigenen Urteils* – etwa angesichts ernsthafter Widersprüche zwischen jeweils hoch bewerteten Autoritätsquellen – ist die Stärke von Stufe 4. Deutlicher Individualismus und harsche Kritik erschweren die Einbindung in das Leben von Gruppen und in uns überkommene Traditionsstränge. Das nachfolgende Beispiel zeigt eine 16jährige Hauswirtschaftsschülerin, die Gott als Gewissen versteht und individuierend Gott in die eigene Person hineinverlagert. Ihr Text beginnt mit einer imperativischen Überschrift:
„,Hütet euch vor den Menschen, deren Gott im Himmel ist'
Schon als kleines Kind wurde mir gesagt, der liebe Gott im Himmel wacht über dich. Es wurde von Englein mit Harfen erzählt und von dem Wetterprophet, den sie Petrus nannten. Weiterhin hörte man allerhand über den Teufel, welcher uns, wenn wir nicht brav sind, im Feuer schmoren läßt.
Mit dem Gott im Himmel wird parallel dazu der Teufel unter der Erde genannt. Beides ist natürlich völliger Unsinn, und ich finde auch unverantwortlich, dies kleinen Kindern zu erzählen, verständlich, daß deren Gott dann im Himmel und nicht in unseren Herzen, neben uns tagtäglich ist.
Gott ist für mich sozusagen das Gewissen. Das Gewissen meldet sich in jedem Menschen, wenn er im Begriff ist, etwas zu tun, wovon er weiß, daß man es nicht darf. Die Katholischen gehen zum Beichten, falls sie das Gewissen zu sehr belastet. Gott ist unter uns Menschen und nicht im Himmel. Entscheidungen trifft er nicht im Himmel, sondern wir selbst treffen sie, mehr oder weniger.

---

[148] Schuster 1984, 27.

Die Menschen, welche diese falsche Ansicht von Gott haben, verstehen ihn nicht oder jedenfalls falsch. Sie sind der Meinung, ‚der liebe Gott im Himmel' tut für uns alles, dann geht es uns gut. Wir selbst müssen uns aber helfen, Gott kann nur ein Trost, eine Stütze für uns sein und kein Zauberer."[149]

2.2.6. Stufe 5: Verbindender Glaube

Typisch für den Glaubensstil der Stufe 5 ist ihr dialogischer Charakter – in dem Sinne, daß Menschen lernen, Positionen ihrer Mitmenschen und deren Erfahrungswelt in wachsendem Maße zu verstehen und darin heimisch zu werden, ohne daß sie ihre eigene Orientierung, ihre eigene Verankerung, ihre eigene Heimat aufgeben. Die dialogische Offenheit dieses Glaubensstils löst Stufe 4 ab, in der die Ausbildung einer eigenen Individualität noch zu Lasten eines Miteinanders ging.

Auf Stufe 5 wächst die Einsicht in paradoxe Zusammenhänge und in die Wahrheit unterschiedlicher religiöser Traditionen. Dabei rückt nicht nur die *Relativierung* von Überzeugungen ins Zentrum, sondern deren *Relationierung*, d.h. diese Einsicht wirkt nicht oder nicht nur schwächend, sondern auch verbindend.

Diese verbindende Haltung gegenüber religiösen Traditionen zeigt ein Interviewausschnitt mit einer 70jährigen Frau, die protestantisch sozialisiert wurde und nun von ihren Erfahrungen mit Krishnamurti (1895 oder 1897 – 1986), dem indischen Brahmanen und hinduistischen Philosophen, erzählt.

„*Fräulein T.*: Er (Krishnamurti) hat mir so viel Weisheit gegeben, denke ich, in einem tieferen Sinne als jede andere Hilfe, die ich je erhalten habe. Er hat mir eine Grundlage für das Christentum gegeben. Ich denke, Christen können in Schwierigkeiten kommen.

Interviewer: Welche Art von Schwierigkeiten?

Fräulein T.: Die Christen z.B., die an Hölle und Verdammnis glauben. Das ist eine bösartige Philosophie, und Christen vertreten sie. Viele Menschen wurden verletzt, wurden psychisch geschädigt durch diese furchtbare Philosophie.

Interviewer: Und welche Art von Grundlage hat Ihnen Krishnamurti gegeben?

---

[149] Schuster 1984, 20.

Fräulein T.: Daß es nicht darauf ankommt, wie man es nennt. Sei es, daß man es Gott nennt oder Jesus oder kosmischen Fluß oder Wirklichkeit oder Liebe, es kommt nicht darauf an, wie man es nennt. Es ist da. Und was man direkt aus dieser Quelle erfährt, bindet einen nicht an Glaubensbekenntnisse ..., die einen von seinem Nächsten trennen"[150].

2.2.7. Stufe 6: Universalisierender Glaube

Fowler konzipiert über die bisher präsentierten Stufen der Glaubensentwicklung hinaus eine Stufe 6, deren Beschreibung nicht primär aus den von ihm erhobenen Daten hervorgeht. Vielmehr resultiert sie aus der Auseinandersetzung mit großen Gestalten des religiösen Lernens wie *Mahatma Gandhi* (1869 – 1948), dem Führer der indischen Unabhängigkeitsbewegung, oder *Dietrich Bonhoeffer* (1906 – 1945), dem evangelischen Theologen, der als Mitglied der Widerstandsbewegung im oberpfälzischen Konzentrationslager Flossenbürg hingerichtet wurde, oder *Martin Luther King* (1929 – 1968), dem amerikanischen Theologen und Bürgerrechtler, oder *Mutter Teresa* (1910 – 1997), der Gründerin des Katholischen Ordens der „Missionarinnen der Liebe". Sie lassen die Paradoxien des Glaubensstils der Stufe 5 gleichsam hinter sich – zugunsten einer Verwandlung des Hier und Jetzt auf eine allumfassende Gemeinschaft hin, in der Liebe und Gerechtigkeit leben.

Damit ist Fowlers Konzept in allen Stufen dargestellt.

2.2.8. Stufenfolge im Lebenslauf

Feste Altersgrenzen lassen sich für die einzelnen Stufen nicht markieren, auch die Übergänge erfolgen keineswegs zwingend. Schwerpunkte jedoch finden sich bei Kindern auf den Stufen 1 und 2, im Jugend- und Erwachsenenalter auf Stufe 3. Stufe 4 ist die höchste Stufe, die vor dem Erreichen des Erwachsenenalters

---

[150] Schweitzer 1999, 151; das Original findet sich bei Fowler 2000, 210.

eintreten kann, zumal nach Fowler die Mehrzahl der Prozesse religiösen Lernens sich auch in fortgeschrittenem Alter auf den Stufen 3 und 4 abspielen. Der Lebenslauf bringt nicht nur unterschiedliche Glaubensinhalte (*beliefs*) zum Vorschein, die auf religiöses Interesse stoßen, sondern insbesondere divergierende Glaubensstile (*faiths*), also unterschiedliche Weisen, Glaubensinhalte strukturell zu assimilieren.

2.2.9. Kritik an James W. Fowlers Konzept

Eine wichtige Infragestellung gilt der *Hierarchie der Stufenfolge*. Sind höhere Stufen höherwertig als niedrigere? Die Auskünfte, die James Fowler selbst dazu erteilt, bleiben zwiespältig. Zwar betont er ausdrücklich die Stärken jeder einzelnen Stufe, aber dennoch zielt er auf Weiterentwicklung auf ein neues Niveau hin, letztlich auf Stufe 5 oder gar 6. Das Stufenkonzept stellt uns also nicht nur Kategorien zur Beschreibung religiösen Lernens bereit, vielmehr konfrontiert es uns auch mit normativen Ansprüchen.

Ein anderes Problem liegt im *Verhältnis von Struktur und Inhalt*. Die Konzeption, die Fowler vorlegt, bezieht sich zunächst auf Glaubensstile, auf Fragen der Struktur also, die sich allerdings nicht immer klar unterscheiden lassen von Glaubensinhalten. So gewinnt der Begriff *faith* einerseits eine solche Weite, daß praktisch jede Lebenseinstellung – sei sie aus explizit religiösem Lernen hervorgegangen oder nicht – als „Glaube" bezeichnet zu werden verdient. Andererseits zeigt Stufe 6 deutlicher als alle anderen Stufen ein spezifisch christlich-theologisches Gepräge (*belief*). Das mag damit zusammenhängen, daß sie nicht auf deskriptiver Grundlage erarbeitet wurde; problematisch daran erscheint aber, daß die Umschreibung von Stufe 6 als Ziel religiösen Lernens zugleich eine normative Setzung mit sich bringt, an der sich die anderen Stile messen lassen müssen und auf die jedwede religiöse Entwicklung im glückenden Falle hinausläuft.

Der vielfach durchschimmernden Orientierung Fowlers an Piagets Entwicklungskonzept verdankt sich ein *kognitiver Überhang* der Fowlerschen Stufenfolge. Im Kontrast dazu steht die Forderung nach einer stärkeren Gewichtung von

Stimmungen und Gefühlen, etwa auch religiöser Emotionen. Letztere werde ich noch eigens zum Thema machen. Fowler selbst betont zwar durchaus die affektive Seite religiöser Lernprozesse, aber dennoch ist die Gestaltung der von ihm beschriebenen Glaubensstile primär kognitiv-psychologischen Ansätzen verpflichtet.

Eine weitere Anfrage richtet sich auf das *Menschenbild*, das Fowlers Stufenkonzeption zugrunde liegt. Glauben ist ihm zufolge eine sinnstiftende Aktivität des Menschen, und zwar vorwiegend des einzelnen Subjekts in seinem aus der Neuzeit herrührenden Hang zum Individualismus. Dieser tritt auch in der vorliegenden Stufentheorie zutage, wenn die Gemeinschaftlichkeit religiösen Lernens zu kurz kommt.

Trotz offener Fragen um die Hierarchie der Stufenfolge sowie um das Verhältnis von Struktur und Inhalt, trotz emotionaler und sozialer Defizite gehen von Fowlers Arbeiten wichtige religionspädagogische und praktisch-theologische Impulse aus, denn seine Konzeption bietet hermeneutische Hilfen, wenn Lehrerinnen und Lehrer, Seelsorgerinnen und Seelsorger religiöses Lernen treffend begleiten und Wachstumsprozesse fördern wollen.

2.3. Religiöses Lernen nach Fritz Oser und Paul Gmünder: „Der Mensch – Stufen seiner religiösen Entwicklung. Ein strukturgenetischer Ansatz"

Welches subjektive Muster kennzeichnet die *Beziehung eines Menschen zu einem Letztgültigen* bzw. – in unserem Kulturkreis – zu Gott? Fritz Oser und Paul Gmünder gehen dieser Frage nach.

2.3.1. Entwicklung des religiösen Urteils

Die Entwicklung dieses Musters, das Oser und Gmünder als *religiöses Urteil* bezeichnen[151], zeigt sich als Verarbeitung von Lernerfahrungen, die im Laufe einer menschlichen Lebensgeschichte in jeweils anderer und zunehmend differenzierter Weise geschieht. Struktural erfolgt dies dadurch, daß ein Letztes, ein Unbedingtes sich jeweils neu zu einer Person in Beziehung setzt, welche in einer jeweils veränderten Situation eine entwicklungsspezifische Prozeßgestalt des religiösen Urteils ausbildet.

Die beiden Fribourger Autoren postulieren die Universalität kognitiver Strukturen und ihrer Entwicklungssequenz, welche in unterschiedlichen Religionen lediglich hinsichtlich ihrer kulturbedingten Inhalte, nicht aber im Blick auf ihre Struktur und Genese differieren[152]. Ausgehend vom Begriff der kognitiven Grundstruktur bzw. *Mutterstruktur*, wie Piaget sagt[153], charakterisieren Oser und Gmünder die religiöse Mutterstruktur als nicht mehr reduzierbares, nicht mehr hintergehbares ureigenes Verstehen einer konkreten Situation mit Hilfe von sieben bzw. acht konträren Dimensionspaaren[154]. Die jeweiligen Pole bilden auseinanderstrebende *religiöse Dimensionen*, zwischen denen sich in unterschiedlichen Stufen der religiösen Entwicklung ein jeweils neues Gleichgewicht einzustellen sucht.

Dies läßt sich exemplarisch an den *Dimensionen des Heiligen und Profanen* aufweisen. Ihr entwicklungspsychologischer Anfang liegt darin, daß ein Mensch ein letztlich Gültiges, ein Umgreifendes als für seine Person notwendig und sich selbst als davon abhängig erfährt. Wie die Stufenbeschreibung zeigen wird, trennen sich die beiden Pole des Heiligen und des Profanen im Laufe der Entwicklung in zwei voneinander unabhängige Größen, bis sie letztlich auf neue Weise zueinanderfinden und das Heilige im Profanen aufscheint[155].

Weitere Dimensionspaare – über Heiliges und Profanes hinaus – sind

---

[151] s. Oser & Gmünder 1996, 15.
[152] s. Oser & Gmünder 1996, 23.
[153] s. Oser & Gmünder 1996, 62.
[154] s. Oser & Gmünder 1996, 63.
[155] s. Oser & Gmünder 1996, 34.

- *Transzendenz und Immanenz,*
- *Freiheit und Abhängigkeit* als sittliche bzw. praktisch-philosophische Seite des religiösen Urteils,
- *Hoffnung und Absurdität,*
- *Vertrauen und Angst,*
- *Vergänglichkeit und Dauer / Ewigkeit,*
- *Unerklärliches / Magisches und funktionale Durchschaubarkeit* sowie
- ein achtes Paar, nämlich der empirisch nicht überprüfte Zusammenhang von *Geschenkhaftem und Selbsterarbeitetem*[156].

Die konkrete Ausbildung der Dimensionspaare gibt den einzelnen Entwicklungsstufen ihr charakteristisches Gepräge.

2.3.2. Merkmale der Stufen des religiösen Urteils

Bei den Stufen der kognitiven Entwicklung sind vier Merkmale von zentraler Bedeutung[157]:

(1) *qualitative Verschiedenheit*: Jede Stufe zeichnet sich durch ein spezifisches strukturales Netz aus, durch das sie sich von der Struktur anderer Stufen qualitativ unterscheidet.

(2) *unumkehrbare Sequentialität*: Die Stufen folgen kontinuierlich aufeinander, ohne daß es zu Sprüngen oder Regressionen kommt.

(3) *strukturierte Ganzheit jeder Stufe*: Jede Stufe präsentiert eine fundamentale Organisation des Denkens.

(4) *hierarchische Differenzierung und (Re-) Integration*: Jede Stufe baut auf der jeweils vorausgehenden auf, und frühere Stufen werden in die späteren integriert.

Dabei kommt es zu einem fortlaufenden Selbstdistanzierungsprozeß. Was eine Person auf einer bestimmten Stufe durch *Internalisierung* wird und ist, wird auf der folgenden Stufe durch *Externalisierung* bzw. *Dezentrierung* – um einen

---

[156] s. Oser & Gmünder 1996, 32.
[157] s. Oser & Gmünder 1996, 75.

Piagetschen Begriff aufzugreifen – mit anderen Urteilen koordiniert. Was eine Person zunächst *ist*, das *hat* sie auf der jeweils nächsten Stufe[158]. Von Stufe zu Stufe steigt auch das Maß an *Reversibilität*, d.h. das Verhältnis zwischen Menschen und Letztgültigem gestaltet sich zunehmend differenziert, frei und intensiv[159].

2.3.3. Methode zur Erfassung des religiösen Urteils

Bei der Wahl der semi-klinischen Methode berufen sich die beiden Forscher Oser und Gmünder auf Piaget[160]. Dieses Verfahren verwendet etliche standardisierte Fragen. Den daraus sich ergebenden Antworten schließen sich weitere nicht-standardisierte Fragen an, die religionsträchtige Probleme so freizulegen suchen, daß das Interview zum Ausdruck eines religiösen Urteils führt. Kernstück dieser Methode ist eine *religiöse Dilemma-Situation*, die eine Mutterstruktur aktualisieren soll und prinzipiell zwei Handlungsmöglichkeiten eröffnet. Ein in allen Untersuchungsreihen präsentiertes religiöses Dilemma ist das sogenannte *Paul-Dilemma*[161] mit den ihm zugehörigen Fragen, denen die sieben bzw. acht konträren Dimensionspaare innewohnen, wie Oser und Gmünder zeigen[162].

Das Paul-Dilemma lautet folgendermaßen:
„Paul, ein junger Arzt, hat soeben sein Staatsexamen mit Erfolg bestanden. Er hat eine Freundin, der er versprochen hat, daß er sie heiraten werde. Vorher darf er als Belohnung eine Reise nach England machen, welche ihm die Eltern bezahlen. Paul tritt die Reise an. Kaum ist das Flugzeug richtig aufgestiegen, meldet der Flugkapitän, daß ein Motor defekt ist und der andere nicht mehr zuverlässig arbeitet. Die Maschine sackt ab. Alle Sicherheitsvorkehrungen werden sofort getroffen – Sauerstoffmasken, Schwimmwesten usw. werden verteilt. Zuerst haben die Passagiere geschrien, jetzt ist es totenstill. Das Flugzeug rast unendlich schnell zur Erde. Paul geht sein ganzes Leben durch den Kopf. Er weiß, jetzt ist

---

[158] s. Oser & Gmünder 1996, 77.
[159] s. Oser & Gmünder 1996, 102ff.
[160] s. Oser & Gmünder 1996, 112ff.
[161] s. Oser & Gmünder 1996, 118ff.
[162] s. Oser & Gmünder 1996, 122ff.

alles zu Ende. In dieser Situation denkt er an Gott und beginnt zu beten. Er verspricht – falls er gerettet würde –, sein Leben ganz für die Menschen in der Dritten Welt einzusetzen und seine Freundin, die er sehr liebt, sofern sie ihn nicht begleiten will, nicht zu heiraten. Er verspricht, auf ein großes Einkommen und Prestige in unserer Gesellschaft zu verzichten. Das Flugzeug zerschellt auf einem Acker – doch wie durch ein Wunder wird Paul gerettet! Nach seiner Rückkehr wird ihm eine gute Stelle in einer Privatklinik angeboten. Er ist aus 90 Anwärtern aufgrund seiner Fähigkeiten ausgewählt worden. Paul erinnert sich jedoch an sein Versprechen, das er Gott gegeben hat. Er weiß nun nicht, wie er sich entscheiden soll."[163]

Diese Geschichte setzt ein mit dem glückenden Leben von Paul. Eine Notsituation taucht auf, dann Pauls Reaktion darauf und schließlich sein Versprechen. Die prekäre Lage nimmt einen für Paul günstigen Ausgang – und führt Paul in Bedrängnis, sein Versprechen einzuhalten oder eben nicht einzuhalten. Eine Entscheidung steht an.

Zu den Fragen zu dieser Geschichte gehören die folgenden[164]:
- Soll Paul sein Versprechen an Gott halten? Warum oder warum nicht?
- Muß der Mensch überhaupt Versprechen an Gott halten? Warum oder warum nicht?
- Glauben Sie, daß der Mensch ganz allgemein gegenüber Gott etwas tun muß? Warum oder warum nicht?
- In der Geschichte stehen sich zwei Größen gegenüber, hier Pauls Freundin und die angebotene Klinikstelle, dort Gott bzw. das Versprechen an Gott. Welche dieser beiden Größen finden Sie bedeutsamer? Was ist überhaupt für diese Welt bedeutsamer, der Mensch oder Gott?
- Paul hält nach vielen schlaflosen Nächten sein Versprechen nicht ein und tritt die verlockende Stelle in der Privatklinik an. Glauben Sie, daß dieser Entscheid Konsequenzen für Pauls weiteres Leben hat? Warum oder warum nicht?
- Kurze Zeit später passiert Paul ein sehr schwerer Autounfall, den er selbst verschuldet hat. Hat dieser Unfall etwas damit zu tun, daß Paul sein Versprechen gegenüber Gott nicht gehalten hat? Warum oder warum nicht?

---

[163] Oser & Gmünder 1996, 119f.
[164] s. Oser & Gmünder 1996, 120f.

Diese und andere Fragen geben Hinweise darauf, wie sich die befragten Personen zu den genannten religiösen Dimensionspaaren stellen und welchem religiösen Urteil sie zuneigen.

2.3.4. Stufen der religiösen Entwicklung im Überblick

Oser und Gmünder entwickeln ein Stufenkonzept. Dieses läßt sich in seinen Hauptzügen nachzeichnen, auch anhand einiger Ankerbeispiele, anhand welcher ich der Frage nachgehe, welche Charakteristika sich mit welcher Stufe der religiösen Entwicklung verbinden.

2.3.4.1. Stufe 0: Innen-Außen-Dichotomie

Auf Stufe 0 vermag ein Kind zu unterscheiden zwischen dem, was es selbst bewirkt, und dem, was auf es einwirkt. Es differenziert also zwischen Innenkräften, die von ihm ausgehen, und Außenkräften, die sich von außen auf es richten und ihm Veränderungen abverlangen. Das Kind trifft aber noch keine Unterscheidung zwischen verschiedenen Außenkräften. Mit anderen Worten: das Kind *ist* ganz innen oder ganz außen. Dies zeigt sich insbesondere daran, daß kleine Kinder zwischen einem Elternteil und Gott zunächst nicht differenzieren.
Erst allmählich bilden sich unter den Außenkräften unterscheidbare Gestalten heraus, wenn etwa der irdische und der himmlische Vater auseinandertreten: So kann ein Kind erleben, wie es im Rahmen einer abendlichen Rückschau auf den vergangenen Tag zusammen mit seinem Vater Gott dankt und Gott um eine gute Nacht bittet; so steht nicht mehr das Kind auf der einen und Vater und Gott undifferenziert auf der anderen Seite; vielmehr stehen Vater und Kind Seite an Seite, und beiden wird Gott zum Gegenüber. Ganz deutlich kann diese Einsicht wachsen, wenn etwa ein Haustier stirbt und das Kind seinen Papa bittet, es wieder lebendig zu machen. Das Kind lernt zu verstehen, daß die Entscheidung über Leben und Tod außerhalb der väterlichen Macht steht, daß also verschiedene Außenkräfte wirken. Damit erfolgt aber schon der Übergang zu Stufe 1.

Für Stufe 0 kennzeichnend ist eine spezifische Reversibilität, also ein Differenzierungsgrad in der Gestalt des Verhältnisses von Mensch und Letztgültigem, der zwar eine Innen-Außen-Dichotomie kennt, also Innen- und Außenkräfte unterscheidet, aber noch keine Binnendifferenzierung zwischen verschiedenen Außenkräften vornimmt, etwa zwischen menschlicher und nichtmenschlicher Verursachung eines Geschehens.

2.3.4.2. Stufe 1: Absolute Heteronomie

Auf dieser Stufe nun kann das Kind das Letztgültige von anderen äußeren Wirkkräften unterscheiden. Es kommt zu einer Externalisierung: Das Kind *hat* ein Letztgültiges. Diese läßt eine Binnendifferenzierung zwischen menschlichen und außermenschlichen Wirkkräften zu. Das Letztgültige beeinflußt den Menschen direkt, letzterer *ist* ganz Reaktion. Der Mensch findet sich in gänzlicher Abhängigkeit, ist gleichsam Marionette eines Letztgültigen. „Das Letztgültige tut alles", worauf es ankommt, und wirkt wie ein *deus ex machina*, ein Gott aus der Theatermaschine, der im antiken Theater aus der Höhe kam und auf der Bühne erschien, wenn in verfahrener Situation keine menschenmögliche Rettung mehr in Sicht war.

Zu den Fragen um das Paul-Dilemma gehört auch diejenige, ob der Autounfall, den Paul verursacht, damit zu tun haben könnte, daß Paul sein Versprechen gegenüber Gott nicht gehalten hat. Es folgt ein Ankerbeispiel, das praktisch Orientierung gibt, was Stufe 1 charakterisiert. Es stammt von einem sieben Jahre alten Mädchen[165].

Hat dieser Unfall etwas damit zu tun, daß Paul sein Versprechen gegenüber Gott nicht gehalten hat? Warum oder warum nicht?
Ja.
Warum?
Jetzt hat der liebe Gott ihm einfach eine Strafe gegeben.
Warum straft der liebe Gott die Menschen?

---

[165] Das Ankerbeispiel entnehme ich Oser & Gmünder 1996, 82.

Wenn sie nicht gehorchen, dann straft der liebe Gott sie einfach.
Warum müssen wir Menschen dem lieben Gott gehorchen?
Sonst gibt er uns eine Strafe, wenn wir nicht gehorchen.
Was will der liebe Gott uns mit einer Strafe sagen?
Daß er es nicht gern hat, was wir getan haben.

Unsicherheiten tauchen in diesem Welt-, Menschen- und Gottesbild auf, wenn Zweifel an der Überzeugung „Das Letztgültige tut alles ..." aufkommen. Dafür stehen beispielsweise die Erfahrung, daß Gott nicht einfach schönes Wetter „macht", und die damit verwobene Einsicht, daß die Wetterlage mit der Konstellation von Wolken und Wind zusammenhängt.

2.3.4.3. Stufe 2: Do-ut-des-Prinzip

Mit dieser Entdeckung geht die menschliche Idee einer, nicht zu einem Marionettendasein bestimmt zu sein, dessen Lebensfäden von Gott allein in Händen gehalten und bewegt werden, sondern Mitbestimmungsmöglichkeiten geltend machen zu können. Der Mensch *ist* nicht mehr nur Reaktion, vielmehr kann er Einfluß auf das Letztgültige ausüben, denn er *hat* entsprechende Mittel in der Hand. Schon griechische und römische Seefahrer brachten Opfer für ihre Götter dar, um sie wohlwollend zu stimmen, so daß sie gute Winde schicken mochten. Der Mensch *ist* Kontrapart zu einem Letztgültigen; beide Seiten, die sichtbare menschliche und die unsichtbare göttliche, machen ihren Einfluß auf das Verhältnis zwischen Gott und Mensch geltend. Der Satz „Das Letztgültige tut alles ..." verlangt nach einer Korrektur: „Das Letztgültige tut alles, wenn wir ...", beispielsweise wenn wir das Letztgültige gnädig stimmen. Das Verhältnis zwischen Letztgültigem und Mensch unterliegt dem Do-ut-des-Prinzip: „Ich gebe, damit du gibst", d.h. ich bringe meine Opfer dar, damit du gute Winde schickst.

Das nachfolgende Ankerbeispiel zu Stufe 2 stammt von einem neunjährigen Mädchen[166].

---

[166] Das Ankerbeispiel entnehme ich Oser & Gmünder 1996, 84f.

Hat dieser Unfall etwas damit zu tun, daß Paul sein Versprechen gegenüber Gott nicht gehalten hat? Warum oder warum nicht?
Ich sage ja, weil Gott nachher böse wäre. Paul hat ja versprochen, allen armen Kindern zu helfen und nicht zu heiraten. Es soll ihm einfach eine Lehre sein, damit er es nie wieder macht. Vielleicht geht er im Moment noch nicht sofort darauf ein, aber wenn ihm dann zum zweitenmal etwas passiert ... vielleicht, wenn er einen Sohn hat, und der ist ganz klein und stirbt, dann sollte er endlich aufmerksam werden.
Was sollte er machen?
Er sollte zu Gott beten, er sollte sich einfach fest entschuldigen. Beten, das sollte man einfach machen am Abend ... Ich bete einfach zu Gott, ich danke ihm und sage, daß mir nichts passieren soll während der Nacht.

Zur Infragestellung dieser Konzeption kommt es erst, wenn einem Menschen etwas widerfährt, was ihm unverfügbar ist und was den do-ut-des-Vertrag gleichsam unterläuft.

2.3.4.4. Stufe 3: Absolute Autonomie

Dieser Umstand, daß dem Menschen ihm Unverfügbares geschieht, führt dazu, daß er sich auf seine eigenen Kompetenzen besinnt und auf Unabhängigkeit von anderen Kräften setzt, die sich ganz offensichtlich nicht recht unter Vertrag nehmen lassen. Auf Stufe 3 emanzipiert sich der Mensch aus jedweder Abhängigkeit. Er zielt eine absolute Autonomie an, die allenfalls eine deistische Konzeption akzeptiert, derzufolge Gott die Welt zwar geschaffen hat, sie aber fortan sich selbst überläßt.
Der Mensch *hat* eigene Entscheidungskompetenzen, er *ist* ein autonomes Selbst, hält sich für völlig selbstverantwortlich und setzt auf Freiheit *vom* Letztgültigen. In der Beziehung zu diesem liegt also Ablehnung oder Leugnung eines göttlichen Gegenübers, neben Negation mitunter aber auch Adoration, also eine Bewunderung und Verehrung, die allerdings so starke Züge annimmt, daß das bewunderte und verehrte Gegenüber in weiter Distanz bleibt und darum der menschlichen Autonomie keineswegs gefährlich wird. Das Letztgültige wird

dann allenfalls in der Ferne bewundert, es kann aber nicht in der Nähe wirken oder sich gar einmischen.

Das Letztgültige und der Mensch sind in ihrem Handeln unabhängig voneinander.

Ein protestantischer junger Mann im Alter von 23 Jahren bietet mit seinen Antworten ein Ankerbeispiel zu Stufe 3[167].

> *Hat dieser Unfall etwas damit zu tun, daß Paul sein Versprechen gegenüber Gott nicht eingehalten hat? Warum oder warum nicht?*
> Ich kann es mir nicht vorstellen. Gesetzt den Fall, er hätte jetzt den anderen Weg gewählt, hätte ein Versprechen eingehalten, wäre irgendwo in die Dritte Welt gegangen und dort an Malaria oder weiß ich was gestorben. Das ist für mich genauso vorstellbar wie das, daß er sein Versprechen nicht eingehalten hat und jetzt einen Autounfall hat. Ich sehe da einfach keine kausalen Zusammenhänge mit dieser höheren Macht, diese Zusammenhänge sind einfach nicht mehr da. Wenn du so eine höhere Macht postulierst, wenn du sagst, daß es sie gibt, dann ist eben das erste, was mir daran auffällt, daß nicht mehr die logischen Zusammenhänge da sind im Sinne: Du hast das gemacht, du wirst jetzt für das bestraft, das fällt weg. Dort wird ja auch gar nicht mehr gewertet. Es wird ja nicht mehr unterschieden zwischen gut und böse. Gott straft und wertet nicht. Ich glaube, daß sich dieser Paul über einen unbewußten Mechanismus nachher selbst bestraft hat. Aber daß das von einer höheren Macht gelenkt wird, das glaube ich nicht.

Aber auch auf Stufe 3 kommt es nicht zwingend zum Stillstand, vor allem dann nicht, wenn die Einsicht wächst, daß menschliche Eigenmacht und Eigenmächtigkeit an ihre Grenzen stößt: „Alles kommt irgendwoher", manches auch aus unsichtbaren Quellen.

---

[167] Das Ankerbeispiel entnehme ich Oser & Gmünder 1996, 87.

2.3.4.5. Stufe 4: Vermittelte Autonomie und Heilsplan

Der Mensch hält sich weiterhin für selbstverantwortlich, er fragt aber nach den Bedingungen dieser Möglichkeit, mit anderen Worten danach, wer ihm seine Autonomie vermittelt. Noch auf Stufe 3 *ist* der Mensch ein Selbst, auf Stufe 4 nun *hat* er ein Selbst und entdeckt es als ein mit Gott vermitteltes. Der Mensch *ist* ganz Plan und frei – frei nicht mehr von Gott, sondern *durch* Gott: „Der Mensch kann tun, weil es ein Letztgültiges apriorisch gibt ...".

Als Ankerbeispiel dient uns ein Ausschnitt aus dem Interview mit einem 32 Jahre alten katholischen Mann[168].

Hat der Autounfall etwas damit zu tun, daß Paul sein Versprechen gegenüber Gott nicht eingehalten hat? Warum oder warum nicht?
Finde ich nicht. Ich kann das Problem von den Unfällen und so nicht lösen, aber ich persönlich glaube nicht, daß diejenigen, die böse waren, von Gott bestraft werden. Das ist so alttestamentlich. Aber das Alte Testament sieht auch, daß viele, die böse waren, daß es diesen gut geht. Daß gerade der, der Gottes Gebote einhält, keinen Erfolg hat und die anderen Erfolg haben.
Dann ist es keine Strafe Gottes für die Nichterfüllung des Versprechens?
Nein. Nein. Ich finde das einen komischen Gott, der sich nur in den negativen Sachen manifestieren kann. Wir kommen hier an ein Problem, das wir nicht lösen können – es ist eben das große Problem – Theodizee. Für mich persönlich handelt Gott nicht direkt persönlich in den Sachen. Ich glaube zwar, daß er überall ist, und darum haben auch sehr geringfügige Sachen irgend etwas mit ihm zu tun, aber nicht in einer direkten Art und Weise. Gerade dieser Autounfall als Selbstunfall – daß Gott uns einen Wirkraum läßt und auch in der Natur einen Wirkraum läßt. Für mich sind die Naturkatastrophen nicht ein so großes Problem, weil Gott ja die ganze Schöpfung so gemacht hat, daß sie sich weiterentwickelt; er hat ihr gewisse Gesetze gegeben – aber gerade Erdbeben und so, das gehört seit urdenklichen Zeiten zu dieser Evolution. Die Schöpfung hat halt auch ein

---

[168] Das Ankerbeispiel entnehme ich Oser & Gmünder 1996, 90f.

Eigenleben, das dann halt auch den Tod von Menschen verursachen kann. Aber in den kleinen Sachen des Alltags ist mir Gott gegenwärtig – gerade in den unglücklichen Sachen, das setze ich immer mit Gott in Verbindung. Aber diese Straftheorien, daß jetzt dieser Autounfall einfach eine Bestrafung sein muß von Gott – das kann ich nicht annehmen. Für mich ist Gott bei diesem Autounfall auch da – gerade wenn es dem Menschen schlecht geht, er ist ja gerade bei den Leidenden. Für mich ist Gott ein Gott der Liebe und damit auch der Ohnmacht, der uns handeln läßt, ohne daß er uns beständig korrigiert. Wenn Gott einen Autounfall basteln sollte, das wäre ja auch wieder eine Marionettentheorie.

Angenommen, Paul tritt die gute Stelle als Arzt an und beschließt dafür, jeden Monat ein Zehntel seines Verdienstes für gute Zwecke zu spenden. Kann er damit seinem Entschluß doch noch gerecht werden?

Das würde voraussetzen, daß er den falschen Weg gegangen ist. Ja, er hätte diesen Weg gehen sollen, und jetzt muß er alles versuchen, wie er dies wieder gutmachen könnte. Aus diesem Grund heraus würde ich sagen, nein. Aber wenn er zur Überzeugung kommt, daß Gott sich ganz hingeben auch hier passieren kann, an dem Ort, an dem er jetzt arbeitet, dann ist ein Zehntel ein Teil seines Einsatzes – aber nicht aus einem schlechten Gewissen heraus. Er will sein Leben, nur schon daß er den ganzen Tag hart arbeitet, ganz Gott hingeben – in der Familie – die ja auch ein Ort ist, wo er Gott begegnet. Ich finde das sehr sinnvoll, daß er ein Zehntel gibt, vielleicht mit Kontakt zu einem Arzt in der Dritten Welt – aber nicht einfach zum Austilgen des gemachten Versprechens.

Oser und Gmünder legen über Stufe 4 hinaus eine Weiterentwicklung zu Stufe 5 vor, allerdings sind die empirischen Belege schon für den Übergang von Stufe 4 nach Stufe 5 und erst recht für Stufe 5 selbst sehr dürftig.

2.3.4.6. Stufe 5: Religiöse Intersubjektivität

Von Stufe 4 nach Stufe 5 geschieht ein erneuter Externalisierungsprozeß: Auf Stufe 4 *ist* der Mensch ganz Plan, auf Stufe 5 *hat* der Mensch einen Plan, er gestaltet Geschichte. Gott und Welt sind völlig miteinander vermittelt, menschliches Dasein ist frei nicht nur durch Gott, sondern auch *für* Gott und füreinander. Diese religiöse Intersubjektivität läßt sich als anthropologisch gewendete Religiosität verstehen, die dem Menschen Gestaltungsspielräume eröffnet und zugleich davon ausgeht, daß Gott zwischenmenschliche Beziehungen durchdringt und transzendiert: „Der Mensch tut durch das Tun des Letztgültigen, das durch des Menschen Tat bedingt ist ..." – Gottes Ziel bzw. die Sache Gottes ist der Mensch.

2.3.4.7. Zusammenfassung und Ankerbeispiele

Die religiöse Entwicklung, die nach Fritz Oser und Paul Gmünder in Stufen erfolgt, läßt sich unter der Perspektive von Autonomie und Heteronomie – also im Dilemma von Freiheit und Abhängigkeit – in der Folge schlichter Schaubilder skizzieren:

(1) Göttlicher und menschlicher „Kreis" überlappen sich auf Stufe 1 stark, denn Menschen sind hier bloße Vollzugsorgane und Marionetten des Letztgültigen ohne eigenen Wirkungskreis.

(2) Göttliches und Menschliches treten einander gegenüber, ein je eigener Wirkraum kommt ihnen zu, aber auch eine Schnittmenge, in der sie sich treffen.

(3) Göttliches und Menschliches treten gänzlich auseinander, zentral ist nun die Unabhängigkeit der einen von der jeweils anderen Seite.

(4) Göttliches und Menschliches wachsen wieder zusammen, aber nicht im Sinne eines Rückfalls von Stufe 3 nach Stufe 2, sondern im Sinne einer neuen Qualität, die der Rahmenkreis markiert: Die Entwicklung von Stufe 3 nach 4 geht nicht zu Lasten der zwischenzeitlich gewonnenen Autonomie, sondern kommt zustande, wenn der Mensch nach den transzendentalen Bedingungen der Möglichkeit dieser Autonomie fragt.

(5) Der Prozeß des Zusammenwachsens erreicht eine Dichte, wie sie bereits Stufe 1 signalisiert, aber wiederum unter neuem Vorzeichen: es kommt zu einer religiösen Intersubjektivität, die den Menschen gerade nicht zur Marionette degradiert, sondern in ein Leben religiöser Intersubjektivität in der Gegenwart Gottes führt.

Stufenfolge	Schaubild	Perspektive	Erläuterungen
Stufe 0		Innen-Außen-Dichotomie	Kind vermag zu unterscheiden zwischen dem, was es bewirkt, und dem, was auf es wirkt, es ist also ganz innen oder ganz außen, aber es differenziert noch nicht zwischen verschiedenen Außenkräften
Übergang			
Stufe 1	⊘	absolute Heteronomie (deus ex machina)	Kind hat ein Letztgültiges (Externalisierung), welches es von anderen Wirkkräften unterscheiden kann; Letztgültiges beeinflusst den Menschen direkt, dieser ist ganz Reaktion (Internalisierung), heteronomes Vollzugsorgan und Marionette eines Letztgültigen
Übergang			Gott „macht" beispielsweise nicht einfach schönes Wetter, welches u.a. mit der Konstellation von Wolken und Wind zusammenhängt
Stufe 2	∞	Do-ut-des-Prinzip	Mensch kann Letztgültiges beeinflussen, hat entsprechende Mittel in der Hand (griechisch-römische Opfer der Seefahrer für ihre Götter zwecks guter Winde); Mensch ist Kontrapart zu einem Letztgültigen
Übergang			Dem Menschen widerfährt ihm Unverfügbares
Stufe 3	⊘	absolute Autonomie (Deismus)	Mensch hat eigene Entscheidungskompetenzen, ist ein autonomes Selbst, hält sich für völlig selbstverantwortlich und frei vom Letztgültigen
Übergang			„Alles kommt irgendwoher."
Stufe 4	⊚	vermittelte Autonomie und Heilsplan	Mensch hält sich weiterhin für selbstverantwortlich, fragt aber nach den Bedingungen dieser Möglichkeit: Mensch hat ein Selbst, entdeckt es als ein mit Gott vermitteltes; Mensch ist ganz Plan und frei durch Gott
Übergang			
Stufe 5	⊚	religiöse Intersubjektivität	Mensch hat einen Plan, gestaltet Geschichte; Gottes Ziel ist der Mensch; Gott durchdringt und transzendiert zwischenmenschliche Beziehungen: völlige Vermittlung von Gott und Welt / Dasein, frei für Gott und einander

Reversibilität	*typische Aussage*	*Paul-Dilemma*	*Stufenfolge*
keine Differenzierung zwischen menschlicher und nichtmenschlicher Verursachung			Stufe 0
			Übergang
Differenzierung zwischen Menschlichem und Außermenschlichem	„Das Letztgültige tut alles ..."	„Wenn die nicht gehorchen, dann straft der liebe Gott einfach ..."	Stufe 1
			Übergang
Differenzierung zwischen sichtbarem und „anderem" Grund	„Das Letztgültige tut alles, wenn wir ..."	„Er sollte zu Gott beten, sich fest entschuldigen ..."	Stufe 2
			Übergang
Negation oder Adoration eines Letztgültigen	„Das Letztgültige und der Mensch tun unabhängig voneinander ..."	„Ich sehe keine kausalen Zusammenhänge ..."	Stufe 3
			Übergang
neue Vermitteltheit	„Der Mensch kann tun, weil es ein Letztgültiges apriorisch gibt ..."	„Für mich handelt Gott nicht direkt in den Sachen ..."	Stufe 4
			Übergang
anthropologische Religiosität	„Der Mensch tut durch das Tun des Letztgültigen, das durch des Menschen Tat bedingt ist ..."	„Die Sache Gottes ist der Mensch ..."	Stufe 5

Vor diesem Hintergrund rufe ich das Paul-Dilemma in Erinnerung – und exemplarisch die Frage, ob der plötzliche Autounfall, den Paul verursachte, mit dem Versprechen gegenüber Gott zu tun haben könnte, das er nicht gehalten hat. Dazu liegen verschiedene Antworten vor, die als Ankerbeispiele zu den Stufen 1, 2, 3 und 4 präsentiert wurden.

Die das Interview einleitende Frage lautete: „Soll Paul das Versprechen an Gott halten? Warum oder warum nicht?" Auch dazu lege ich nachfolgend verschiedene Antworten vor – mit der Aufgabe zu entscheiden, welcher Stufe der religiösen Entwicklung die jeweilige Antwort am nächsten ist. Solchermaßen praktisches Üben läßt ein Gespür dafür aufkommen, worin die Qualitäten der einzelnen Stufen liegen.

Beispiel 1

Soll Paul sein Versprechen gegenüber Gott einlösen? Warum oder warum nicht?
Dieses Versprechen muß er nicht halten, denn er hat es in einer Situation gemacht, in der er unter physischem Zwang stand. Wenn er dann das Versprechen doch halten will und halten tut, ist die Situation dann wieder anders. Aber sicher ist er nicht gezwungen dazu.
Ich persönlich käme tatsächlich in eine Gewissensnot; aber ich glaube, ich würde mich entschließen, dieses Versprechen nicht unbedingt zu halten, ausgenommen, es käme etwas dazu, das mich motivieren würde und ich mir sagen müßte, dies ist eine dankbare Aufgabe für mich, mich in der Dritten Welt einzusetzen. Um ein Versprechen halten zu können, muß man sich das frei und ruhig überlegen können.
Welches ist der Grund, daß man ein solches Versprechen halten muß?
Ich glaube, es ist eine gewisse Treue zu einem Entschluß, den man frei wählte. Gegenüber Gott muß ja der Mensch nichts tun, er wird eingeladen dazu, vom Menschsein selber her, aus Freiheit gegenüber Gott etwas zu tun. Er wird nicht dazu gezwungen, das oder jenes zu machen, sondern aus freiem Entschluß, aus freiem Ja zum Angebot, das Gott eigentlich dem Menschen darlegt und gibt.
(44jähriger Mann[169])

---

[169] Das Beispiel stammt aus Oser & Gmünder 1996, 148.

Beispiel 2

Soll Paul sein Versprechen gegenüber Gott einlösen? Warum oder warum nicht?
Er sollte es eigentlich schon halten, sonst ist es kein Versprechen, wenn er es nicht hält. Man sollte schon halten, was man verspricht, das ist klar. Das ist ein Problem der Ehrlichkeit, wenn man etwas verspricht, sollte man es tun, auch um das Gewissen zu beruhigen.
Sollte man aus dem gleichen Grund denn auch Versprechen an Menschen halten?
Ja, eigentlich schon, ja, wenn man ganz konsequent sein will. Gott ist natürlich höher, da muß man jedes Versprechen halten, und beim Menschen eigentlich auch, besonders wenn es wichtige Versprechen sind, oder?
Wieso sollte man bei Gott jedes Versprechen halten?
Ja, Gott ist ja der, der einen nachher aburteilt; und ich habe das Gefühl, das ist das große Problem. Hingegen bei einem Menschen ist die Konsequenz natürlich viel geringer; es könnte einem schlecht bekommen; wenn man hingegen vor Gott das Versprechen bricht, wenn man da vor das Himmlische Gericht kommt ... deshalb soll er einfach gut sein gegenüber Gott und so ungefähr nach den Geboten leben.

(20jähriger Mann[170])

Beispiel 3

Soll Paul sein Versprechen gegenüber Gott einlösen? Warum oder warum nicht?
Er soll schon gehen. Weil er es versprochen hat. Wenn etwas geschieht, soll man an den lieben Gott denken. Der liebe Gott ist der Liebste, er hilft den Leuten, wenn man ein Versprechen gemacht hat, und dann muß man auch tun, was man versprochen hat.
Wieso soll man ein Versprechen halten?
Weil man vielleicht sonst doch bestraft wird. Gott tut, daß man im Innern weh hat – Bauchweh oder so etwas.

(10jähriger Junge[171])

---

[170] Das Beispiel stammt aus Oser & Gmünder 1996, 136f.

Beispiel 4

Soll Paul sein Versprechen gegenüber Gott einlösen? Warum oder warum nicht?
Der Fehler besteht schon darin, daß Paul mit dem lieben Gott einen Handel macht. Das finde ich kindisch in einer solchen Situation. Die Frage ist, was Paul noch von seinem Leben hat, wenn er alles aufgeben muß, das ihm Spaß bereitet. Ich hätte ein schlechtes Gewissen, diesen gut bezahlten Job anzunehmen, weil ich nämlich persönlich doch den Vorsatz gefaßt habe, mein Leben für die armen Menschen einzusetzen. Dies muß ich dann tun, weil es mir ein inneres Bedürfnis ist und weil ich den Entschluß in einem wichtigen Moment meines Lebens gefaßt habe, aber nicht, weil ich es dem lieben Gott versprochen habe.

(34jährige Frau[172])

Beispiel 5

Soll Paul sein Versprechen an Gott halten? Warum oder warum nicht?
Die Frage ist ja immer: was heißt das, Gott, was heißt das in diesem Moment der Todesangst, wenn er dieses Versprechen gegenüber Gott abgibt. Er versucht, aus dieser Situation irgendeinen Ausweg zu finden, wendet sich deswegen, weil ihm kein Mensch mehr helfen kann, an die letzte Instanz, die ihm in dieser Situation noch helfen kann, und das ist das schlechthin Jenseitige, denn alle diesseitigen Möglichkeiten fallen aus, keine technischen Möglichkeiten mehr, und er kann auch nichts mehr tun. Das ist normal, daß er dann den Ausdruck Gott gebraucht; das ist aber gegenüber seiner verantwortlichen Gottesbeziehung ein unverantwortlicher Akt; ja, er kann gar nicht mehr anders, er wird schlechthin erpreßt. Und von mir aus gesehen, und von einer christlichen Gottesbeziehung aus, ist eine solche Art der Gottesbeziehung unverantwortlich. Der Glaube würde mich dazu bringen zu sagen: selbstverständlich soll er die Stelle annehmen. Ich würde nicht auf diese Situation eingehen, weil die Liebe Gottes, wenn sie zum Zwang wird, die Liebe zerstört.

(40jähriger Mann[173])

---

[171] Das Beispiel stammt aus Oser & Gmünder 1996, 132.
[172] Das Beispiel stammt aus Oser & Gmünder 1996, 142.
[173] Das Beispiel stammt aus Oser & Gmünder 1996, 156.

In der gegebenen Abfolge präsentieren die Beispiele Argumentationen auf den Stufen 4, 2, 1, 3 und 5.

2.3.5. Resultate einer empirischen Untersuchung

In Grenchen (Schweiz) wurden 112 Personen unterschiedlichen Alters mit verschiedenen Dilemma-Situationen konfrontiert und mit Hilfe der nun bereits bekannten Piagetschen Methode befragt[174]. Zentral sind dabei drei Hypothesengruppen.

2.3.5.1. Alterstrend und Nicht-Abbau-Hypothese[175]

Bis zum Alter von 25 Jahren läßt sich ein eindeutiger Alterstrend feststellen, demzufolge die Stufen sich mit zunehmendem Alter aufwärtsbewegen. Im Erwachsenenalter bleibt die Stufenhöhe relativ stabil. Sie sinkt – entgegen der Hypothese der beiden Autoren – im hohen Alter deutlich ab, sei es aufgrund eines *Altersabbaus auch der Tiefenstrukturen*, sei es aufgrund eines *Alters-Sozialisationseffekts*, etwa in dem Sinne, daß alte Menschen häufig aktueller Hilflosigkeit ausgesetzt sind und aus oder in der Vergangenheit leben, so daß sie auch in ihrer religiösen Entwicklung auf eine beispielsweise jugendliche Stufe zurückfallen, oder aufgrund eines sogenannten *Kohorten- bzw. Epochaleffekts* im Zusammenhang mit dem Zweiten Weltkrieg: Der Kohorte der zum Befragungszeitpunkt Betagten ist biographisch eine Epoche, eben die Kriegszeit, gemein, ein Umstand, der auf die religiöse Entwicklung spezifische (Spät-) Wirkungen zeitigen könnte.

---

[174] s. Oser & Gmünder 1996, 163ff.
[175] s. Oser & Gmünder 1996, 170f und 174ff.

2.3.5.2. Hypothesen zu Konfession, Bildungsniveau, Status und Geschlecht[176]

Konfession ist ein inhaltlicher, kein strukturaler Aspekt des religiösen Urteils und übt daher keinen generellen Einfluß auf die Stufenhöhe aus, jedenfalls nicht in den hier gegebenen evangelischen, katholischen und christkatholischen Untersuchungsgruppen. Als christkatholisch wird in der Schweiz die Altkatholische Kirche bezeichnet.

Ein höheres *Bildungsniveau* wie auch ein höherer *sozioökonomischer Status* lassen aufgrund besserer allgemein-kognitiver Voraussetzungen eine höhere Urteilsstufe erwarten.

Es bestehen im Blick auf religiöse Urteile generell keine *Geschlechtsunterschiede*. Vorsichtig zu betrachten sind angesichts der kleinen Stichprobe die Ergebnisse, daß Jungen im Kindesalter und alte Männer ein höheres Urteilsniveau aufweisen als gleichaltrige weibliche Untersuchungspersonen und daß im Jugendalter die Mädchen eindeutig weiter entwickelt sind. Im Erwachsenenalter lassen sich keine Unterschiede ausmachen.

2.3.5.3. Transsituationalitäts-Hypothese[177]

Bei fast allen von Oser und Gmünder verwendeten Dilemmata erreichen dieselben Personen die gleiche Stufenhöhe; *transsituationale Konsistenz* ist also gegeben.
Abweichungen können als *bereichsspezifische Décalages* bezeichnet werden: Dilemmata mit kirchlichen Themen zeigen eine Massierung auf Stufe 3 und die darin betonte menschliche Autonomie; umgekehrt tendieren Dilemmata zum Thema „Schuld" von Stufe 3 weg – entweder zu Stufe 2 oder zu Stufe 4 hin, in beiden Fällen zuungunsten individueller Verantwortung.

---

[176] s. Oser & Gmünder 1996, 171f und 183ff.
[177] s. Oser & Gmünder 1996, 172ff und 187ff.

2.3.6. Kritik an Paul Osers und Fritz Gmünders Konzept

Auch wenn Oser und Gmünder den motivatorischen Aspekt des subjektiven religiösen Urteils ausdrücklich hervorheben und letzteres in der jeweiligen existentiellen Erfahrung verankert sehen[178], wirken Begriffe wie „Urteil"[179], „kognitive Schemata"[180], „kognitive Aktivität"[181] und „Denkoperationen"[182] weniger umfassend, als es eine Theorie der religiösen Entwicklung vielleicht erwarten ließe. Leidet die Theorie an einem *kognitiven Überhang*?

Niedriges Bildungsniveau sowie geringer sozioökoomischer Status entsprechen signifikant niedrigen religiösen Stufen[183]. Sind die Fragestellungen schichtspezifisch, setzen sie beispielsweise *besondere verbale Fähigkeiten* voraus?

Die über Stufe 3 hinausgehende Entwicklung könnte einer Idealvorstellung für den Religionsunterricht, jedenfalls einem spezifisch christlichen Verständnis religiöser Lebensformen entsprechen[184]. Lassen sich *Strukturen und Inhalte* überhaupt so scharf voneinander abgrenzen, daß eine Einstufung kulturunabhängig erfolgen kann[185]? Diese Frage kam bereits in der Diskussion um James W. Fowlers Konzept auf.

Wie treffend gelingt neben der Einstufung Andersgläubiger die Zuordnung von *Menschen mit explizit atheistischem Selbstverständnis* zu bestimmten Stufen[186]?

Das in allen Untersuchungen verwendete *Paul-Dilemma* mit seiner Alternative – Gott oder Freundin – hinterläßt einen merkwürdigen Eindruck, zumal dann, wenn Oser und Gmünder von einer Korrelation von Anthropologie und Theolo-

---

[178] s. Oser & Gmünder 1996, 222ff.
[179] s. z.B. Oser & Gmünder 1996, 15.
[180] s. z.B. Oser & Gmünder 1996, 26.
[181] s. z.B. Oser & Gmünder 1996, 30.
[182] s. z.B. Oser & Gmünder 1996, 30.
[183] s. Oser & Gmünder 1996, 183ff.
[184] s. Oser & Gmünder 1996, 202.
[185] s. Oser & Gmünder 1996, 23.
[186] s. Oser & Gmünder 1996, 210.

gie[187] sowie – wohl im Anschluß an Karl Rahner – von anthropologischer Religiosität[188] sprechen.

Die Kritik bedarf der Ergänzung durch eine deutliche Würdigung dieses Konzepts, das in der Geschichte der empirisch orientierten Religionspädagogik und Religionspsychologie gewiß einen Meilenstein darstellt und vielfältige Forschungen zum religiösen Lernen angeregt hat und weiter anregt.

2.4. Religiöses Lernen nach Hartmut Beile: „Religiöse Emotionen und religiöses Urteil"

Auch eine vorsichtig aufkeimende Religionspsychologie wurzelt in ihren empirischen Arbeiten in primär *kognitiv* orientierten Ansätzen, während die *emotionale* Dimension religiösen Erlebens ein Schattengewächs in der Forschungslandschaft zu sein scheint. Diese Diagnose trifft insbesondere auf Jugendstudien zu, obwohl doch Fragen nach Orientierung, Lebenssinn und –entwürfen gerade in dieser Lebensphase drängend sind. Verheißungsvoll finde ich darum die Untersuchung möglicher religiös geprägter Emotionen, wie sie Hartmut Beile jüngst vorgelegt hat[189]. Er schreibt: „Religiosität ist die Beziehung des einzelnen Menschen zu Gott oder dem Transzendenten. Religiöse Emotionen sind Emotionen, die der einzelne Mensch in seiner Beziehung zu Gott oder dem Transzendenten erlebt. Religiöse Kognitionen betreffen die Gedanken und Erkenntnisse des Menschen in seiner religiösen Beziehung."[190]

Welche Emotionen spielen im Erleben von Religiosität, also in der Beziehung zu Gott oder einem Transzendenten, eine tragende Rolle? Wovon fühlen sich Jugendliche dabei berührt? Tauchen gar Emotionen auf, die in dieser Beziehung spezifisch sind? Beile widmete sich in seiner psychologischen Dissertation diesen Fragen. Er geht darin vom Konzept des religiösen Urteils aus, das die Forschungsgruppe um Fritz Oser und Paul Gmünder im Anschluß an Jean Piaget entwickelte und weiter fortschreibt. Diesem Ansatz zufolge kann sich die Reli-

---

[187] s. Oser & Gmünder 1996, 22.
[188] s. Oser & Gmünder 1996, 109.
[189] Beile 1998.
[190] Beile 1998, 21.

giosität eines Menschen über dessen gesamte Lebensspanne hin verändern – und zwar in Stufen. Sie bilden Stationen auf einem Weg, der seinen Ausgang bei starker Abhängigkeit eines Menschen von Gott nimmt, zu wachsender menschlicher Autonomie führen und schließlich in eine von Gott geschenkte Freiheit und Zwischenmenschlichkeit münden kann.

Dieses in seiner Stufung bereits skizzierte Konzept der Fribourger Arbeitsgruppe läßt Raum auch für Emotionen; seine empirische Umsetzung jedoch rückte kognitive Argumentationsstränge in den Vordergrund. Dieser Einengung wirkt Hartmut Beile mit seinem Vorgehen entgegen, indem er sein methodisches Instrumentarium gegenüber der Schweizer Gruppe ausweitet. Seine Untersuchung basiert auf einer Fragebogenerhebung an 196 Jugendlichen und einer Interviewstudie. Letztere bildet das Herzstück seiner Arbeit: Darin konfrontiert er 52 Jugendliche zwischen 15 und 20 Jahren mit einer Dilemmasituation, die ein religiöses Grundproblem anspricht. Er beschränkt sich nicht auf die zur Ermittlung religiöser Urteilsstufen typischen Interviews, sondern ergänzt diese durch eine Exploration damit einhergehender Emotionen sowie durch einige Fragebögen zu Religiosität und (religiöser) Sozialisation.

Einige zentrale Ergebnisse: Jugendliche mit einem religiösen Selbstverständnis erleben in ihrer Beziehung zu Gott oder einem Transzendenten besonders häufig positiv getönte Emotionen: Glück, Dankbarkeit, Vertrauen, Freude und Geborgenheit. Weniger oft tauchen Angst und Wut auf, noch seltener Schuld, Trauer, Ehrfurcht und Sehnsucht. Einige der befragten Jugendlichen schildern spezifisch religiöse Emotionen, etwa die aus Mystik und Religionsphilosophie bekannte Gleichzeitigkeit von Glück und Schauer.

Beile kann die Grundannahmen der Stufentheorie des religiösen Urteils bestätigen, diskutiert jedoch auch ihre methodischen Probleme und den deutlich werdenden Bedarf einer eigenen (Stufen-) Beschreibung für die Entwicklung Jugendlicher, die sich selbst als *nicht*religiös verstehen.

Zudem zeigen sich erste Zusammenhänge zwischen religiösen Emotionen und einzelnen Entwicklungsstufen: So tauchen Ängste und Stolz in der Gottesbeziehung primär auf den ersten beiden Stufen auf; religiöse Zweifel bewegen vor allem Menschen auf mittlerer Stufe, sofern sie nicht religiös-emotional indifferent bleiben; und Menschen, die höhere Stufen erreichen, zeigen vielfältige Emotionen, auch solche, die ihren Angaben zufolge ausschließlich religiösem Erleben vorbehalten sind. Insgesamt scheinen zunächst primär *kognitive* Veränderungen den Prozeß zu bestimmen, während auf höheren Stufen *Emotionen* den „Entwicklungsmotor" bilden.

Für mich markiert diese Untersuchung – um im Jargon der Theorie des religiösen Urteils zu verbleiben – den Weg zu einer neuen „Stufe" der Konzeptentwicklung, die den emotionalen Qualitäten von Religiosität den ihnen gebührenden Platz zuspricht. Dazu trägt der „Originalton" der befragten Jugendlichen bei: In der Schilderung ihres religiösen Erlebens bezeugen sie auch dessen *sozialen* Charakter, obwohl dieser in Beiles Beschreibung von Religiosität fehlt, welche ich einleitend zitiert habe.

So äußert eine 19jährige Jugendliche, daß sie Gottes Nähe in zwischenmenschlichen Begegnungen spürt: „Ich denke, wo man es am meisten, am häufigsten erfährt, gerade auch als Jugendlicher, das ist durch Eltern und durch die Freunde auch. Wenn man nach einer Niederlage oder irgendeinem Tiefpunkt wieder aufgerichtet wird, daß man sich verlassen kann, von anderen wieder Gutes zu erfahren."[191]

Und eine andere gleichaltrige Befragte bringt zum Ausdruck, wie wichtig ihr dabei das Zusammenspiel von Innen und Außen ist: „Das ist das Innere, das das Religiöse ausmacht, und daß wir irgendwo dieses Religiöse auch nach außen tragen. Eben durch Unterstützung anderer, oder daß man einer Freundin zuhört. Das beinhaltet auf jeden Fall das Religiöse oder Nächstenliebe oder versuchen, dem anderen solidarisch gegenüberzutreten. Also auf keinen Fall nach außen treten, daß man jeden Sonntag in die Kirche geht, sondern daß man etwas für seinen Mitmenschen tut."[192]

Soweit die befragten Schülerinnen.

Diese Studie möge, so hoffe ich, zu weiterer Forschung anregen, um die vorliegenden Ergebnisse auf eine möglicherweise noch breitere Basis stellen zu können. Zudem wünsche ich ihr eine breite Rezeption in psychologischen Disziplinen, um deren noch immer verbreitete Enthaltsamkeit gegenüber Religiosität abzubauen, aber auch in der Theologie, um deren Interesse an der Emotionalität

---

[191] Beile 1998, 149.
[192] Beile 1998, 132.

menschlichen Glaubens wachzurufen. Ein Ausbau der Religionspsychologie und ihrer theologischen Rezeption kann zur Optimierung praktisch-theologischer und insbesondere religionspädagogischer Forschung und Praxis beitragen. So geben Stufen religiöser Entwicklung als Rahmen religiösen Lehrens und Lernens Aufschluß darüber, wie Lernende religiöse Inhalte kognitiv und emotional aufnehmen und verarbeiten, und Orientierung darüber, wie Lehrende religiöse Argumentationen und religiöses Erleben von Personen unterschiedlichen Alters verstehen können.

Auch Karl Rahner hat sich mit der Frage der Altersstufen und dem jeweils möglichen Zugang zum gelebten Christentum auseinandergesetzt[193]. Seiner bereits in den sechziger Jahren des letzten Jahrhunderts geäußerten Einschätzung zufolge fällt eine meist das ganze Leben prägende Glaubensentscheidung „wohl ungefähr zwischen dem 20. und 25. Lebensjahr ... . Denn der Mensch in diesem Alter kann seine innere Selbständigkeit als mündige Person nur durch einen Durchgang durch eine gewisse Distanzierung von den ihn bisher prägenden Mächten seiner Umwelt finden"[194]. Damit findet sich Rahner in Übereinstimmung sowohl mit den Wahrnehmungen, die in Fowlers Konzept eingingen, als auch mit der Beschreibung von Stufe 3 bei Oser und Gmünder. Rahner fährt fort: „Während dieser Zeit muß der junge Mensch das seinem Daseins- und Altersverständnis gemäße Gottesbild finden; der Glaubenslehrer kann ihm dazu behilflich sein: Gott wird nicht so sehr der behütende, bergende, aber auch überwachende ‚Vater' sein, sondern der ‚Gott vor uns', der den unendlichen Raum für die menschliche Tat und das Abenteuer des Lebens auftut, Verantwortung auferlegt und dem Menschen die eigene Entscheidung zumutet."[195] Rahner ist der nachfolgende Abschnitt gewidmet.

---

[193] s. Rahner 1966, 110 – 133, und Rahner 1968, 528 – 534.
[194] Rahner 1968, 531.
[195] Rahner 1968, 532.

2.5. Religiöses Lernen nach Karl Rahner: Diakonische Mystagogie

Rahner hat kein im engeren Sinn religionspädagogisches Konzept religiösen Lernens vorgelegt, wie es etwa für die an Piaget anknüpfenden Ansätze von Fowler sowie von Oser und Gmünder gilt. Rahner hat sich jedoch als systematischer Theologe intensiv mit Fragen des religiösen Lernens befaßt, und seine Arbeiten zeichnen sich durchweg durch ihre praktische Bedeutsamkeit aus. Darum lohnt es gewiß, Rahners theologisches Konzept der Mystagogie aufzugreifen und nach dessen Bedeutung für Zusammenhänge religiösen Lernens zu fragen.

2.5.1. Mystagogische Traditionen

Mystagogie bezeichnet zunächst die Einführung in die Geheimnisse der Mysterienkulte. Da waren die *Mysten*, die in eine Kultgemeinschaft aufgenommen werden wollten, und da waren die *Mystagogen*, die als Führer oder Begleiter der Mysten diese mit dem jeweiligen Kult vertraut machten.

Mystagogische Traditionen lebten in altchristlicher Zeit fort. Aufgrund der frühchristlichen Arkandisziplin, die Lehre und Bräuche der Gemeinschaft vor Außenstehenden geheimhielt, wurden die Neugetauften erst nach dem sakramentalen Vollzug ihrer Initiation in der Osternacht über die Bedeutung von Taufe, Firmung und Eucharistie unterrichtet. Diese Einweisung in die christlichen Geheimnisse und ihre Symbolik hieß „Mystagogie". Mystagogische Texte liegen aus dem vierten Jahrhundert von Cyrill von Jerusalem vor[196]. Neben Katechesen, die der Vorbereitung der Katechumenen dienten, sind dort solche überliefert, die ausdrücklich als *mystagogische Katechesen* ausgewiesen sind und nachträglich – nach dem Vollzug der Initiation – das Geschehen erläuterten.

Aetheria, eine fromme adlige Dame[197], erwähnt in ihrem Bericht von einer Reise als Pilgerin in das Heilige Land mystagogische Katechesen: „Während der Bischof alles einzeln erläutert und erzählt, erheben sich so starke Stimmen der Beifallspender, daß man ihre Stimmen sogar weit außerhalb der Kirche hört.

---

[196] s. Cyrill 1922, 361 – 391.
[197] s. Aetheria 1958, 5.

Wahrlich, er erklärt alle Mysterien so, daß es keinen gibt, der nicht erschüttert würde über das, was er so erklärt hört"[198]. Die Hinführung zu den christlichen Mysterien muß in bewegender Weise erfolgt sein, und das Erleben der Initiationsriten war den mystagogisch-katechetischen Erläuterungen vorgeschaltet. Chronologisch und hermeneutisch genoß das Erleben, das Sammeln von Eindrücken Vorrang vor der Wissensvermittlung. Anliegen der Mystagogie war es, die Katechumenen darin zu unterstützen, daß sie zu den sakramentalen Vollzügen zunächst eine persönliche Beziehung entwickeln und diese danach reflektierend erschließen konnten – nicht umgekehrt!

2.5.2. Mystagogisches Lernen

Mystagogische Traditionen greift insbesondere Karl Rahner auf. In einer Veröffentlichung aus dem Jahr 1959 deutet er inhaltlich an, welche Bedeutung dem Begriff der Mystagogie in seinen späteren Arbeiten zukommen wird. Er spricht von der Hebammenkunst, der „Maieutik eines individuellen Christentums von innen her"[199]. Daran knüpft er an, wenn er in seinem Werk „Einübung priesterlicher Existenz"[200] schreibt:

„Wir müssen zugeben, daß wir Theologen und wir katholische Christen von heute trotz allen Redens von Gott eigentlich wenig Hermeneutik und Mäeutik für diese ursprünglichere, in der Wurzel des Daseins gegebene Gotteserfahrung haben und praktizieren ... .
Halten Sie einmal still! Suchen Sie nicht möglichst Vielerlei und möglichst Kompliziertes zu denken. Lassen Sie einmal diese ursprünglicheren Wirklichkeiten des Geistes emporkommen: das Schweigen, die Angst, das unsagbare Verlangen nach Wahrheit, nach Liebe, nach Gemeinsamkeit, nach Gott. Stellen Sie sich der Einsamkeit, der Angst, der Nähe zum Tod! Lassen Sie solche letzten Grunderfahrungen des Menschen vor-kommen, beschwätzen Sie sie nicht, machen Sie darüber keine Theorien, sondern halten Sie diese Grunderfahrungen aus. Dann kann doch so etwas von einem ursprünglichen Wissen um Gott hervortreten ... .

---

[198] Aetheria 1958, 255.
[199] Rahner 1959, 122.
[200] Rahner 1970.

Wenn wir nicht in dieser Weise langsam, mehr und mehr lernen, mit Gott umzugehen ..., dann reden wir über Gott, als ob wir ihm gleichsam schon auf die Schulter geklopft hätten, dann fühlen wir uns den Menschen gegenüber als die Landräte des lieben Gottes, die ungefähr dasselbe sind wie er ... .
Daß diese Dinge so platt für uns bleiben, daß diese ursprünglichere, namenlose und unthematische Erfahrung durch unseren Alltagsbetrieb, durch all das, was wir sonst mit Menschen und Dingen zu tun haben, scheinbar ganz verdrängt und verschüttet ist, daß dieses ursprünglichere religiöse Gottesverhältnis sogar durch unser theologisches, aszetisches und frommes Geschwätz und Gerede noch einmal verschüttet werden kann, das beweist zwar, wie sehr wir in einem echteren, religiöseren Leben immer wieder dieses ursprüngliche Verhältnis zu Gott freikämpfen müssen, gleichsam immer wieder ausgraben müssen, aber es beweist gerade, wie ursprünglich ein Verhältnis des Menschen zu Gott ist"[201].
Aus diesen Wahrnehmungen um die Gotteserfahrung zieht Rahner Konsequenzen: „In diesem Massenzeitalter, dessen Signatur gar nicht das Christentum als solches in seiner amtlichen Öffentlichkeit, heilsgeschichtlich gesehen, sein kann, muß dann der Priester viel mehr als früher der *Mystagoge* einer personalen Frömmigkeit sein."[202]
Rahner betont die „Notwendigkeit einer neuen *Mystagogie*"[203] – zugunsten einer „Erfahrung, in der der Mensch es immer schon mit dem absoluten Geheimnis, Gott genannt, zu tun hat, bevor er in reflexer Weise diese Gotteserfahrung in den sogenannten Gottesbeweisen abstrakt thematisiert"[204].
Diese Notwendigkeit einer neuen Mystagogie malt Rahner weiter aus:
„Wenn einer es heute fertig bringt, mit diesem unbegreiflichen, schweigenden Gott zu leben, den Mut immer neu findet, ihn anzureden, in seine Finsternis glaubend, vertrauend und gelassen hineinzureden, obwohl scheinbar keine Antwort kommt als das hohle Echo der eigenen Stimme, wenn einer immer wieder den Ausgang seines Daseins freiräumt in die Unbegreiflichkeit Gottes hinein, obwohl er immer wieder zugeschüttet zu werden scheint durch die unmittelbar erfahrbare Wirklichkeit der Welt, ihrer aktiv von uns selbst zu meisternden Aufgabe und Not und von ihrer immer noch sich weitenden Schönheit und Herrlich-

---

[201] Rahner 1970, 18 – 21.
[202] Rahner 1970, 166 (Hervorhebung durch K.K.).
[203] Rahner 1966a, 256 – 276, 269 (Hervorhebung durch K.K.).
[204] Rahner 1966a, 269.

keit, wenn er dies fertig bringt ohne die Stütze der ‚öffentlichen Meinung' und Sitte, wenn er diese Aufgabe als Verantwortung seines Lebens in immer erneuter Tat annimmt und nicht nur als gelegentliche religiöse Anwandlung, *dann* ist er *heute* ein Frommer, ein Christ ... .
Um ... den Mut eines unmittelbaren Verhältnisses zum unsagbaren Gott zu haben und auch den Mut, dessen schweigende Selbstmitteilung als das wahre Geheimnis des eigenen Daseins anzunehmen, dazu bedarf es freilich mehr als einer rationalen Stellungnahme zur theoretischen Gottesfrage und einer bloß doktrinären Entgegennahme der christlichen Lehre. Es bedarf einer Mystagogie in die religiöse Erfahrung ..., einer Mystagogie, die so vermittelt werden muß, daß einer sein eigener Mystagoge werden kann."[205]

Die Betonung der Notwendigkeit des Erfahrungsbezugs christlichen Glaubens führt nicht dazu, daß die Inhalte des Glaubens in ihrer Bedeutung vernachlässigt oder gar ignoriert würden. Glauben in seinen Inhalten und Glauben als Beziehung, Credo und gelebter Glaube, *belief* und *faith*, Glaubenslehre und Glaubenspraxis spielen zusammen: Die Glaubenslehre läßt sich bestimmen als geronnene Glaubenserfahrung; vor aller lehrhaft formulierten Glaubensüberzeugung stehen die menschlichen Erfahrungen, die später die Gestalt etwa des Glaubensbekenntnisses angenommen haben. Dieses Zueinander von Praxis und Lehre findet in der Mystagogie die ihm entsprechende Gewichtung. Wer sich diesem nahen und doch unverfügbaren Geheimnis anvertraut, setzt damit „den ursprünglichen, alle spätere Differenzierung grundlegenden Akt des Glaubens, Hoffens und Liebens"[206].
In diesen Zusammenhang gehört auch das berühmte Wort Rahners: „‚... der Fromme von morgen wird ein ‚Mystiker' sein, einer, der etwas ‚erfahren' hat, oder er wird nicht mehr sein, weil die Frömmigkeit von morgen nicht mehr durch die im voraus zu einer personalen Erfahrung und Entscheidung einstimmige, selbstverständliche öffentliche Überzeugung und religiöse Sitte aller mitgetragen wird, die bisher übliche religiöse Erziehung also nur noch eine sehr sekundäre Dressur für das religiös Institutionelle sein kann."[207]

---

[205] Rahner 1966b, 11 – 31, 21f.
[206] Fischer 1986, 20.
[207] Rahner 1966b, 22f.

Die Notwendigkeit einer neuen Mystagogie zielt darauf, Bedingungen zu schaffen, welche religiöses Lernen ermöglichen.

2.5.3. Diakonisch-mystagogisches Lernen

Mystagogie versuche ich im folgenden als diakonische Mystagogie[208] zu qualifizieren – mit der Begründung, daß es beim religiösen Lernen um eine – noch zu bestimmende – „Sozialisierung"[209] der Reichtümer Gottes geht. Dabei will ich die Bedeutung individuellen Lernens keinesfalls schmälern, wenn ich im Sinne dieser Sozialisierung im folgenden zu *diakonischer* Mystagogie hinführe. Rahners berühmtes Diktum versuche ich folgendermaßen zu transformieren: *Der Mystagoge von morgen wird ein diakonischer sein, einer, der Gott, das beziehungsreiche Geheimnis, in der Not und in den Geringsten erfahren hat, oder er wird nicht mehr sein.*
Diakonisch-mystagogisches Lernen zielt dann darauf ab, Beziehungsstörungen, Beziehungsabbruch, Beziehungslosigkeit mit sich, mit anderen, mit Gott durch Beziehung zu heilen. Diakonisch-mystagogisches Lernen trägt zur Menschwerdung von Menschen bei – zur Gestaltung einer Kultur, die im Geist des Evangeliums Leben ermöglicht. Es schafft also Rahmenbedingungen, die zum Leben erwecken, was in einzelnen Menschen angelegt ist und womit Gott sie begnadet hat: „Das Reich Gottes ist (schon) mitten unter euch." (Lk 17, 21) Das Reich Gottes aber „reicht ... über die punktuelle Menschwerdung Gottes hinaus, denn es geht um die wirkliche ‚Sozialisierung' der Reichtümer Gottes. Der christliche Gott behält seinen Reichtum nicht als Raub für sich"[210]. Eine solche „Sozialisierung" ist „unausweichlich, wenn man die Menschwerdung Gottes nicht nur punktuell versteht als Fleischwerdung des Sohnes, sondern weiter ausgreifend als Selbstmitteilung Gottes, als Selbstentäußerung des göttlichen Seins, als Teilhabegewährung zum Erbe der Kinder Gottes"[211]. Der Begriff der Sozialisierung soll in diesem Zusammenhang zum Ausdruck bringen, daß Menschen dazu berufen sind, an der Selbstmitteilung Gottes teilzuhaben; daß sie gleichsam von innen

---

[208] s. Kießling 2002, insbesondere 300ff.
[209] Seckler 1989, 12 – 31, 24.
[210] Seckler 1989, 24.
[211] Seckler 1989, 24.

heraus für diese Selbstmitteilung disponiert sind und darin ihre Erfüllung finden können; daß den Kirchen und ihren Gemeinden der Auftrag zukommt, diesen Prozeß der Sozialisierung zu begünstigen und voranzutreiben. Ohne diese politisch-diakonische Spielart von Mystagogie können Christinnen und Christen als Kirche wohl nicht solidarisch an der Seite Gottes gegen Unterdrückung und Entfremdung kämpfen. Gott zu erfahren, hat dann damit zu tun, für die Geschundenen und Gequälten heute einzustehen und gegen Unrecht aufzustehen. Diakonische Mystagogie setzt also darauf, daß das Geheimnis Gottes dort am nächsten sein kann, wo es am weitesten in die Ferne gerückt zu sein scheint. Auch und oft gerade dort läßt sich dieses Geheimnis entdecken und erfahren: „Was ihr für einen meiner geringsten Brüder getan habt, das habt ihr mir getan." (Mt 25, 40)

Damit ist religiöses Lernen im Sinne diakonischer Mystagogie umrissen. Diakonisch-mystagogisches Lernen wird denjenigen zur Einladung, die noch nicht mit ihren Gotteserfahrungen in Berührung gekommen sind – dahingehend, ihre Lebensspur als von der Gottesspur durchzogen wahrzunehmen[212].

Mit der Formel einer diakonischen Mystagogie qualifiziert sich religiöses als soziales Lernen; und als biblische Urgeschichte sozialen Lernens mag die lukanische Perikope vom barmherzigen Samariter gelten, um den es im nachfolgenden Abschnitt exemplarisch gehen soll[213].

2.6. Weitere Ansätze religiösen Lernens

Dafür, die Darstellung weiterer Ansätze religiösen Lernens auf die Geschichte um den barmherzigen Samariter zu konzentrieren, sprechen gleich mehrere Gründe: Zum einen gehört zu den Konzepten religiösen Lernens an prominenter Stelle das *diakonische* Lernen, das zugleich Impulse zu *ethischem*[214] und *interkulturellem*[215] Lernen setzen kann. Zum anderen bietet die Geschichte vom Sa-

---

[212] s. Schambeck 2001, 373 – 384.
[213] s. zum folgenden Theißen 1999, 34 – 54.
[214] s. Schmidt 1999, 135 – 154.
[215] s. Schlüter 1994.

mariter die Chance, lerntheoretische Konzepte aufzugreifen, die ich im ersten Teil dieses Buches vorgestellt habe. Während Goldman, Fowler, Oser und Gmünder sowie Beile mehr oder minder eng an Piaget, an gestalt- und selbstorganisationstheoretischen Ansätzen anknüpfen (also an den Abschnitten 1.4 – 1.6), bietet der Samariter die Chance, einen in der aktuellen Religionspädagogik inzwischen weniger zentralen Bezug zu lerntheoretischen Konzepten herzustellen (also zu den Abschnitten 1.1 – 1.3). Denn der Gesetzeslehrer fragt danach, was er tun müsse, um das ewige Leben zu erlangen; er fragt also danach, wie er handeln solle, damit er – im Sinne operanter Konditionierung[216] – den denkbar größten Gewinn, die denkbar größte Verstärkung gewinnen kann, das ewige Leben nämlich. Und nach einem Austausch zwischen ihm und Jesus erzählt letzterer die Perikope vom Samariter, der in der biblischen Wirkungsgeschichte zu einem Vorbild diakonischen Lernens heranwächst und auf diese Weise ein „Lernen am Modell" ermöglicht[217].

Ich rufe zunächst den biblischen Text in Erinnerung:
„Da stand ein Gesetzeslehrer auf, und um Jesus auf die Probe zu stellen, fragte er ihn: Meister, was muß ich tun, um das ewige Leben zu gewinnen? Jesus sagte zu ihm: Was steht im Gesetz? Was liest du dort? Er antwortete: Du sollst den Herrn, deinen Gott, lieben mit ganzem Herzen und ganzer Seele, mit all deiner Kraft und all deinen Gedanken und: Deinen Nächsten sollst du lieben wie dich selbst. Jesus sagte zu ihm: Du hast richtig geantwortet. Handle danach, und du wirst leben. Der Gesetzeslehrer wollte seine Frage rechtfertigen und sagte zu Jesus: Und wer ist mein Nächster?
Darauf antwortete ihm Jesus: Ein Mann ging von Jerusalem nach Jericho hinab und wurde von Räubern überfallen. Sie plünderten ihn aus und schlugen ihn nieder; dann gingen sie weg und ließen ihn halbtot liegen. Zufällig kam ein Priester denselben Weg herab; er sah ihn und ging weiter. Auch ein Levit kam zu der Stelle; er sah ihn und ging weiter. Dann kam ein Mann aus Samarien, der auf der Reise war. Als er ihn sah, hatte er Mitleid, ging zu ihm hin, goß Öl und Wein auf seine Wunden und verband sie. Dann hob er ihn auf sein Reittier, brachte ihn zu

---

[216] Analog zur operanten Konditionierung läßt sich im Kontext klassischer Konditionierung danach fragen, welche Assoziationszusammenhänge gleichsam zum Glauben reizen – und welche wohl aversiv wirken.
[217] s. Biemer & Biesinger 1983.

einer Herberge und sorgte für ihn. Am andern Morgen holte er zwei Denare hervor, gab sie dem Wirt und sagte: Sorge für ihn, und wenn du mehr für ihn brauchst, werde ich es dir bezahlen, wenn ich wiederkomme. Was meinst du: Wer von diesen dreien hat sich als der Nächste dessen erwiesen, der von den Räubern überfallen wurde? Der Gesetzeslehrer antwortete: Der, der barmherzig an ihm gehandelt hat. Da sagte Jesus zu ihm: Dann geh und handle genauso." (Lk 10, 25 – 37)

Dieser Text setzt sich aus zwei Teilen zusammen, aus der Frage nach dem höchsten Gebot und der Geschichte vom Samariter; dieser handelt aus Mitleid mit dem Halbtoten. Während der Gesetzeslehrer in den parallelen Überlieferungen bei Mt 22, 34 – 40 und Mk 12, 28 – 31 nach dem höchsten Gebot fragt, lautet die Frage bei Lukas so: „Was muß ich *tun*, um das ewige Leben zu gewinnen?" Der Gesetzeslehrer kann diese Frage selbst beantworten – mit dem Doppelgebot der Liebe, in welchem jüdische *und* christliche Traditionen zusammenlaufen (zur Liebe zu Gott s. Dtn 6, 5; zur Liebe zum Nächsten s. Lev 19, 18). Diese Geschichte ist also wenig geeignet, die Frage nach dem Proprium spezifisch christlich-sozialen Lernens zu klären. Und: gerade die mit dem Kult verbundenen Männer – Priester und Levit – unterlassen die Hilfeleistung. Da muß erst ein Samariter kommen, einer, der keine manifesten religiösen Motive zeigt – und als ganz profanes Vorbild wirkt, das die Chance zum Lernen am Modell gibt.

Der Versuch, im Samariter Jesus zu sehen, der sich des halbtoten Mannes annimmt, dient der durchsichtigen Absicht, der Geschichte vom Samariter einen tieferen, vielleicht gar christologischen Sinn abzugewinnen, um so den Samariter als Vorbild diakonischen Lernens zu retten. Dieser Versuch erfolgt aber aus theologischer Verlegenheit und wird dem biblischen Text nicht gerecht. Der Samariter ist nicht Jesus, sondern eben ein Samariter. Wie bedeutungsvoll mir gerade dies erscheint, werde ich noch zu zeigen versuchen. Der Samariter jedenfalls handelt aus Mitleid, aus anerkennenswerten humanen Beweggründen also. Wenn Jesus diese Geschichte beschließt mit den Worten: „Geh hin und *handle* genauso.", so korrespondiert diese Aufforderung mit der Frage des Gesetzeslehrers: „Was muß ich *tun*?"

Doch – wie läßt sich diese Geschichte nun im Lichte sozialen und diakonischen Lernens verstehen? Dazu wähle ich dreierlei Zugänge, einen psychologischen, einen soziologischen und einen evolutionsbiologischen.

2.6.1. Ein psychologischer Zugang zu sozialem Lernen

Psychologisch kreisen um soziales Lernen Stichworte wie „Helfersyndrom", „hilflose Helfer" und „Ausgebranntsein" („Burnout"): Das Helfersyndrom pathologisiert soziales Lernen und Handeln und stellt es unter den Verdacht, daß es weniger durch die Not Notleidender motiviert ist, sondern vielmehr durch die Not des Helfers, der seinem eigenen Ideal hinterhereilt, ein hilfreicher Mensch zu sein. Hilflose Helfer verdrängen ihre eigene Hilflosigkeit und projizieren sie in Hilfsbedürftige, weil es ihnen leichter fällt und edler erscheint, die Hilflosigkeit anderer Menschen zu bearbeiten als die eigene. Zum Burnout kommt es schließlich, wenn Helfende sich von der unendlichen Bedürftigkeit Hilfesuchender aufzehren und ausbrennen lassen – oft angefeuert von religiösen Motiven –, ohne an ihre eigene Endlichkeit zu denken. Diese psychologischen Phänomene lassen allesamt an menschliche Überforderungen oder gar an psychische Selbstausbeutung denken.

Doch die Gefahr, daß der Helfer sich mit dem Hilfsbedürftigen in Abhängigkeiten verstrickt, sich von ihm nicht hinreichend abgrenzen kann und sich darum verzehrt bis zum Ausbrennen, bannt der Samariter. Er trennt sich unterwegs vom Überfallenen und folgt seinem eigenen Weg; er engagiert den Wirt der Herberge als einen weiteren Helfer. Diesen Umstand finde ich besonders bemerkenswert, denn ein Burnout droht doch vor allem dann, wenn Helfer sich alleingelassen fühlen und selbst hilflos werden; der Samariter jedoch läßt es dazu gar nicht erst kommen und knüpft ein Hilfsnetz. Er selbst praktiziert begrenzte Hilfe und verlangt auch vom Wirt keine selbstlosen Gesten, sondern unterstützt ihn finanziell – mit zwei Denaren. Und auch das Doppelgebot der Liebe verlangt zwar uneingeschränkte Liebe zu Gott („mit ganzem Herzen und ganzer Seele, mit all deiner Kraft und all deinen Gedanken"), aber *endliche* Liebe zum Nächsten („Deinen Nächsten sollst du lieben wie dich selbst."). Die Liebe zum Nächsten findet ihr Maß in der Liebe zu sich selbst. Jüdisch-christliche Theologie verlangt nicht mehr als die begrenzte Hilfe, die der Samariter praktiziert – aber auch nicht weniger!

2.6.2. Ein soziologischer Zugang zu sozialem Lernen

Soziologisch schwingt beim Helfen der Verdacht mit, es sei kaschiertes Herrschen, denn ein Helfer könne nur helfen, wenn er mit mehr Macht ausgestattet sei als der Hilfesuchende. Schon unsere Sprache verrät, daß Helfen und Herrschen miteinander verwandt sind. So können die Worte „Dir helfe ich!" zweierlei bedeuten: Zum einen können sie ein Versprechen sozialer Unterstützung ausdrücken. Zum anderen kann einer „Dir helfe ich!" aber auch mit geballter Faust sagen und damit einen Machtkampf ankündigen, etwa in folgendem Sinne: „Wenn du nicht sofort tust, was ich dir befehle, dann werde ich dir dabei helfen und meinen Willen notfalls mit Gewalt durchsetzen."

Zunächst bestätigt sich im biblischen Text das Bild einer Hilfe von „oben" nach „unten", wenn der Samariter sich dem halbtoten Opfer der Räuber zuneigt, sich zu ihm „herabläßt". Abhängigkeiten treten in Hilfsbeziehungen immer wieder auf, oft unvermeidbar, nicht nur zu biblischen Zeiten, auch heute. Aber von der Etablierung eines Machtgefälles kann biblisch keine Rede sein, wenn das Gebot der Nächstenliebe wirklich eine Begegnung auf gleicher Ebene meint. „Und wer ist mein Nächster?" So fragt der Gesetzeslehrer nach dem Empfänger der Hilfe. Im Anschluß an die Geschichte fragt Jesus, wer sich als der Nächste des Überfallenen erwiesen habe – als der Nächste gilt hier nicht der Empfänger der Hilfe, sondern derjenige, der Liebe schenkt. Einmal gilt also der *Hilfsbedürftige* als mein Nächster, ein andermal ist der *Helfende* selbst der Nächste. Beide, Helfer und Beschenkter, sind also einander Nächste und befinden sich als solche auf gleicher Ebene.

Und eine weitere Gemeinsamkeit verbindet sie und erleichtert ihnen die Solidarisierung miteinander: Beide sind marginalisiert, der eine durch den Überfall, der andere aufgrund seiner sozialen Rolle, denn ein Samariter hatte im judäischen Land einen minderen Status. Die sozial Mächtigeren dagegen, der Priester und der Levit, versagen; für sie ist der Überfallene schon gestorben.

2.6.3. Ein evolutionsbiologischer Zugang zu sozialem Lernen

Die Evolution entwickelt durch Mutation und Selektion neue Lebensformen, und unangepaßte Lebensformen sterben aus. Hilfe zugunsten unangepaßter Lebensformen erscheint als dysfunktionale Gegenselektion, die zum Schutz gerade dessen führt, was der Evolution zuwiderläuft. „Echter" Altruismus, etwa unter Tieren, wäre evolutionsbiologisch dysfunktional. Dauerhaft möglich ist er nur, wenn vermeintlich altruistisches Verhalten der Verbreitung der eigenen Gene dient, also durch Förderung genetisch Verwandter. Denkbar ist daneben auch ein Altruismus gegenüber nichtverwandten Artgenossen, aber nur, wenn diese im Sinne gegenseitiger Hilfeleistung auch für den ursprünglichen Helfer hilfreich werden und so reziproken Altruismus praktizieren können. Und auch unter Menschen kann sich echter Altruismus evolutionsbiologisch nicht durchsetzen, weil Menschen, die nicht ihre eigenen Gene fördern, sich selbst aus dem Evolutionsprozeß hinausbefördern.

Wenn der Samariter nicht aufträte, so müßte der unter die Räuber Gefallene nach dem sozialen Tod auch noch den physischen Tod sterben. Doch die Hilfe des Samariters rettet Leben, das bereits halbtot war; *evolutionsbiologisch* fand sozusagen eine Gegenselektion statt, die sich jedoch – wiederum evolutionsbiologisch – als eine Fehlinvestition erweist. Denn unwahrscheinlich sind sowohl die genetische Verwandtschaft des Samariters mit dem Hilfsadressaten – die Rettung eigener Gene scheidet als Handlungsmotiv also aus – als auch reziproker Altruismus – denn beide gehen jeweils ihrer Wege und werden sich kaum mehr begegnen, so daß es nicht zu wechselseitiger Hilfeleistung wird kommen können. Das Hilfehandeln des Samariters richtet sich aber dennoch auf den ihm Fremden, den schon Aufgegebenen. Die Perikope ist eingeleitet mit der Frage des Gesetzeslehrers: „Was muß ich tun, um das ewige Leben zu gewinnen?" Eine mögliche Antwort: Wenn du ewiges Leben suchst, also ein Leben jenseits des Selektionsprinzips, so handle antiselektionistisch: Rette das Verlorene, Armselige, Lebensuntüchtige! So handelt der Samariter.

Wie die theologieträchtige Frage nach dem ewigen Leben und das ganz menschliche Beispiel vom Samariter in dieser Perikope zusammenlaufen, so konvergieren jüdisch-christliche und ganz menschliche Motive, die soziales Lernen und Handeln anregen.

2.6.4. Soziales Lernen als religiöses Lernen?

Hilfehandeln ist vielfältiger (psychologischer, soziologischer, evolutionsbiologischer) Kritik ausgesetzt und erweist sich als wenig sinnvoll, wenn es sich als psychische Selbstausbeutung entlarven läßt; wenn es sich als versteckte Machtausübung entpuppt; wenn es sich als dysfunktionale Gegenselektion brandmarken läßt. Und doch: Der Samariter hilft – aus Mitleid mit einem unter die Räuber gefallenen Mann.
Christinnen und Christen dürfen und sollen nicht nur das Handeln des Samariters, sondern die Hilfe jedes Menschen anerkennen, auch wenn er ihre christlichen Motive und ihren Glauben nicht teilt – im Sinne interkulturellen Lernens. Und zugleich können Christinnen und Christen überall dort, wo solche Hilfe geschieht, die Gottebenbildlichkeit des Menschen aufblitzen sehen. Denn jeder Frau und jedem Mann gilt der in der Schöpfungsgeschichte (Gen 1, 26f) verankerte Zuspruch, als Abbild Gottes tätig zu sein. Der Begriff „Abbild" bringt eine unverlierbare menschliche Würde zum Ausdruck, aber auch die Verschiedenheit von Schöpfer und endlichem Geschöpf. Menschen, die in ihrem Hilfehandeln diese Grenzen nicht achten, setzen sich berechtigter Kritik aus; sie vergreifen sich letztlich an der menschlichen Würde der Gottebenbildlichkeit.
Wenn aber die Gottebenbildlichkeit von Menschen in der Schöpfung aufblitzt, so beginnt in dieser Welt zugleich eine neue Schöpfung, die aus allen Verstrickungen befreit. Vielleicht blitzen – Abschnitt 2.6 abschließend – zugleich einige Leitlinien sozialen Lernens zugunsten christlichen Hilfehandelns auf.

Vor *psychologischem* Hintergrund bezeugt die Geschichte vom barmherzigen Samariter eine den Rahmen menschlicher Grenzen respektierende und zugleich sehr eindrucksvolle Zuwendung – eine Liebe, die dem Fremden aufhilft, ohne den Liebenden und sozial Lernenden zu überfordern.

Vor *soziologischem* Hintergrund erscheinen der Samariter und der unter die Räuber Gefallene als einander Nächste, als Gegenbild zu einem Gefälle zwischen Mächtigen und Ohnmächtigen. In biblischen Traditionen artikuliert sich ein starker Protest gegen solche Schieflagen, am radikalsten in der Gestalt Jesu Christi, etwa in der bereits genannten Weltgerichtsrede (Mt 25, 31 – 46), in der der Weltenherrscher seine Gegenwart in der Geschichte an die Armen und Ohnmächtigen bindet. Soziales Lernen zugunsten christlichen Hilfehandelns weiß sich diesen biblischen Traditionen verpflichtet. Christinnen und Christen sind darüber hinaus mit der Frage konfrontiert, inwiefern sie selbst zu Räubern geworden sind – oder es versäumt haben, den Räubern das Handwerk zu legen.

Vor *evolutionsbiologischem* Hintergrund schließlich blitzt unter den Menschen die Chance auf, daß es auch ohne Aussicht auf genetische Vorteile zu sozialem Lernen, zur Hilfe für Mitmenschen kommt, allein weil sie Menschen sind – allem Selektionsdruck zum Trotz. Gott wählt antiselektionistisch ein Volk, das ein Opfer der Großmächte war – und so klein ist, daß sein Name „Israel" auf einem Globus nur in der Abkürzung „Isr." Platz findet, wie der Schriftsteller Ephraim Kishon formuliert. Und das Reich Gottes, das Jesus verkündet, gilt den Armen, denen, die massiver Selektionsdruck aus dem Leben hinauszukatapultieren droht. Diakonisches Lernen konzentriert sich darum auf die antiselektionistische Suche nach dem Verlorenen, nach dem an den Rand des Lebens Gedrängten und solidarisiert sich mit ihnen. Christliche Solidarität ist dabei weniger sozialer Kitt zum Zusammenhalt der eigenen Gemeinschaft, sondern richtet sich vielmehr auf die Armen, ob sie nun zur Kirche gehören oder nicht.

Diakonisches Lernen bleibt politisch nicht neutral, es ist parteiisch und solidarisch mit den „Letzten". Diakonie teilt das Leben mit denen, die ihr Leben in nichts teilen können. Diakonisches Lernen läßt hoffen: auf ein Leben jenseits des Selektionsprinzips – und auf das ewige Leben, nach dem der Gesetzeslehrer in der Geschichte vom barmherzigen Samariter fragt.

Die Aussicht auf das ewige Leben fungiert nicht als plumper Vertröster oder Verstärker, der gegen gute Führung im diakonischen Lernprozeß unmittelbar eingetauscht werden könnte – und quasi automatisch zum Tragen käme, wenn einer nach dem Vorbild, nach dem Modell des barmherzigen Samariters gelernt und gelebt hat. Die Aussicht auf das ewige Leben deutet vielmehr einen heiligen Tausch an, der Lohn im Himmel, ja Freude bei Gott verheißt. Damit kommt dem sprichwörtlichen Altruismus des Samariters ein durchaus hedonistischer Zug zu

– aber eben nicht automatisch und auch nicht sofort. Diese Einschränkungen sind nicht nebensächlich, denn schließlich spielen die Gewißheit und die Unmittelbarkeit von Belohnung und Bestrafung beim Konditionieren von Verhaltensweisen eine bekanntermaßen wichtige Rolle.

Heilige – um andere religiöse Vorbilder und Modelle zu nennen – erweisen sich mit dieser Aussicht nicht als selbstlos, sondern als sich selbst treu. Im Kontrast zu denjenigen, die allein im endlichen Leben die Verstärker kassieren, gewinnen Heilige gleichsam im heiligen Tausch, der nicht durch Leistung erwirkt werden kann, sondern Gabe Gottes bleibt – als Lohn im Himmel.

Mit der Geschichte vom barmherzigen Samariter lassen sich soziale, ethische und interkulturelle Ansätze religiösen Lernens verbinden. Und im Vergleich zwischen Ansätzen diakonischen Lernens einerseits sowie pädagogisch-psychologischen Konzepten des Konditionierens und des Lernens am Modell andererseits zeigen sich sowohl wichtige Gemeinsamkeiten als auch beachtliche Unterschiede.

Am Ende des zweiten Teils dieses Buches tun sich aber noch weitere Brücken zwischen einerseits pädagogisch-psychologischen und andererseits religionspädagogischen und theologischen Zugängen zum Lernen auf, wenn Goldman, Fowler, Oser und Gmünder sowie Beile in je eigener Weise auf Piaget bauen und Rahner seinerseits Wahrnehmungen artikuliert, die an Fowler sowie an Oser und Gmünder denken lassen. Solche Brücken lassen sich jedoch erst bilden, wenn beide Seiten dieser Brücken einander in ihrem Eigenwert und in ihrer Andersartigkeit anerkennen. Darum liegen theoretische Konzepte des (religiösen) Lernens in zwei jeweils eigenständigen Teilen dieses Buches vor, bevor es nun in seinem dritten Teil in die Praxis religiösen Lernens mündet.

3. Praxis religiösen Lernens – anhand der Lernorte Schule, Gemeinde und Familie

Einiges Praxisrelevante klang bereits an, vor allem in den Diskussionen um einzelne pädagogisch-psychologische und religionspädagogisch-theologische Konzepte des Lernens. So werde ich die Lernorte Schule, Gemeinde und Familie einbringen, indem ich mancherlei bereits Angesprochenes aufgreife und zu entfalten suche: Für den schon mehrfach berührten Lernort Schule nehme ich mehrere Konzepte des Lernens, insbesondere des religiösen Lernens, konkretisierend auf (3.1). Daraufhin kommt der Lernort Gemeinde zur Darstellung, und zwar exemplarisch mit dem Thema der Taufkatechese (3.2). Die in diesem Zusammenhang initiierte und zwischenzeitlich bewährte gemeindliche Praxis bildet zugleich eine Brücke zu den beiden Lernorten (Eltern-) Schule und Familie. Schließlich stelle ich für den Lernort Familie, wie angekündigt, einige Ergebnisse vor, die aus dem Tübinger Pilotprojekt „Religiosität und Familie" hervorgehen (3.3). Den Abschluß bilden eine ausführliche Dokumentation dieser Pilotstudie zur Familienreligiosität (3.4) sowie eine Bündelung (3.5).

3.1. Religiöse Praxisgestalten am Lernort Schule ...

Dazu nenne ich vier Formen, die sich aus dem Gang des Buches ergeben, näherhin religiöse Praxisgestalten im Horizont pädagogisch-psychologischer Konzepte (3.1.1), im Horizont religionspädagogischer Konzepte (3.1.2), im Horizont mystagogischer (3.1.3) und schließlich diakonischer (3.1.4) Konzepte.

3.1.1. ... im Horizont pädagogisch-psychologischer Konzepte

Unter lerntheoretischen Prämissen entstand der sogenannte *programmierte Unterricht*. Dabei besteht das Lernziel in kontrollierten Verhaltensänderungen unter den Schülerinnen und Schülern. Erreicht werden sollen diese durch Konditionierungsprozesse und durch Elementarisierung; Elementarisierung meint das Zerlegen des Lerninhaltes in Einheiten von solcher Größe, daß diese innerhalb eines einzelnen Lernschrittes bewältigt werden können.

Im Kontrast zu programmiertem steht gestalttheoretisch ausgerichteter Unterricht[218]. Gestalttheorie ist ein dem einsichtigen Lernen zuträgliches Konzept. Es versteht das Lernen also als Prozeß wachsender Einsicht in Funktionszusammenhänge von Sinnganzheiten. Solches Lernen zielt auf die Bildung einer „guten Gestalt", letztlich auf Verstehen, durchaus im humanistisch-pädagogischen und im hermeneutisch-philosophischen Sinn, und zwar in der Überzeugung, daß Verstehen Veränderungen hervorruft: Lernen als Verstehenlernen führt zum Problemlösen. Auf diesen Pfaden entstand der sogenannte *problemzentrierte Unterricht*. Während programmierter Unterricht von Unterweisungen und Instruktionen lebt, die von außen auf die Schülerinnen und Schüler einwirken, basiert das problemzentrierte Vorgehen auf der Einsichtsfähigkeit der Schülerinnen und Schüler selbst. Im Religionsunterricht geht es darum, daß sie selbst ihr Lernen als Prozeß gestalten – und bei den Prozeßgestalten um die Kreativität ihres Glaubens, darum, daß Schülerinnen und Schüler nicht zu Kopien eines Vorbilds, eines Modells werden, sondern selbst zu Originalen heranwachsen, zu christlichen Originalen möglicherweise.

3.1.2. ... im Horizont religionspädagogischer Konzepte

Fritz Oser unterrichtete Erstkläßler zum Thema „Gott ist mit den Menschen". Bei der Einleitung fiel das Wort Gott. Das erste Kind sagte: „Gott ist Liebe". Das zweite: „Gott ist wie ein guter Vater". Das dritte: „Gott verzeiht dem Menschen", und so weiter, so daß Fritz Oser folgendes zu Papier brachte:
„... eigentlich hatte ich schon bei der Einleitung das Netz einer systematischen Gotteslehre vor mir, das seiner Struktur nach doch etwas befremdlich anmutete, wenn es aus dem Munde von Erstkläßlern kam.
So erzählte ich den Kindern eine Geschichte. Sie handelt von einem Mann, der nie Zeit hatte. Er war der Direktor einer großen Fabrik. Er hatte so viel zu tun, daß er nicht einmal Zeit hatte für seine Kinder und seine Frau. Und schließlich hatte er keine Zeit für Gott; er konnte nicht an seine Zukunft und auch nicht an die anderen Menschen denken. Denn er war immer beschäftigt. Eines Tages aber hatte er einen Herzinfarkt. Und jetzt lag er im Spital, und plötzlich hatte er Zeit.

---

[218] s. Herget 2000.

Und er spürte, wie wichtig es war, daß jemand für ihn Zeit hatte. Und jetzt dachte er auch an Gott und bat ihn um Kraft.
An dieser Stelle brach ich die Erzählung ab und fragte die Kinder, ob ihrer Meinung nach Gott ihm helfen soll.
Die Hände der Kinder gingen wiederum in die Höhe. Und die meisten von ihnen meinten: Nein, er müsse ihm auch nicht helfen. Jetzt sei er selber schuld. Jetzt geschehe es ihm recht. Das sei ihm eine Lehre, er müsse noch mehr bestraft werden. Ein Kind: ‚Man müßte ihn schlagen.' Und ein anderes: ‚Mal so richtig in den Keller sperren ...' An diesem Punkt unterbrach einer der anwesenden Lehrer die Kinder. Er schrie sie zornig an. Er sagte: ‚Vorher habt ihr doch alle gesagt, Gott sei gut, und jetzt ...' Er ließ die Hände sinken. Vermutlich war es der Lehrer der Klasse.
Abgesehen davon, daß viele Unterrichtende das religiöse Denken der Kinder nicht verstehen, abgesehen von der peinlichen Unbeherrschtheit angesichts des kindlichen Weltbildes und seiner religiösen Interpretation von kommunikativer Wirklichkeit, macht uns diese Szene auf ein weiteres Phänomen aufmerksam: auf den Unterschied zwischen Wissensstrukturen (epistemischen Strukturen) und Tiefenstrukturen der Wirklichkeitsbewältigung.
In der beschriebenen Szene geben die Kinder zuerst gespeichertes Wissen wieder, Wissen, das sie auf dem Wege der Imitation oder durch den Aufbau von Begriffen ‚kindlich' erworben bzw. gespeichert haben. Später aber, nach der Erzählung vom Mann, der nie Zeit hatte, verwenden die Kinder Tiefenstrukturen der Wirklichkeitsdeutung im Sinne echter Assimilation und Akkommodation.
Der Unterschied zwischen beiden Arten ist aufregend. Denn eine Person kann sehr viel religiöses Wissen, theologisches Wissen haben. Gleichwohl kann sie eine kritische Situation ihres Lebens mit diesem Wissen möglicherweise nicht bewältigen. Sie findet keine semantische Anwendung dieses Wissens auf eine konkrete Realität. Umgekehrt aber läßt sich sagen, daß das religiöse Urteil aus jenen Interpretationsleistungen besteht, die eine Person tatsächlich zur Anwendung bringt, wenn sie ihre eigene Wirklichkeit religiös hinterfragt ... ."[219]

Religiöses Lernen, das nicht nur an Wissen interessiert ist, sondern an lebenspraktischen Kompetenzen im Umgang etwa mit Dilemmasituationen, zielt auf

---

[219] Oser & Gmünder 1996, 42f.

Tiefen- bzw. Mutterstrukturen. Unterrichtende orientieren sich sinnvollerweise an der sogenannten *+1-Konvention*. Ihr zufolge empfiehlt sich ein Argumentationsstil der Lehrenden, der sich etwa eine Stufe über den Denkstrukturen der Lernenden bewegt und diese so zu Weiterentwicklungen anregt – maximal, denn manches Plädoyer entspricht eher einer *+1/3-Konvention*, deren Umsetzbarkeit in dieser Präzision aber schwer zu bewerkstelligen sein dürfte. In solchen Konventionen[220] liegt gewiß eine notwendige Bedingung für gelingenden Religionsunterricht, aber sie sind kaum hinreichend. Denn der Entwicklungsbezug des Unterrichts darf nicht auf kognitive Strukturen beschränkt bleiben, er bedarf einer Erweiterung auf psychosoziale und insbesondere emotionale Zusammenhänge hin.

3.1.3. ... im Horizont mystagogischer Konzepte

Mystagogisches Lernen kann sich nicht darauf beschränken und zielt nicht in erster Linie darauf ab, die Gottesfrage zu erörtern. Mystagogisches Lernen geschieht vielmehr auf Wegen, die Schülerinnen und Schülern Räume und Zeiten eröffnen, mit der Wirklichkeit Gottes in Berührung zu kommen und Erfahrungen zu sammeln.
Ein Religionsunterricht, der solche Wege bahnen und beschreiten möchte, lebt aus einer *Kultur des Fragens*, die nicht bloß auf richtige Antworten aus ist, sondern Fragen, die uns unbedingt angehen, aufnimmt, so daß Schülerinnen und Schüler sich auf je eigene Weise damit auseinandersetzen können – im Vertrauen darauf, daß die Geschichte ihrer Selbsterfahrung die Geschichte ihrer Gotteserfahrung ist.
Meditation und *Kontemplation*[221] – also Übungen der Achtsamkeit zugunsten eines Gegenübers ebenso wie ungegenständliche Übungen der Achtsamkeit – sorgen für eine Unterbrechung des Üblichen, auch des Schulalltags, und schaffen einen möglichen Rahmen für mystagogisches Lernen. Dabei geht es zunächst um das *Wahrnehmen von Erfahrungen*, also darum, aufmerksam zu werden für die provokative Kraft von Gotteserfahrung. Sodann erlaubt die Auslegung, die *An-*

---

[220] s. Schweitzer, Nipkow, Faust-Siehl & Krupka 1995, 194 – 211.
[221] s. Biesinger & Kießling 2002, 81 – 92.

deutung einer Deutung dieser Erfahrungen eine Bewegung, in der die eigene Erfahrung mit dem Erfahrungsschatz jüdisch-christlicher Traditionen in Dialog treten kann. Schließlich kommt es darauf an, *den* wahrgenommenen und gedeuteten *Erfahrungen Gestalt* zu *verleihen,* sie also ins Wort zu setzen, in ein Bild einzuzeichnen, in ein Symbol zu heben, ins Handeln zu transformieren. Solche religiöse Prozeßgestalt vermag aber wohl nur zu entstehen, wenn ihr Werden nicht dem Diktat eines Lerntaktes von 45-Minuten-Einheiten unterliegt. Ähnliches gilt für das diakonische Lernen.

3.1.4. ... im Horizont diakonischer Konzepte

Während sich im evangelischen Religionsunterricht an manchen Gymnasien ein *Grundkurs Diakonie* etabliert, der sich etwa den Themen „Kinder", „Menschen im Alter", „Behinderte und nichtbehinderte Menschen" widmet und in ein Praktikum mündet[222], schlägt im katholischen Religionsunterricht ein Projekt Wellen, das unter dem Namen *Compassion* bekannt wurde[223]. Dieses Projekt wurde von den Freien Katholischen Schulen der Erzdiözese Freiburg i.Br. entwickelt und an verschiedenen Schultypen in Baden-Württemberg erprobt. Gymnasiastinnen und Gymnasiasten verbringen in der elften Klasse, Schülerinnen und Schüler in Haupt-, Real- und Förderschulen in der neunten Klasse zwei Wochen des Schuljahres in sozialen Einrichtungen, in Altersheimen, Krankenhäusern, Kindergärten, Sozialstationen, Einrichtungen für Flüchtlingshilfe, Behinderteneinrichtungen und Bahnhofsmissionen. Sie nehmen dort am alltäglichen Dienst teil. Im Unterricht bereiten sie ihr Praktikum vor und nach. Die Lehrerinnen und Lehrer besuchen und begleiten ihre Schülerinnen und Schüler an ihren Praktikumsplätzen.

Das von Lothar Kuld im Forschungsprojekt „Compassion" vorgestellte Lernkonzept von Freien Katholischen Schulen zeigt, daß für religiöses Lernen im schulischen Kontext die Öffnung auf soziale Lebenswelten hin eine wichtige Bildungsmöglichkeit schafft. In den genannten Sozialpraktika lassen sich Erfahrungen sammeln, die eine einzelne Schulstunde niemals bieten kann. Müßten folg-

---

[222] Publikationen einer Arbeitsgruppe um Heinz Schmidt und Jörg Thierfelder an der Universität Heidelberg sind in Vorbereitung.
[223] s. Kuld & Gönnheimer 2000.

lich diakonisches, ethisches und interkulturelles Lernen nicht anders konzipiert werden als im 45-Minuten-Takt? Dazu führe ich zwei Schülerkommentare an. Sie sprechen für sich.

„Ich bin froh, daß ich dort war. Ich habe gelernt, mit Behinderten umzugehen, kein Mitleid mit ihnen zu haben. Sie sind glücklich mit ihrem Leben und brauchen das Mitleid nicht. Sie brauchen Hilfe und Unterstützung, ein offenes Ohr, Verständnis, aber kein Mitleid."

„Das Zusammensein mit schwerbehinderten Kindern war zufriedenstellender als alles, was mit Schule zusammenhängt. Ich war glücklich und etwas stolz, wenn ich es schaffte, die Kinder zum Lachen zu bringen. Das Sozialpraktikum hat mir die Augen für das Leben anderer geöffnet. Es hat mir gezeigt, wie sehr kranke Menschen auf unsere Hilfe angewiesen sind und – was ich nicht gewußt hatte – wir auf sie. Im Sozialpraktikum habe ich auch eine Ahnung davon bekommen, worin das tiefste Glück für Menschen besteht."

Damit beschließe ich die Ausführungen zum Lernort Schule.

3.2. Religiöse Praxisgestalten am Lernort Gemeinde

Am Lernort Gemeinde tut sich eine Vielfalt möglicher religiöser Praxisgestalten auf. Unter ihnen wähle ich aus, und zwar die Einladung zu mystagogischer Taufkatechese, um an die schon genannten mystagogischen Katechesen anzuschließen. Zugleich läßt sich diese Gestalt religiösen Lernens nicht nur in der Gemeinde verorten, sondern ebenso in der Familie und, wie sich zeigen wird, in der sogenannten Elternschule.

3.2.1. Lebenswende Geburt

Eine Geburt ist eine Lebenswende – zunächst für den Säugling selbst:

*Nun bist Du schon vier Tage auf dieser Welt.
Du hast abgenommen,
wiegst jetzt etwas weniger als fünf Pfund und bist sehr müde.
Ich finde, Du machst ja auch rasante Veränderungen durch:
aus dem Dunklen ins Helle,
aus dem Wasser an die Luft,
aus der Enge in die Weite,
ganz abgesehen von der Ernährungsumstellung.*

Eine Geburt ist eine Lebenswende auch für die Eltern. Sie vollzieht sich meist unter großen Schmerzen der Mutter und dem Bangen des Vaters, den das Gefühl umtreibt, gar nicht viel ausrichten zu können. Und doch erfahren die Eltern das Zur-Welt-Kommen des Kindes als ein unfaßbares Geschenk. Sie bekommen ein Kind, das doch fortwährend kundtut, daß es ein ganz eigener Mensch ist, und so zeigt, daß es seinen Eltern nicht gehört.

Nach der Geburt macht das freudige Ereignis nicht selten einem Schockerlebnis Platz: Vor allem das erste, aber auch die anderen Kinder machen vielen Eltern zu schaffen und lösen bei ihnen uneingestandene, gesellschaftlich tabuisierte Wut- und Haßgefühle aus. Am liebsten würden sie, wenn sie einer unbewußten Schattenseite nachgäben, diesen kleinen konfliktschaffenden Eindringling in die leidlich strukturierte Zweierbeziehung „ersäufen" und die Geburt ungeschehen machen. Dahinein ragen unvergeßliche Augenblicke des Glücks und der Freude. Das Kind beginnt in den Eltern hervorzulocken, was in ihnen an ungelebten Möglichkeiten des Staunens, des Fühlens, der Zärtlichkeit und Kindlichkeit schlummert.

Die Zwiespältigkeit dieses Ereignisses kann an Schärfe noch zunehmen, wenn die Schwangerschaft unerwünscht war, die Mutter alleinerziehend ist, das Kind krank oder gar dauerhaft geschädigt ist. Manche Eltern kämpfen in der Zeit um die Lebenswende Geburt oft mit weiterem Gegenwind: mit wirtschaftlichem, politischem, gesellschaftlichem Gegenwind, mit Benachteiligungen bei der Wohnungssuche, auch mit ganz alltäglichen Problemen, etwa beim Einsteigen mit dem Kinderwagen in eine Straßenbahn ohne Niederflurabteil, wenn die tatkräftige Unterstützung der Umstehenden ausbleibt. Und überhaupt: Bin ich eine gute Mutter? Bin ich ein guter Vater? Werde ich meinem Kind gerecht? Kann ich ihm geben, was es braucht?

Zu drängenden Fragen gesellen sich bedrängende Angebote: Ratschläge von allen Seiten; ein Briefkasten voller Werbung, die ausgeruhte Eltern mit ihrem immer hübsch gekleideten kleinen Sonnenschein zeigt (solche Sendungen vermögen den Leistungsdruck von Eltern, die ohnehin schon an ihrem Genügen zweifeln, noch weiter zu steigern); massenweise Hinweise auf kostengünstig ausleihbare Milchpumpen, das erste Fläschchen, die saugfähigsten Windeln und Schnuller, die ausschließlich aus medizinisch unbedenklichen Materialien gefertigt sind; Prospekte, die „alles Gute für Ihr Baby" anbieten; Pröbchen mit einem Entspannungsbad für die Mutter, die nicht weiß, wann sie es nehmen soll; Vorschläge zum Bau eines Eigenheims oder wenigstens zum Kauf eines Kleinwagens für die junge Familie; und am Telefon melden sich Versicherungsvertreter, die nur das Beste für einen (oder von einem) wollen.

Lebenswende Geburt – an wen können Eltern sich wenden mit all ihren Fragen? Wem, welcher Macht trauen sie Schutz vor Gefährdungen ihres Kindes und ihrer selbst zu? Welche Rolle spielen Taufe und Taufkatechese hierbei?

3.2.2. Mystagogische Taufkatechese

Katechese meint eine Befähigung zur Lebensgestaltung aus dem Glauben. Ziel katechetischen Wirkens ist es, Menschen darin zu unterstützen, daß ihr Leben gelingen möge, indem sie auf den Zuspruch und den Anspruch Gottes eingehen. Als Trägerin der Katechese fungiert die Gemeinde – angeregt durch den Impuls des Zweiten Vatikanischen Konzils, daß alle Getauften und Gefirmten am kirchlichen Verkündigungsauftrag teilhaben[224]. Dabei geht es nicht um „Glaubenswei-

---

[224] s. AA 3 (= Rahner & Vorgrimler 1985, 391f).

tergabe" im wörtlichen Sinn, einem Paket gleich, das alles Lebensnotwendige enthält und nur weitergegeben zu werden braucht, sondern um eine katechetische Begleitung, die hilft, daß die Suchenden sich berühren lassen können von dem, der sie unbedingt angeht. Die Suchenden kommen so auf einen Weg mystagogischen Lernens.

Als Zielgruppe der Taufkatechese spielen die Eltern eine herausragende Rolle. Und um die Taufkatechese soll es im folgenden gehen.

Die ersten Gemeinden tauften in der Überzeugung, daß die Taufe Jesu durch Johannes in ihrem Erfahrungsgehalt verlängert werden dürfte in ihre eigene Situation hinein. „Du bist mein geliebter Sohn, an dir habe ich mein Wohlgefallen gefunden" (Mk 1, 11 par Lk 3, 22 par Mt 3, 17). Jesus ging bei seiner Taufe der Himmel auf, und die Stimme, die diese Erfahrung der Sohnschaft Gottes ins Wort bringt, sollte auch vernehmbar, spürbar sein bei den Taufen in den ersten Gemeinden. Die Neugetauften durften sich als geliebte Söhne, als geliebte Töchter verstehen und ihre Gotteskindschaft im Vollzug der Taufe verlautbaren.

Spätere Akzentuierungen trauen der Taufe eine dreifache Wirkung zu: Sie läßt ihre Empfängerinnen und Empfänger zu Gliedern Christi werden, sie fügt sie in den Leib der Kirche ein, und sie schenkt Vergebung – von Erbschuld ebenso wie von persönlicher Schuld.

„Von Geburt an bin ich geworfen auf dich, vom Mutterleib an bist du mein Gott." (Ps 22, 11) Wenn Gott uns Menschen immer schon nahe ist, so geht es in der Taufvorbereitung darum, eine Bewegung mystagogischen Lernens in Gang zu setzen, die nach Spuren des Glaubens (und nicht des Unglaubens) im Leben der Eltern sucht, die ihr Neugeborenes taufen lassen möchten.

„Ich habe dich bei deinem Namen gerufen" (Jes 43, 1) – bei Gott hat jeder Mensch einen Namen, bevor er selbst sich einen Namen „macht"; auch dann, wenn er für viele Mitmenschen ein „nobody" bleibt. Die Erfahrung, daß ich mir selbst nicht genüge, daß ich von Geburt an auf Gott verwiesen bin, ist es wert, in der Taufvorbereitung ans Licht der Welt gebracht zu werden. Die Gotteskindschaft zu verlautbaren und zu übernehmen – für die eigene Person sowie für die Kinder und ihre Erziehung –, ist der Sinn der Taufe.

Bei der mystagogischen Erschließung der Taufe von der Gotteskindschaft her kann uns aufgehen, was uns unbedingt angeht. Das Kreuzzeichen auf die Stirn des Täuflings löst bei Eltern oft ambivalente Gefühle aus; in der Antike machte das Sklavenmal der Sklaven deutlich, wem ein Sklave gehörte. Doch das Kreuzzeichen heißt nicht, das Kind gehe in den Besitz der Kirche, der Gemeinde, der Gesellschaft oder seiner Eltern über. Vielmehr heißt es:

> *Du gehörst niemandem!*
> *Du bist irdischen Mächten entrissen!*
> *Du gehörst Gott!*
> *Du bist – bei aller Bedrohtheit Deines Lebens – berufen*
> *in die Freiheit, in die Gott Dich freigesetzt hat!*
> *Du bist frei!*

3.2.3. Elternschule

Das Einschlagen eines Weges, der versucht, den Erfahrungsschatz religiöser Lerngeschichten zu heben, den Eltern und ihr geliebtes Kind mitbringen, verlangt einen behutsamen katechetischen Prozeß. Für einen solchen Weg bietet sich eine Folge von Gesprächen mit den Taufeltern an. Eltern, die selbst schon ihre Kinder haben taufen lassen, können möglicherweise für die Gestaltung gemeindlicher Taufkatechese im Sinne einer Elternschule gewonnen werden. Diese Elternschule dient der Begleitung von Eltern durch Eltern.

Taufgespräche in Elterngruppen orientieren sich an der Lebenswende Geburt. Eltern entdecken, daß ihr Alltag und die Erfahrungen, die sie mit ihrem Kind sammeln, in ihre Geschichte mit Gott hineingehören. Sie gestalten die Tauffeier konzelebrierend mit. Schließlich vermögen die Symbole der Taufe die Ambivalenz aufzugreifen, die die Eltern während der Lebenswende Geburt emotional erleben: Die Eltern „ersäufen" nun tatsächlich ihr Kind symbolisch im Wasser. Gleichzeitig handelt es sich um einen zärtlich-pflegenden Badevorgang, bei dem sie dem Kind ihre Zuneigung zeigen. Wenn sie ihr Kind waschen, dann geschieht Reinigung von Trübsal und Schlamm, die die Seele ersticken, von allen Makeln, mit denen sie, die Eltern, es im geheimen versehen haben („Eindringling", „Störenfried"), Schuld wird bearbeitet. Indem sie das Kind dem Wasser übergeben, bringen sie zum Ausdruck, das Kind nicht als Eigentum zu betrachten und seinen eigenen Weg gehen zu lassen. Und bei all dem wiederholen sie die Geburt, sie erhalten ihr Kind als Geschenk aus dem Wasser zurück. Im Untergehen und Auftauchen spielen die Ängste und Hoffnungen auf, die die Eltern bewegen; darin kündigt sich zugleich eine Deutung auf Tod und Auferstehung Jesu Christi an.

Du bist meine geliebte Tochter! Du bist mein geliebter Sohn!

Diese Worte benennen den Zuspruch, der jedes elterliche Sprechen und Handeln begleiten soll. Und Eltern finden in der Taufe Entlastung von ihrem Anspruch, für ihr Kind alles sein zu müssen, wenn sie erfahren, daß Gott mit ihrem Kind ist – auch im Glauben daran, daß Gott selbst als Kind zur Welt gekommen ist: Ich jedenfalls habe die erste Weihnacht als Vater ganz neu erlebt!

Mit diesem biblischen Zuspruch, der alle Menschen zu Töchtern und Söhnen Gottes macht, und dem Wunsch, daß meine Leserinnen und Leser diesen Zuspruch als Frauen und Männer leibhaftig spüren können – wenigstens dann und wann –, komme ich zum Abschluß meiner Ausführungen zum Lernort Gemeinde – in Gestalt einer Taufansprache, die vieles von dem, was zum Thema zu lesen war, zu bündeln versucht.

3.2.4. Taufansprache zu Psalm 91, 11 – 12

Lesung eines Textes von Hildegard von Bingen[225]

> *O edelstes Grün,*
> > *du wurzelst in der Sonne,*
> > *strahlst auf in leuchtender Helle*
> *in einem Kreislauf,*
> > *den der Sinne Vermögen nimmer begreift!*
> *Du bist umfangen*
> > *in liebender Umarmung*
> > *von den Geheimnissen Gottes –:*
> *Du schimmerst auf wie Morgenrot,*
> > *du glühst*
> > *wie der Sonne Flammen!*
> *Du bist umfangen*
> > *in liebender Umarmung*
> > *von den Geheimnissen Gottes.*

Lesung des Taufspruchs aus Psalm 91, 11 – 12

> *Gott hat seine Engel damit betraut,*
> *daß sie Dich behüten auf allen Deinen Wegen,*
> *daß sie Dich auf ihren Händen tragen*
> *und Du Deinen Fuß nicht an einen Stein stoßest.*

Ansprache

Es ist Abend, Ruben liegt in seinem Bettchen, ich sitze davor. „Ihr sollt wieder nach mir schaun", darum bittet er für die Zeit der Dunkelheit, und er fragt sich und mich, wer ihn beschützt: „Die Mami, der Pabi, meine Tiere" – Ruben hält

---

[225] Der Text ist entnommen der Sammlung von Diers 2002, 125f.

inne und stellt mit einer Handbewegung die vor ihm sitzende Riege von Löwen, Tigern und Bären vor. Dann fügt er hinzu: „Und wer beschützt mich noch? Die Engel! Und die kommen vom Gott!"

Rubens Worte führen zum Taufspruch für unseren Zweitgeborenen, der schon als kräftiges Bübchen zur Welt kam, als „richtig fertiges Menschlein", wie seine Mami sagt, oder als „Wasserrakete", wie seine verblüffte Hebamme meinte.

Gott hat seine Engel damit betraut, daß sie Dich behüten auf allen Deinen Wegen, daß sie Dich auf ihren Händen tragen und Du Deinen Fuß nicht an einen Stein stoßest.

Liebe Freundinnen und Freunde unseres kleinen Simon! Wozu Schutzengel gesandt sind, liegt auf der Hand – aber wozu dann noch eine Taufe? Und wozu sollen wir dann als Eltern, Großeltern, Paten, Freundinnen und Freunde von Simon gut sein? Engel sind Verweise darauf, daß zwischen Himmel und Erde noch mehr und anderes lebt als Menschen, Tiere und Pflanzen. Die Schöpfung ist in ihrer grünenden Kraft umfangen von den Geheimnissen Gottes; Hildegard von Bingen berührt damit die Erfahrung, daß ich mir selbst nicht genüge, die Erfahrung, daß ich von Geburt an geworfen und verwiesen bin auf ein Geheimnis, das Gott heißt. Diese Erfahrung macht uns Eltern unsere Grenzen deutlich, wenn es etwa um Antworten auf Kinderfragen geht. Denn als ein Gegenüber, das mit Kinderfragen konfrontiert ist, bleiben wir immer Antworten schuldig. Diese Erfahrung erlaubt uns aber auch, auf die Seite unserer Kinder zu wechseln und sie so in ihrem Fragen und Suchen zu begleiten. Unsere Antworten brauchen dann nicht fertig zu sein; vielmehr kommt es darauf an, offene Fragen auszuhalten.

Wenn einer es heute schafft, mit diesem unbegreiflichen, schweigenden Gott zu leben;
wenn einer den Mut aufbringt, diesem Gott entgegenzuzweifeln, ihn anzusprechen und in seine Finsternis hineinzusprechen, obwohl scheinbar keine andere Antwort kommt als das hohle Echo der eigenen Stimme;

wenn einer versucht, dem Geheimnis seines Lebens auf die Spur zu kommen, einen Weg zu eigenem Grund zu bahnen, auch wenn dieser Weg immer wieder zugeschüttet wird von Vordergründigem;
wenn einer dies schafft aus freien Stücken, diese Aufgabe verantwortlich annimmt und nicht nur gelegentlich in religiöser Anwandlung,
dann, so glaube ich, ist dieser Mensch gut vorbereitet, gleich einer Hebamme den Fragen von Kindern ans Licht der Welt zu verhelfen und ihnen die Freude an eigenen Entdeckungen zu lassen; dann, so glaube ich, hat dieser Mensch die Gefahr gebannt, lebendige Kinderfragen mit vorgefertigten Antworten abzutöten.

Denn die Lehrsätze Erwachsener können nicht annähernd so radikal sein wie die Fragen von Kindern. Kinder, so kommt es mir vor, sind geborene Theisten, ohne daß sie sich auf Doktrinen verpflichten lassen. Kinder fragen nach dem Leben, sie fragen nach Gott, und sie verweigern sich mit gutem Recht denjenigen Antworten, von denen sie selbst ahnen, wie hilflos diese Antworten sind – hilflos gegenüber der Tiefe des Problems, das sie bewegt. „Wenn Ihr tot seid", fragte Ruben vor wenigen Tagen uns Eltern, „schau ich dann nach dem Simon?"

Ich glaube nicht an eine „Glaubensweitergabe" im wörtlichen Sinn, gleich einem Paket, das alles Lebensnotwendige gut verschnürt enthält und nur weitergegeben zu werden braucht; ich glaube vielmehr an eine Begleitung, die hilft, daß den Kleinen – und dabei oft auch den Großen – etwas aufgehen kann, was sie unbedingt angeht. Es kommt darauf an, Kinder als Kinder Gottes ernstzunehmen. Kinder Gottes sind sie von Anfang an – getreu der Erfahrung: „Von Geburt an bin ich geworfen auf Dich, vom Mutterleib an bist Du mein Gott." Kinder sind Kinder Gottes längst vor der Taufe. Wozu dann, so frage ich nochmals, die Taufe? Dieser Gotteskindschaft Ausdruck zu geben und sie anzunehmen – für die eigene Person sowie für die Kinder und ihre Erziehung –, das ist der Sinn der Taufe. Wozu sollen wir dann – ich nehme meine zweite Frage auf – als Eltern, Großeltern, Paten, Freundinnen und Freunde gut sein?

Unsere Aufgabe ist es dann, allmählich in die Geheimnisse Gottes hineinzuwachsen und die kleinen Kinder Gottes auf ihrem Weg zu begleiten, so daß sie in ihr Eigenes freigesetzt werden. Der Gotteskindschaft Ausdruck zu geben und sie anzunehmen, verstehe ich nicht als schwere Bürde im Sinne einer zusätzlichen

Erziehungsaufgabe; vielmehr können wir dabei Entlastung finden – von dem Anspruch, für Simon alles sein zu müssen, da er ja ein Kind Gottes ist – auch im Glauben daran, daß Gott selbst als Kind zur Welt gekommen ist. Ich jedenfalls habe die erste Weihnacht als Vater ganz neu erlebt – vor vier Jahren mit Ruben.

Und Ruben fragt immer wieder nach den Engeln:
„Wie kommen sie nachts überhaupt ins Haus?"
„Wo sind sie am Tag?"
„Nachts kann man die Engel nicht sehen, weil es dunkel ist und die Leute schlafen."
„Und die Engel – also am Tag können das ja die Leute sein", meint Ruben. Und dann liest sich der Taufspruch für Simon neu:

Gott hat seine Engel damit betraut, daß sie Dich behüten auf allen Deinen Wegen, daß sie Dich auf ihren Händen tragen und Du Deinen Fuß nicht an einen Stein stoßest.

Dann ist es an uns, Dich, lieber Simon, zu beschützen auf allen Deinen Wegen. Dann ist es an uns, dafür zu sorgen, daß Du Deinen Fuß nicht an einen Stein stoßest – ganz im Sinne eines altirischen Segenswunsches: „Mögen sich die Wege vor Deinen Füßen ebnen." Dann ist es an uns, Dich auf Händen zu tragen, und Du selbst machst uns von Anfang an deutlich, wie wichtig Dir die Erfahrung ist, getragen zu werden, am liebsten mit Blick über eine linke Erwachsenenschulter nach hinten, und zwar laufend – laufend im doppelten Sinne, ohne Dich abzusetzen, wozu Dein Gewicht ja Anlaß gäbe, und ohne stehenzubleiben. Denn zufriedene und entspannte Züge zeigt Dein profiliertes Gesichtchen nur, wenn jemand mit Dir läuft oder sonst etwas läuft, wenn Dein Bäuchlein eingeölt und massiert wird, wenn Du geföhnt wirst, wenn Du eine „Ansprache" hast, Dir also ungeteilte Aufmerksamkeit zukommt. Diese belohnst Du denn auch mit aus der Tiefe kommenden Juchzern. Wenn aber nichts läuft, so verschaffst Du Dir Gehör, und den Wunsch, gehört zu werden, drückt schon Dein Name aus: Simon heißt „Gott hat gehört".

Ruben heißt: „Seht, ein Sohn" – das ist unsere Erfahrung, als Du, Ruben, zu uns kamst. Und unsere große Freude an unserem Erstgeborenen hat einen Wunsch wachsen lassen, und Gott hat gehört: Simon. Daß Du, lieber Simon, gehört wirst, daran arbeitest Du ja schon lautstark. Daß andere bei Dir offene Ohren finden und Du Gehör findest auch bei Menschen, die Dir Engel sein können, das wünschen wir Dir: Denn Gott hat seine Engel damit betraut, daß sie Dich behüten auf allen Deinen Wegen, daß sie Dich auf ihren Händen tragen und Du Deinen Fuß bei Deinen ersten kleinen und allen weiteren Schritten nicht an einen Stein stoßest.

Der Wechsel zum Lernort Familie bahnte sich nun bereits an.

3.3. Religiöse Praxisgestalten am Lernort Familie

In der biographisch orientierten Einführung in das Thema dieses Buches habe ich mit Einträgen in Familientagebüchern vertraut gemacht, unter anderem mit dem Vermerk, daß ich täglich gebetet habe, meine von mir schmerzlich vermißte Großmutter möge im Himmel gut schlafen. Diese Episode dokumentiert ein persönliches Stück *Familienreligiosität*.

Heute bezeichnet Familienreligiosität neben dem angedeuteten Erfahrungsbereich zugleich einen Forschungsbereich. Dieser ist noch kaum beackert: Zwar haben psychologische und soziologische Disziplinen die Familienforschung weit vorangetrieben, insbesondere anhand systemtheoretischer Konzepte, und auch die Religiositätsforschung befindet sich im Aufwind; aber die Verknüpfung dieser beiden Forschungszweige zur Familienreligiosität fällt wissenschaftlich nahezu in Niemandsland. Dieser Befund gehört zu den Motiven, die an der Universität Tübingen ein in diesem Buch schon erwähntes interdisziplinäres Forschungsprojekt des Landes Baden-Württemberg in Gang setzten, an dem die religionspädagogischen Abteilungen der beiden Theologischen Fakultäten, die Abteilung „Psychiatrie und Psychotherapie im Jugendalter" des Klinikums sowie das Institut für Kriminologie der Juristischen Fakultät beteiligt sind. Gemeinsam gehen Vertreterinnen und Vertreter dieser Disziplinen im Rahmen einer Pilotstudie der Frage nach, welche Wirkzusammenhänge sich erschließen lassen zwischen der (religiösen) Erziehung in der Kindheit einerseits und dem heutigen Selbstverständnis Jugendlicher im Alter von 16 – 18 Jahren andererseits.

Zum religiösen Lernen in der Familie gehört das *häusliche Beten*. Sollen Eltern ihr Kind, ihre Kinder gleichsam ins Gebet nehmen? Welche Möglichkeiten stehen ihnen offen, ihre Kinder zum Beten zu reizen? Welche religiösen Praxisgestalten zeichnen sich ab? Welche Rolle das häusliche Beten in den Augen der von mir befragten Jugendlichen spielt, zeige ich nachfolgend exemplarisch – mit dem Ziel, daraus einige praktische Schlüsse zu ziehen.

Eine ausführliche Dokumentation dieser Pilotstudie – über die Frage nach dem häuslichen Beten hinaus – findet sich im Anschluß an die Präsentation religiöser Praxisgestalten an den Lernorten Schule, Gemeinde und Familie am Ende dieses Buches. Damit meine Leserinnen und Leser die knappen Ausführungen zum religiösen Lernen in der Familie und die umfangreiche Dokumentation meiner empirischen Untersuchung unabhängig voneinander verstehen, habe ich kleine Doppelungen in den Abschnitten 3.3 und 3.4 in Kauf genommen.

3.3.1. „Superfromm": zum Beispiel Julia

„Jemand, der regelmäßig betet", antwortet Julia, das älteste von acht Kindern, als ich sie danach frage, was einen religiösen Menschen ausmacht, und sie ergänzt: „Also ein Gespräch mit Gott, das ist für mich Gebet – einer, der das selber formuliert, das ist für mich jemand, der religiös ist." Ihre Mutter hat bei ihr und mit ihr gebetet „von Anfang an. Das war wichtig für mich, das war abends immer so der Punkt, wo die Mama eben ans Bett kam, wo man meist über alle möglichen Dinge gesprochen hat. Tagsüber hat sie für den einzelnen nicht so viel persönliche Zeit gehabt, klar, und das ist halt abends perfekt gewesen, da kam sie zu jedem extra ans Bett." Für Julia bedeutete das häusliche Beten besondere Zuwendung, ungeteilte dichte Gemeinschaft. „Manchmal hat das auch der Papa übernommen."

Zur Zeit ihrer Erstkommunion betete Julia selbständig; rückblickend nennt sie sich darum „superfromm". Und heute? „Zum Religiössein gehört Gebet, und zum Christsein gehört irgendwie noch mehr dazu": sie nennt die Auseinandersetzung mit ihrem Glauben, ihr offensives Streiten dafür, ihr soziales und politisches Engagement.

Zuwendung und Liebe bleiben hier keine Worthülsen, sie werden spürbar, hautnah, und diese Erfahrungen bilden einen beziehungsreichen und fruchtbaren

Boden. Worte brauchen solchen guten „Grund", der ihnen Deutung und Bedeutung gibt. Sonst versickern sie – und versinken in Grund und Boden. Nicht wortreiche religiöse „correctness" zählt, sondern beziehungsreiche menschliche „realness", also Authentizität: Eltern erzählen ihren Kindern nur, was sie sich auch selber abnehmen würden. So kann Elternbeziehung zur Gottesbeziehung reizen, zur Entwicklung einer eigenen Gebetspraxis bewegen.

3.3.2. „Hoffnungsvoll": zum Beispiel Fritz

Fritz ist der ältere von zwei Brüdern. Als er im Alter von sieben Jahren „schlagartig" seinen Vater verlor, wurde ihm seine Großmutter zur ersten Ansprechpartnerin: „Ich hab' das immer verdrängt mit meinem Tod, äh, mit dem Tod von meinem Vater ... . Das Beten mache ich schon, seit mein Vater gestorben ist. Das Tischgebet bei uns daheim macht meine Mutter ganz normal, also ‚wir preisen Dich' und so, und das ist Standard. Aber bei meiner Oma ist das so, da werden auch Themen aus dem Aktuellen mitgenommen, zum Beispiel Hungersnöte in der Welt oder ein Schiffsunglück. Solche Themen erwähnt sie dann beim Beten, und das finde ich auch gut, weil dann hat man auch irgendwie einen reellen Bezug zu diesen Sachen."
Und heute? „Ich bete selber. Ich mach' immer eigene Worte. Regelmäßig. Also nicht im Akkord, sondern halt, wenn's mir 'mal schlecht geht. Durchs Beten krieg' ich Hoffnung ... . David gegen Goliath, das find' ich das Tollste."
In der Kindheit erlittene Schicksalsschläge provozierten bei Fritz keine Distanzierung von religiösen Fragen, sondern deren spezifische Prägung und Gewichtung. Der frühe und erst viele Jahre später schmerzvoll wahrgenommene Tod des Vaters führt zur Auseinandersetzung mit Fragen nach einem Leben nach dem Tod – Tod und Auferstehung sind für Fritz „ein hartes Thema" – und nach den Konsequenzen, die sich daraus für ein Leben vor dem Tod ergeben. Dabei wird die Großmutter zur Garantin des Zusammenhangs von Glaubens- und Alltagsvollzügen: sie versteht ihre Gebete frei zu formulieren und auf diese Weise zu kontextualisieren. Solche Gebete sprechen Fritz an; er fühlt sich angesprochen und spürt ein „Du", das ihm „hoffnungsvoll" zuspricht.

3.3.3. „Auf der Suche alleingelassen": zum Beispiel Franziska

Franziska ist das mittlere von drei Geschwistern. Häusliches Beten war ihr wenig vertraut, allenfalls durch ihre beiden Großmütter – „Mein Vater glaubt nicht so." – und später durch den Religionsunterricht: „In der Schule haben wir dann die Gebete gelernt, dann habe ich die meiner Mutter vorgesprochen und so. Und die hat gesagt: ‚Jetzt betest Du halt heute abend das Gebet.'" Franziska fühlte sich „auf der Suche alleingelassen"; Wirkzusammenhänge zwischen Erziehung damals und Selbstverständnis heute zeichnen sich dennoch ab: Gemäß dem Auftrag ihrer Mutter, sich zum Beten zurückzuziehen, hat sie sich „das Beten selber aufgebaut" – als „etwas ganz Privates". Und heute? „Zwar habe ich Zweifel, wenn ich bete. Ich weiß ja gar nicht, ob mich jemand hört, aber trotzdem bete ich. Ich mache das immer abends, wenn ich im Bett liege, und alles ist dunkel. Mein Problem lösen muß ich allein, aber vielleicht gibt es mir ein bißchen Mut." Das Gebet – ein anthropologischer Ort Gottes – wird ihr zum emotionalen Schutzraum, zum Ort ihrer Sehnsüchte und Ängste. Die Zahl der Jugendlichen, die beten, ist größer als die Zahl derer, die eigenen Angaben zufolge an Gott glauben[226] – mit ihrer Wendung „trotzdem bete ich" steht Franziska nicht allein. Wie will sie eigene Kinder erziehen, wenn sie einmal Mutter wird? „Wenn sie klein sind, meine Kinder, würde ich ein bißchen beten abends, nur daß der Tag schön war und daß wir froh sind, daß der Tag schön war, und dem Kind das schon auf den Weg geben, daß es nicht in die Schule kommt und da plötzlich denkt: ‚Oh Gott, Religion! Oh Gott, was ist das?'"

3.3.4. Julia, Fritz, Franziska – was nun?

Diese drei Beispiele sind gewiß nicht repräsentativ, aber zumindest charakteristisch in mehreren Hinsichten:

- Beten nicht nur für die Kinder, sondern mit den Kindern macht den Vollzug beziehungs- und segensreich: In der Beziehung zu Mutter und Vater, die dem Kind zunächst alles sind, geht ihm eine neue Beziehung auf, die es in wach-

---

[226] s. Harz 1997.

sendem Maße mitgestalten kann. Dieser Vollzug reizt zu eigener Initiative, anstatt religiös zu entmündigen, etwa so: „Halt's Maul, jetzt kommt der Segen!"

- Wenn das Abendgebet – zugleich eine Chance für den berufstätigen Elternteil – mit einer „Tages(rück)schau" verwoben ist, spricht es die in das Gebet Eingebundenen so an, daß sie entbunden werden können in ein Leben mit dem beziehungsreichen, ansprechenden und ansprechbaren Gott.

- Großeltern, vor allem Großmüttern, kommt in der (Gebets-) Erfahrung und in der (religiösen) Entwicklung Jugendlicher ein ganz eigenes, bisher wenig beachtetes Gewicht zu.

- Kommunikationserfahrungen wie das Beten mit Kindern bieten große Chancen dafür, daß Menschen nicht der Hybris des Gotteskomplexes verfallen, und bewahrt sie davor, daß sie ein Leben lang in sich selbst verliebt bleiben. Jedoch ist die Gottesbeziehung ein „unverdientes" Geschenk; sie ist der (An-) Erziehbarkeit entzogen und nicht auf Gedeih und Verderb ausschließlich an die frühen Beziehungen gebunden. Eltern brauchen ihr Kind also nicht „ins Gebet zu nehmen", nichts zu erzwingen.

Die lateinische *familia* umfaßt die Menschen, die einem Haus zugehören. Dennoch will ich mit Familienreligiosität nicht das Bild eines vertrauensvollen Klimas zuhause gegen dasjenige vom feindlichen Leben draußen ausspielen oder die „warme" Familie gegen eine „kalte" Kirche halten. Erschreckend oft sind familiäre Binnenbeziehungen einer vermeintlich guten Kinderstube unheilvoller als die Beziehungen, die dem häuslichen Bannkreis entzogen sind. So oder so bleibt Familienreligiosität, wenn sie nicht zu einer Kuschelecke verkommen will, auf öffentliche Räume angewiesen, auch auf Kirchenräume. In diesem Sinne beschließe ich die Ausführungen zum Lernort Familie, wie ich begonnen habe: mit einer eigenen Erfahrung, die ich als Vater unseres damals zwei Monate alten Sohnes aufgeschrieben habe und die den aufmerksamen Leserinnen und Lesern schon bekannt ist:
„Schmerzlich mitanzusehen sind Deine Koliken, die Dich den ganzen Tag über schwer plagen. Damit eine weihnachtliche Atmosphäre uns doch noch erreicht,

unternehmen wir den ersten gemeinsamen Kirchgang. Im Tragerucksack kommst Du zur Ruhe, die festliche Musik scheint Dir wohlzutun, so daß Du während der beiden Stunden Christmette ganz zufrieden aussiehst. Ich bin sehr überrascht und erfreut über diese Wendung, und eine freundliche Frau in der Kirchenbank vor uns meint, Du seiest eine ‚richtige Kirchenmaus'. Als junger Vater lerne ich, daß Gottesdienstbesuche in einem Alter von acht Wochen nicht nur keine Überforderung, sondern geradezu heilsam sind."

3.4. Dokumentation einer multidisziplinären Pilotstudie zu Wirkzusammenhängen religiöser Familienerziehung[227]

3.4.1. Familienreligiosität – Fehlanzeige?

Familienreligiosität – Fehlanzeige? Diese Diagnose drängt sich auf – nicht weil es an Hochschätzung religiöser Erziehung in der Familie durch Kirche, Gesellschaft und Politik fehlte, sondern aufgrund eines Mangels an empirischen Studien, welche Aufschluß über Wirkzusammenhänge religiöser Familienerziehung geben könnten. Dieser Erfahrungsbereich ist wissenschaftlich wenig erschlossen[228]: Zwar haben psychologische und soziologische Disziplinen die Familienforschung weit vorangetrieben, insbesondere anhand systemtheoretischer Konzepte[229], und auch die Religiositätsforschung befindet sich im Aufwind[230]; aber die Verknüpfung dieser beiden Forschungszweige zur Familienreligiosität fällt wissenschaftlich nahezu in Niemandsland.

Eine solche Forschungslücke steht in starker Spannung zu der Erfahrung von Vertreterinnen und Vertretern der Jugendpsychiatrie und der Jugendpsychotherapie, daß Religiosität in der Entwicklung Jugendlicher eine wichtige Rolle spielt, sowohl als Chance als auch als Risiko, letzteres insbesondere in rigori-

---

[227] Mein herzlicher Dank gilt meinen Mitarbeiterinnen und Mitarbeitern im Projekt „Religiosität und Familie": Dipl. Päd. Silvia Bischoff, Dipl. Theol. Silke Tress, Dipl. Theol. Jochen Sautermeister, Miriam Dierenbach, Kathrin Uhl, Stefan Fischer und Christian Kascholke.
[228] Eine Ausnahme bildet Schwab 1995; s. auch Klaghofer & Oser 1987, 190 – 206; Grom 1996, 601 – 610; Klein 1999, 25 – 40.
[229] s. Kießling 1998.
[230] s. Utsch 1998; Henning & Nestler 1998.

stisch orientierten Gruppierungen[231]; zu der Erfahrung von Vertreterinnen und Vertretern der Jugendkriminologie und der Jugendsoziologie, daß religiöse Erziehung soziale Einstellungen fördern kann, während bei straffällig gewordenen jungen Menschen eine religiöse Erziehung häufig ausgeblieben ist[232]; zu der Erfahrung von evangelischen und katholischen Religionspädagoginnen und Religionspädagogen, daß Religiosität in der Familie ein Thema ist, das Eltern und Heranwachsende durchaus umtreibt, jedoch mit einer Hilflosigkeit einhergeht, die sich ganz offensichtlich in der Forschungslandschaft spiegelt[233]. Aus diesen jugendpsychiatrischen, jugendkriminologischen und religionspädagogischen Erfahrungen resultiert ein diese Fächer umgreifender Bedarf an Auseinandersetzung mit dem Thema „Religiosität und Familie". Die soeben skizzierten Erfahrungen lassen die zuvor diagnostizierte Fehlanzeige in der Forschungslandschaft um so drastischer erscheinen.

Dieser Befund gehört zu den Motiven, die an der Universität Tübingen ein multidisziplinäres Forschungsprojekt des Landes Baden-Württemberg mit einer Laufzeit von zwei Jahren in Gang setzten, an dem die religionspädagogischen Abteilungen der beiden Theologischen Fakultäten (unter der Leitung von Prof. Dr. Friedrich Schweitzer und Prof. Dr. Albert Biesinger), die Abteilung „Psychiatrie und Psychotherapie im Jugendalter" des Klinikums (mit ihrem Ärztlichen Direktor Prof. Dr. Gunther Klosinski) sowie das Institut für Kriminologie der Juristischen Fakultät (unter der Leitung von Prof. Dr. Hans-Jürgen Kerner) beteiligt waren.

3.4.2. Multidisziplinäre Pilotstudie zur Familienreligiosität

Der Untertitel dieser Dokumentation verweist auf eine multidisziplinäre Pilotstudie zu Wirkzusammenhängen religiöser Familienerziehung. Deren *multidisziplinäre* Anlage ergab sich aus der Notwendigkeit der Zusammenarbeit der obengenannten Disziplinen. Daß der im Jahr 1999 formulierte Forschungsantrag auf eine *Pilotstudie* zielte, resultierte aus dem bereits skizzierten aktuellen For-

---

[231] s. Klosinski 1994.
[232] s. Koervers 1988; Gareis 1992, 223 – 234.
[233] s. Biesinger & Bendel 2000.

schungsstand. Pilotcharakter kam der Untersuchung in zweifacher Hinsicht zu: Zum einen handelte es sich bei dem Thema „Religiosität und Familie" inhaltlich weitgehend um Neuland; zum anderen brauchte es zur Erschließung dieses Forschungsgebiets spezifische Strategien, so daß sich der Pilotcharakter dieser Studie auch auf ihre methodologische Seite erstreckte. Der Bereich der Familienforschung und – in noch viel stärkerem Maße – der Bereich der Religiositätsforschung verlangen nach einer *eigenen* Methodologie, wenn vernetzte Strukturen einer Familie und deren Entwicklungsprozesse zum Thema werden oder wenn vielfältige Dimensionen von Religiosität und ihr stark subjektives Gepräge beschrieben werden sollen.

Der Untertitel dieser Dokumentation kündigt weiter an, daß Vertreterinnen und Vertreter der genannten Disziplinen der Frage nachgehen, welche *Wirkzusammenhänge* sich erschließen lassen zwischen der (religiösen) Erziehung in der Kindheit einerseits und dem heutigen Selbstverständnis Jugendlicher im Alter von 16 – 18 Jahren andererseits. Zur *religiösen Familienerziehung* – und damit auch zu dieser Studie – gehören beide Seiten: die Eltern, deren Kompetenz maßgeblich zu den Bedingungen des Gelingens religiöser Erziehung gehört, einerseits sowie die Heranwachsenden und ihre (religiöse) Sozialisation andererseits. Zu ihnen zählen im Rahmen der hier exemplarisch dokumentierten Untersuchung kirchlich und nicht-kirchlich orientierte, christliche und muslimische[234], straffällig gewordene und psychisch auffällige Jugendliche.

Familien als Räume religiöser Erziehung sind intergenerationelle Zusammenhänge zwischen mindestens einer Elternperson und einem Kind, welche zusammen wohnen und wirtschaften, also im Alltag in einem gemeinsamen Haushalt leben[235]. Von dort aus entdecken Kinder gleichsam den Rest des Universums – in dem Sinne, daß ihr Selbstverständnis sich in Interaktionen zu bilden vermag und dieser Prozeß zugleich auf den vertrauten Rahmen eines Familienmilieus angewiesen bleibt[236]. Dabei umfaßt *Erziehung* alle Einwirkungen, anhand welcher ein Mensch lernen kann, sein Leben zu meistern[237]. Der *religiöse* Charakter

---

[234] s. Sandt 1996.
[235] s. Bundesministerium für Familie, Senioren, Frauen und Jugend 1998.
[236] s. Hildenbrand 1999.
[237] s. Knab 1995, 853 – 855.

dieser Prozesse resultiert aus der Radikalität der Fragen von Kindern und Jugendlichen – und nicht zuerst aus den Antworten darauf, die als „Lehrsätze" nicht annähernd so radikal sein können wie die Fragen von Kindern und Jugendlichen, die sich denjenigen Auskünften widersetzen, von denen sie ahnen können, wie hilflos sie gegenüber der Tiefe des Problems sind, das sie angeht und um das es ihnen geht[238].

Ein solches Projekt kann nur gelingen, wenn zunächst die Erfahrungen der Jugendlichen gesammelt werden – ohne Begriffe wie Familie, Religiosität und Erziehung über die schon erfolgte Konturierung hinaus zu definieren: Welche Erfahrungen in ihrer Kindheit, welche Leitsätze waren für sie prägend? Welche Rituale gehörten zum Familienalltag? Wie haben sie gelernt, was gut und was böse ist? An wen haben sie sich gewandt, wenn sie in Not waren? Wie gestaltete sich ihre erste Konfrontation mit dem Tod? Wann haben sie erstmals von Gott gehört, und welche Bilder begleiteten sie dabei? Wer hat ihnen davon erzählt – auf welche Weise? Und heute, mit 16, 17 oder 18 Jahren: Worauf sind sie besonders stolz? An wen wenden sie sich heute, wenn sie in Not geraten? Wie gehen sie damit um, wenn sie jemandem Schaden zugefügt haben? Was verstehen sie unter einem religiösen Menschen? Kennen sie solche Menschen – in der Familie, unter Freundinnen und Freunden, in Schule, Kirche oder Moschee? Was schätzen sie daran, was lehnen sie ab? Wie sehen sie sich selbst? Welchen Leitsätzen folgen sie heute? Welche Gottesbilder sind ihnen heute nahe? Glauben sie an ein Leben nach dem Tod? Welche Leitsätze, welche Geschichten möchten sie gern eigenen Kindern weitergeben?

Ähnlichen Fragen sind die Gespräche mit Eltern gewidmet – in der Hoffnung, daß sich aus ihrer ganz eigenen Perspektive Neues ergibt, was die im Gespräch mit den Jugendlichen gewonnenen Entdeckungszusammenhänge stärkt, ergänzt oder erschüttert. Zusätzliche Fragen an die Eltern richten sich auf Chancen und Hindernisse religiöser Erziehung, auf Unterstützung, die sie dabei erfahren oder vermißt haben.

---

[238] s. Oelkers 1994, 13 – 22.

Die Untersuchungsstrategie ist eine doppelte, sofern dabei sowohl qualitativ als auch quantitativ ausgerichtete Verfahren zum Tragen kommen. Beide stelle ich nachfolgend vor: zunächst und vorrangig die qualitativen Forschungsmethoden (in Abschnitt 3.4.3) und die damit aus sieben exemplarisch ausgewählten Interviews gewonnenen Inhalte (in den Abschnitten 3.4.4 – 10), deren Bündelung (in Abschnitt 3.4.11) und Bewertung (in Abschnitt 3.4.12), dann in knappen Zügen die darauf aufbauende quantitative Strategie und erste Resultate, die sich aus der Auswertung des Rücklaufs von für diese Pilotstudie entwickelten Fragebögen ergaben (in Abschnitt 3.4.13), sowie abschließend Zukunftsperspektiven für den Forschungsbereich Familienreligiosität (in Abschnitt 3.4.14).

3.4.3. Strategien qualitativ-empirischer Familienforschung

Der *Interviewleitfaden* liegt in verschiedenen inhaltlichen Varianten vor – zum einen als Grundlage für die Gespräche mit Jugendlichen sowie mit Eltern, zum anderen in disziplinspezifischen Gewichtungen: Mein evangelischer Kollege Dipl. Theol., Dipl. Päd. Gerd Schwenzer arbeitete mit demselben Leitfaden wie ich – Zusammenhänge zwischen Erfahrungen religiöser Familienerziehung und heutigem Selbstverständnis Jugendlicher erschließend; die Jugendpsychiaterin Dr. med. Christine Kuhn ging insbesondere dem Zusammenspiel von religiöser Erziehung und seelischer Entwicklung nach; die Kolleginnen aus der Kriminologie, nämlich die Soziologinnen Stefanie Tränkle M.A. und Melanie Wegel M.A., widmeten sich speziell dem Verhältnis von Religiosität und Kriminalität. Alle Interviews schließen die Vorlage des Freiburger Persönlichkeits-Inventars (FPI)[239] ein, um die im Gespräch gewonnenen Eindrücke von der Persönlichkeit des befragten Gegenübers mit einem bewährten Instrument absichern oder relativieren zu können. Der Leitfaden bietet einen Rahmen qualitativer Forschung, welcher einerseits die Struktur schafft, die einen allen Disziplinen gemeinsamen Fokus sicherstellt und die Gesprächsführung erleichtert, und andererseits Raum läßt für ein flexibles Vorgehen, das nicht nur dem Forschungsziel der jeweiligen Einzeldisziplin, sondern auch den einzelnen Probandinnen und Probanden in ihren Möglichkeiten gerecht wird.

---

[239] FPI nach Fahrenberg, Hampel & Selg 1989.

Die durchschnittlich eine gute Stunde in Anspruch nehmenden Interviews ließen sich in der für Pilotstudien charakteristischen heuristischen Absicht im Sinne einer einzelfallorientierten, biographisch-idiographischen Datenerhebung führen, mit dem Einverständnis der daran beteiligten Personen auf Tonband aufzeichnen und schließlich nach gängigen Regeln durch Transkription aufbereiten. Die Auswertung der daraus hervorgehenden Texte erfolgte zunächst nach qualitativ-inhaltsanalytischen Maßstäben, schließlich auch nach den Regeln der Erstellung von Verdichtungsprotokollen. Die Erstellung von sogenannten Steckbriefen sollte den Zugriff auf die an insgesamt 80 Personen erhobenen Daten qualitativ-empirischer Sozialforschung erleichtern und ihre rasche Identifizierung ermöglichen. Exemplarische Verschränkungen von empirischen Forschungsergebnissen mit Lehr-Lern-Konzepten[240] schlossen die qualitative Forschung ab.

Die von Philipp Mayring[241] entwickelte *Qualitative Inhaltsanalyse* ist ein in pädagogischen Zusammenhängen erprobtes und bewährtes Verfahren. Angesichts der Fülle der erhobenen Daten und des Pilotcharakters dieser Untersuchung erwies sich die *zusammenfassende Form der Inhaltsanalyse* als Methode der Wahl. Zu allen Interviews erfolgten daher zusammenfassend-inhaltsanalytische Auswertungen mit den dabei einschlägigen Schritten der Paraphrasierung, der Generalisierung und der Reduktion des transkribierten Textmaterials; Ziel dieses Vorgehens war die Bildung von Kategorien, die der differenzierten Ausfaltung von in den einzelnen Interviewsequenzen auftauchenden Themenfeldern diente. Diese Methode trug zur Generierung von Hypothesen – hier zu Wirkzusammenhängen religiöser Familienerziehung aus multidisziplinärer Sicht – bei.

Alternativ dazu kam es im Anschluß an Inghard Langer[242] zur Erstellung von *Verdichtungsprotokollen*. Eine solche Dokumentation läßt sich als eine konzentrierte, geordnete und verständnisfördernd gestaltete Bearbeitung eines Gesprächs umschreiben. Auch bei dieser Auswertungsmethode handelt es sich um ein Verfahren, das sich psychologisch bereits gut bewähren konnte.

---

[240] s. Oser & Gmünder 1996; Collins, Brown & Newman 1989, 453 – 494.
[241] s. Mayring 1997.
[242] s. Langer 2000.

Daraus hervorgehende Hypothesen bildeten die Grundlage für die Entwicklung von Fragebögen; letztere sind nicht dazu angetan, neue Inhalte hervorzubringen, jedoch geeignet, die zuvor durch Hypothesengenerierung gewonnenen Inhalte zu operationalisieren und zu gewichten.

Die nachfolgend vorgebrachten exemplarischen Ergebnisse resultieren ausschließlich aus von mir durchgeführten Befragungen – hier von vier katholischen (in den Abschnitten 3.4.4 – 7) und drei muslimischen (in den Abschnitten 3.4.8 – 10) Probandinnen und Probanden, darunter einer Mutter. Deren Auswahl ist so angelegt, daß ein möglichst breites Spektrum an Wirkzusammenhängen religiöser Familienerziehung ans Licht kommt, die sich in der hier dokumentierten Untersuchung als typisch erwiesen haben.

In dieser Absicht fiel die Entscheidung darüber, welche Personen den Leserinnen und Lesern in anonymisierter Form passagenweise vorgestellt werden – aber keinesfalls mit dem Anspruch, eine in irgendeiner Hinsicht repräsentative Auswahl getroffen zu haben. Insbesondere von muslimischen Probandinnen und Probanden ins Wort gebrachte dramatische Entwicklungen und Erfahrungen mögen nicht Vorbehalte anders orientierter Leserinnen und Leser schüren; in erster Linie sind sie Zeugnisse einer Offenheit, die mich nachhaltig beeindruckt.

In meiner Darstellung verzichte ich auf die (Hunderte von Seiten umfassende!) Dokumentation der einzelnen inhaltsanalytischen Schritte in der dabei üblichen Tabellenform und gebe einer Textfassung den Vorzug, die die befragten Personen selbst zu Wort kommen läßt und dabei inhaltlich aufnimmt, was die inhaltsanalytische Arbeit sowie die Erstellung von Verdichtungsprotokollen zutage förderten.

3.4.4. Julia – offensive Streiterin für ihren katholischen Glauben in Wort und Tat

Julia, 17 Jahre, lebt in einer Großstadt bei ihrer katholischen Familie: ihren sechs jüngeren Brüdern und ihrer kleinen Schwester, ihrer Mutter, die als Hausfrau tätig ist, und ihrem Vater, der als Kunstlehrer arbeitet. Julia selbst besucht ein katholisches Mädchengymnasium und engagiert sich in ihrer Freizeit in der kirchlichen Jugendarbeit: Sie leitet eine wöchentlich zusammenkommende Jugendgruppe, betreut Kinderfreizeiten und tut *sonst halt alles, was dazugehört, irgendwelche Sachen organisieren, die halt anfallen so in der Kirche.* Ihre Freundinnen kennt sie aus der Jugendarbeit, aber auch aus ihrer Schule.

Bereits *von ganz klein auf* hat Julia von Gott gehört – durch ihre Mutter und ihre Großmutter. Als kleines Mädchen sah Julia Gott *immer als Freund, nie jemanden, vor dem ich Angst habe, also immer als Freund* und immer männlich *wie Papa: so eine Vatervorstellung, eigentlich beides, Freund und Vater.* Gott erschien ihr groß und mächtig, *weil ich halt so klein als Kind war, und da stellt man sich den lieben Gott halt ganz groß vor.*
Julias Mutter, ursprünglich evangelisch, inzwischen zum katholischen Glauben konvertiert, betete abends mit ihr – *von Anfang an. Das war wichtig für mich, das war abends immer so der Punkt, wo die Mama eben ans Bett kam, wo man meist über alle möglichen Dinge gesprochen hat. Tagsüber hat sie für den einzelnen nicht so viel Zeit gehabt, klar, und das ist halt abends perfekt gewesen, da kam sie zu jedem extra ans Bett.* Für Julia bedeutete das häusliche Beten besondere Zuwendung, ungeteilte dichte Gemeinschaft. *Manchmal hat das auch der Papa übernommen.*
Zur Zeit ihrer Erstkommunion betete Julia selbständig, auch den Rosenkranz; rückblickend nennt sie sich darum *superfromm.* Sie stellte Kreuze auf, auch ein Bild der Mutter Gottes, legte ein Gebetbuch mit vorgegebenen und persönlich formulierten Texten an und führte das Buch über mehrere Jahre hinweg, auch zur Zeit des Todes ihrer Großmutter, wie sie eigens hervorhebt.
Und heute? *Zum Religiössein gehört Gebet, und zum Christsein gehört irgendwie noch mehr dazu*: Sie nennt die Auseinandersetzung mit ihrem Glauben, ihr offensives Streiten dafür, ihr soziales und politisches Engagement.

Julia bedauert, daß das *Tischgebet* derzeit vernachlässigt wird, weil ihre Brüder *durch die Pubertät schwieriger* sind. In ihrer eigenen Familie möchte sie das Tischgebet pflegen und es ernst nehmen, indem alle gemeinsam beten und zu essen beginnen – im Unterschied zu ihrer Mutter, die zur Gebetszeit oft noch in der Küche steht.

Julia möchte täglich etwa 15 Minuten beten, jedenfalls bemüht sie sich darum. Gelegentlich geht sie auch in eine Kirche oder betet den Rosenkranz – wie früher mit ihrer Großmutter, einer *ganz frommen Frau. Sie hat uns viel vermittelt, so allgemein, was Frömmigkeit angeht.*
Jemand, der regelmäßig betet, antwortet Julia, als ich sie danach frage, was einen religiösen Menschen ausmacht, und sie ergänzt: *Also ein Gespräch mit Gott, das ist für mich Gebet – einer, der das selber formuliert, das ist für mich jemand, der religiös ist.*

Sonntags in die Kirche gehen, das ist sonnenklar, das ist bei uns schon immer so gewesen. Es gab jedoch keinen Zwang, in die Kirche zu gehen. Julia ging aus Gewohnheit mit, vor ein, zwei Jahren nur ungern, heute aber aus freien Stücken, manchmal auch unter der Woche.
Ich gehe in die Kirche, weil mir Gott wichtig ist, weil Gott der Sinn meines Lebens ist, weil er mir Kraft und Sicherheit gibt. Sie vergleicht ihre Beziehung zu Gott mit einer Freundschaft: *wie ich einfach jemanden besuche, weil ich mit ihm befreundet bin; wenn ich mit Gott befreundet bin oder wenn mir die Freundschaft wichtig ist, dann tue ich natürlich auch 'was dafür. Und deswegen ist für mich der Gottesdienst auch 'was Wichtiges, das ist ja auch so ein öffentliches Jasagen.*

Wichtig ist Julia eine *positive Einstellung allgemein. Also diese Resignation, das ist so das, was ich so am wenigsten leiden kann.* Als zentralen Wert nennt sie zunächst *Konsequenz,* etwa in Fragen wie *Sex vor der Ehe* oder Schwangerschaft: *Ich bin gegen Abtreibung absolut. Für mich gibt es da keine Ausnahme, also wenn es um Leben und Tod geht, schon gar nicht.* Ebenso wichtig sind ihr das Teilen, *weil wenn viele da sind, dann muß man teilen,* schließlich die Nächstenliebe und *dann das Sich-versöhnen, das war auch so 'was bei uns, weil es sehr viel Streit gab einfach. Oder, ich spreche immer in der Vergangenheit, es ist einfach immer noch so.* Oft gerät Julia in Streit, vor allem mit ihren Brüdern. Nach freundlicher Ermahnung wird *sehr viel mit Prügeln gelöst, und dann sich versöhnen, klar, meistens bin dann schon ich diejenige, die versucht, das irgendwie in die Wege zu leiten.* Wenn Julia *Mist gebaut* hat, wenn sie beispielsweise *Geheimnisse ausgeplaudert* hat, bittet sie um Entschuldigung, sie versucht es. Sie geht auch regelmäßig beichten, *für mich ganz befreiend.*

Julia hat den Eindruck, *daß so viel Leute orientierungslos aufwachsen, und ich bin noch nie schlecht gefahren mit den Wertvorstellungen, die ich habe, ja. Ich kann andere Standpunkte stehen lassen, möchte aber die Leute zu dem bringen, was ich denke, klar.*

Für Julia übt besonders ihr Vater eine Vorbildfunktion aus, *ich bewundere ihn.* Er kann gut mit Leuten umgehen und diskutieren und wird nicht – wie Julia – sofort emotional. Er tritt selbstbewußt und sicher auf, sehr konsequent und diskret. *Allgemein, daß er sehr genau sagt, wo es lang geht, und auch ohne unheimlich große Worte sagen kann: ‚So ist es richtig.'*

Julias Mutter ist dagegen mehr als der Vater Ansprechpartnerin, wenn Julia in Probleme verwickelt ist. Im Gegensatz zu ihrer Mutter wäre Julia aber *manchmal strenger mit den Kindern und nicht so inkonsequent,* schließlich will sie *nicht für dumm verkauft werden.*

Julia führt ihre Überzeugungen weiter aus: *Religiös ist ja jeder Mensch an sich. Jeder Mensch glaubt doch an irgend etwas,* meint sie. Und was kennzeichnet christliches Leben? *Soziale Sachen sind für mich wichtig, Gottesdienst ist wichtig, daß ich hinter der Kirche stehe, daß ich mich mit dem Glauben auseinandersetze und dafür streite und mich im Glauben auskenne, weil meistens ist halt Unwissen dann doch der größte Feind vom Glauben.*

Ein gläubiger Mensch soll *sich informieren und politisch engagiert sein. Weltoffenheit im Glauben* ist Julia wichtig. *Es heißt noch lang nicht, daß ich mich verbarrikadieren muß, nur weil ich an Gott glaube.* Und *Sonntagschristen* schätzt sie nicht, um so mehr aber eine Nonne, deren Unterricht Julia besucht. *Es gab kaum einen Lehrer, der so viel Einfluß hatte, das war interessant.* Julia selbst möchte nicht Nonne werden, sondern *unter den Leuten sein. Ich will ein ganz normales Leben führen* – und *Beispiel geben für andere.*

Julia möchte den Glauben an ihre Kinder weitergeben, dabei sollte sie ihr Ehemann unterstützen. *Ich kann mir nicht vorstellen, einen Moslem oder Buddhisten zu heiraten. Da glaube ich nicht, daß das gut geht, auch wenn man sich natürlich tolerieren kann, aber man muß dann doch auf Dauer in eine gemeinsame Richtung ziehen. Und das will ich meinen Kindern vermitteln, also christliche Werte auf alle Fälle. Oder auch meine Kinder immer dazu animieren, daß sie halt sich interessieren für die Welt und für alles. Daß sie einfach nicht so passiv bleiben.*

Und wenn einfach Gott das Ziel ist und der Sinn des Lebens, dann kann einen das nur glücklich machen, warum soll ich das den anderen nicht gewähren?

Bündelung der Ergebnisse

- Für Julia zeichnet sich ein (korrelationsstatistisch) positiver Wirkzusammenhang zwischen kirchlich geprägter katholischer Erziehung durch ihre Eltern (Mutter ist Konvertitin) und ihrem eigenen religiösen Selbstverständnis (schon zur Zeit der Erstkommunion *superfromm*) ab, das sie offensiv vertritt und im Falle einer eigenen Familiengründung sogar stärker zum Tragen bringen möchte, als sie und ihre Geschwister es durch ihre Eltern erfahren haben.

- Zuwendung und Liebe, die nicht zu Worthülsen verkommen, sondern für Julia spürbar werden, hautnah, bilden einen beziehungsreichen und fruchtbaren Boden. Worte brauchen solchen guten „Grund", der ihnen Deutung und Bedeutung gibt. Sonst versickern sie – und versinken in Grund und Boden. Nicht wortreiche religiöse „correctness" zählt, sondern beziehungsreiche menschliche „realness", also Authentizität: Eltern erzählen ihren Kindern nur, was sie sich auch selber abnehmen würden, und regen sie zur Entwicklung einer eigenen Gebetspraxis an.

- Elternbeziehung vermittelt Gottesbeziehung, sofern (1) mit den im Familienleben fest verankerten religiösen Riten eine besondere Zuwendung der Mutter einhergeht, die diese Riten mit ihren Kindern primär praktiziert, und (2) der in seinem Auftreten und in seinem zwischenmenschlichen Umgang als Vorbild fungierende Vater dem von Julia gezeichneten Gottesbild (*Papa*) ähnlich ist.

- Christliche Werte, die Julia vermittelt wurden, sind Nächstenliebe, Versöhnung und Teilen (Großfamilie) sowie die enge Verknüpfung von Glauben (Gebets- und Beichtpraxis, Kirche, sendungsbewußtes Streiten für den Glauben) einerseits und Politik, sozialem Engagement und Bildung andererseits; diese will sie konsequent vertreten und weitergeben – in ihrem Leben heute und später in der Erziehung eigener Kinder.

- Sicherheit geht kontinuierlich von ihren Eltern sowie von Gott aus. Offen bleibt Julias Krisenfestigkeit, die zu zeigen sie in ihrem gesicherten Rahmen bisher noch nicht herausgefordert war.

3.4.5. Fritz – tapferer Hoffnungsträger im Kampf zwischen David und Goliath

Fritz, 17 Jahre, katholisch, besucht die Realschule. Sein Vater starb vor zehn Jahren; Fritz wohnt bei seiner vietnamesischen Mutter und seinem zehn Jahre jüngeren Halbbruder Walter. Fritz hat viele Freundinnen und Freunde in seiner ländlichen Heimat, spielt gern Tischtennis und Fußball und lernt tanzen.

Fritz interessiert sich nicht für Gottesdienste, weil diese Jugendliche nicht ansprechen würden, er findet aber an anderen kirchlichen Angeboten Gefallen: *Also wenn Jugendliche dabei sind, so Jugendtreffs und so 'was, das finde ich gut. Da bin ich auch schon öfters gewesen, und da war ich auch teilweise Mitarbeiter. Und beim Firmunterricht war ich in so einer Projektgruppe, und da haben wir halt so Osterkerzen und so Sachen gemacht, das fand ich auch nicht schlecht, also ich finde, die Nebenbeschäftigungen von der Kirche werden immer besser, also die neben dem eigentlichen Gottesdienst laufen. Bloß der Gottesdienst wirft manchmal Themen auf, die eigentlich nur Erwachsene interessieren.*

Fritz ist die Verbindung von Glauben und Alltag sehr wichtig, *und da versagt meiner Meinung nach die Kirche. Und ich finde, das hat gar nichts mit Religiosität zu tun, wie oft jemand in die Kirche geht. Also heutzutage gehe ich eigentlich nur zum Bossen praktisch, daß meine Mutter weiß, ich gehe ab und zu in die Kirche.* Zu seiner Religiosität gehört vielmehr das Gebet. Seine Großmutter – die Mutter seines Vaters – und seine Mutter haben es ihm nahegebracht: *Das Beten mache ich schon, seit mein Vater gestorben ist.*
Fritz kennt aus seiner Familie die Praxis des Tischgebets. Sowohl seine Mutter als auch seine Großmutter beten zu Tisch. Während seine Mutter standardisierte Gebete spricht, versucht seine Großmutter immer einen aktuellen Bezug zum Leben herzustellen, was Fritz gutheißt: *Das Tischgebet bei uns daheim macht meine Mutter ganz normal, also ‚wir preisen Dich' und so, und das ist Standard.*

Aber bei meiner Oma ist das so, da werden auch Themen aus dem Aktuellen mitgenommen, zum Beispiel Hungersnöte in der Welt oder ein Schiffsunglück. Solche Themen erwähnt sie dann beim Beten, und das finde ich auch gut, weil dann hat man auch irgendwie einen reellen Bezug zu diesen Sachen.
Und heute? *Ich bete selber. Ich mach' immer eigene Worte* – nach großmütterlichem Vorbild. *Regelmäßig. Also nicht im Akkord, sondern halt, wenn's mir 'mal schlecht geht. Durchs Beten krieg' ich Hoffnung. Und kann die Alltagssorgen vergessen, nach meiner Meinung. Also ich vergeß' dann Alltagssorgen. Und kann einfach befreiter aufleben, als wenn ich nicht beten würde.* Fritz betet auch für andere Personen.

In der Zeit nach dem Tod seiner Vaters besuchte Fritz seine Großmutter mindestens dreimal pro Woche: *Ja, also ich bin oft zu meiner Oma gekommen. Das war eigentlich die Hauptbezugsperson für mich in dieser Zeit, weil ich wollte einfach meine Mutter in Ruhe lassen.*
Seine Großmutter brachte ihm die Geschichten der Heiligen Schrift nahe. Am wichtigsten ist Fritz *David gegen Goliath, das find' ich das Tollste, die tollste Geschichte, wie der Kleine gegen den Großen siegt, das fand ich immer schon echt überzeugend.*
Für Fritz kam der Tod seines Vaters *schlagartig*. Er wurde zu seinem Onkel gebracht und erfuhr es dort erst zwei Tage später – indirekt, als seine Cousine weinte. Fritz meint, erst mit 15 Jahren sei ihm dieser Verlust so richtig bewußt geworden, *schmerzhaft*. Für die Zeit davor meint er: *Ich hab' das immer verdrängt mit meinem Tod, äh, mit dem Tod von meinem Vater.* Viele Fragen, die ihm in den Sinn kamen, konnte er zunächst gar nicht stellen: *Weil meine Mutter irgendwie alles in sich eingeschlossen war in der Hinsicht mit dem Tod. Und jetzt red' ich viel öfters mit ihr über das und so, aber früher konnte ich irgendwie nicht reden, weil ich Angst hatte, ich verletze sie, wenn ich sie auf dieses Thema anspreche. Und das war der Hintergrund, warum ich die Fragen nicht gestellt habe. Also was hat es jetzt mit dem Tod von meinem Vater auf sich? Und warum mußte er sterben? Tod und Auferstehung und der Sinn des Lebens, es sind halt viele Fragen aufgekommen, wo für mich unbeantwortet waren damals.*
Gib niemals auf bezeichnet Fritz heute als sein Lebensmotto. *Also für mich ist halt die Hoffnung ziemlich wichtig. Die würde ich auf jeden Fall meinen Kindern mitgeben. Diesen Strohhalm habe ich gezogen. Also ich finde, man soll immer*

selbst dran anpacken. Liegt er beim Tischtennis zurück, versucht er sich noch heranzukämpfen. Hat er schlechte Noten, so versucht er sich schulisch zu verbessern. Bisher hat er dabei Erfolg gehabt. *Weil, klar, man muß verlieren können, aber wenn man aus dem, daß man verloren hat, lernt, dann kann man 's beim nächsten Mal besser machen.*

Fritz' Mutter suchte als junge Witwe in der Kirche Halt: *Aber meine Mutter hat eine andere Einstellung als meine Oma, so kommt es mir vor. Sie geht gern in die Kirche, aber manchmal auch aus Frust, weil das stressig war mit meinem Vater und so. Und irgendwie bißle um Halt zu finden. Und bei meiner Oma ist es eher so, daß sie lebt nach der Regel, also von der Bibel und so. Die hat auch Losungen, und das macht sie täglich.*

Das Thema Tod und Auferstehung wurde bereits in der Schule behandelt, *ein hartes Thema*. Fritz glaubt an ein Leben nach dem Tod, hofft auf eine ideale Welt, *daß man sich frei entfalten kann. Also alle Gedanken 'rausfließen lassen, so 'was. Und daß es keine so richtigen Probleme mehr gibt, daß zum Beispiel keine Menschen zum Beispiel mehr hungern müssen oder so 'was. Denk' ich 'mal. Einfach 'ne bessere Welt.*
Der Tod kann jederzeit unverhofft eintreten. *Bloß ich finde, man sollte sich so früh wie möglich Gedanken darüber machen, weil es kann sein, wenn Du jetzt zum Beispiel in Urlaub gehst und Du fliegst in Urlaub und dann stürzt auf einmal das Flugzeug ab. Da kannst Du ja auch nichts mehr machen. Und ich finde, da muß man sich geistig drauf vorbereiten und keine Angst vor dem Tod haben also, das ist auf jeden Fall wichtig.*

Fritz nimmt sich sehr seines Bruders an – und ist stolz darauf, daß Walter inzwischen der Klassenbeste ist, auch wenn die gemeinsame Arbeit *viel Zeit gekostet hat. Daß er einfach einen noch leichteren Weg hat ins Leben als ich.*
Außerdem ist Fritz offen für andere Leute und ihre Probleme. Er möchte mit ihnen darüber reden und ihnen so helfen: *Auf andere Leute zuzugehen und mit denen zu reden, über Probleme und so 'was, weil manche Leute können da überhaupt nicht drüber reden, weil sie gar nichts davon wissen, und stopfen alles in sich 'rein, und irgendwann platzt ihnen der Kragen.*

Bündelung der Ergebnisse

- Bei Fritz werden Wirkzusammenhänge religiöser Familienerziehung deutlich, wenn neben seiner vietnamesischen Mutter und seinem frühverstorbenen Vater die Großmutter (Mutter des Vaters) in die Beschreibung eingebunden wird.

- Die Großmutter ist für Fritz Garantin des Zusammenhangs von Glaubens- und Alltagsvollzügen, weil sie ihre Gebete frei zu formulieren und auf diese Weise zu kontextualisieren versteht – im Kontrast zur Mutter, die standardisierte Gebete spricht.

- Die Großmutter ist erste Ansprechpartnerin, als Fritz im Alter von sieben Jahren plötzlich seinen Vater verliert – im Unterschied zur Mutter, die Fritz mit seinen Fragen nicht zusätzlich belasten möchte.

- Der Großmutter kommt religiöser Vorbildcharakter zu – bis heute (Fritz' eigene Gebetspraxis) und darüber hinaus (religiöse Erziehung durch Fritz, wenn er Vater wird).

- In der Kindheit erlittene Krisen provozieren keine Distanzierung von religiösen Fragen, sondern deren spezifische Prägung und Gewichtung: Der frühe und erst viele Jahre später schmerzvoll wahrgenommene Tod des Vaters führt zu einer Auseinandersetzung mit Fragen nach einem Leben nach dem Tod (*ein hartes Thema*) und nach den Konsequenzen, die sich daraus für ein Leben vor dem Tod ergeben.

- Religiöses Selbstverständnis schenkt Hoffnung – sogar in ungleichen Auseinandersetzungen, in denen ein tapferer David gegen einen übermächtigen Goliath kämpft – und motiviert soziales Engagement.

- Die heutige Distanz zur Gottesdienstgemeinde resultiert daraus, daß weder diese selbst eine Brücke in die Welt des Kindes schlagen konnte noch die zum Gottesdienstbesuch einladende Mutter dessen Sinn zu erschließen vermochte.

3.4.6. Franziska – schutzbedürftiger Schutzengel und religiöse Autodidaktin

Franziska, 16 Jahre, katholisch, steht derzeit vor dem Hauptschulabschluß und wohnt mit ihrer Familie in einem Dorf. Sie hat einen vier Jahre älteren Bruder und eine vier Jahre jüngere Schwester. Franziska kümmert sich tagsüber um sie, weil beide Eltern berufstätig sind. Julia engagiert sich im Reitverein und spielt Harfe. Ihre beste Freundin geht in dieselbe Schulklasse wie sie.

Eine von Franziskas Großmüttern starb vor zehn Jahren. An Wochenenden, die Franziska bei ihr verbracht hatte, waren sie gemeinsam zur Kirche gegangen. *‚Das gehört zum Katholisch-sein dazu‘*, hatte die Großmutter erklärt, und Franziska *hat es damals Spaß gemacht, und das Knirschen mit den Kniebänken hat mich amüsiert.*
Auch Franziskas zweite Großmutter ging und geht jeden Sonntag zur Kirche, nicht aber ihre Eltern, zumal Glauben nicht am Kirchgang hänge, wie Franziskas Mutter meint. Und *mein Vater glaubt nicht so.*
Zur Zeit ihrer Erstkommunion ging Franziska häufig zur Kirche, und *ich war dann voll stolz auf mich, daß ich die Hostie auch bekam.* Allmählich jedoch hatte nach Franziskas Eindruck *der Pfarrer immer weniger Lust auf die Messe, er hat halt das geredet, was er reden muß, und dann fertig und tschüß, und da hat es keinen Spaß mehr gemacht.* In die Kirche ging Franziska dann nur noch zur Erstkommunion ihrer Schwester – ihr zuliebe.

Nach Franziskas Erinnerung hörte sie im Religionsunterricht erstmals *wirklich etwas von Gott. Also ich gehe in den Reliunterricht, weil ich das will, weil es mir auch Spaß macht in der Schule, irgend etwas zu lernen über Gott und Jesus oder so.*

Einmal mußte sie in der Schule *das Paradies malen, ganz bunt, und mir vorstellen, was passiert, wenn wir sterben: Sonne und viel Licht, Vögel und Tiere, zum Beispiel Pferde.* Auch hat sie Menschen, wohl ihre Familie, gemalt. Als ihr erster Religionslehrer äußerte: *‚Gott sieht man, wenn man stirbt‘*, bekam Franziska Angst: *Ich habe halt immer so gesagt: ‚Ich will Gott 'mal sehen‘ oder so, und wo ich das dann gehört habe, habe ich Angst bekommen, weil der hat das so kraß*

gesagt, wenn man stirbt, nur wenn man stirbt, sieht man Gott, und da habe ich immer ein bißchen Angst, daß ich sterbe oder so.
Heute stellt sich Franziska das Paradies immer noch so vor wie früher, *Frieden halt irgendwie.* Und sie glaubt, daß *ich nach dem Tod wieder auf der Erde bei meiner Familie bin und daß die mich zwar nicht sehen oder hören, aber daß ich die irgendwie unterstütze und beschütze – wie ein Schutzengel.* Franziska glaubt auch, daß ihre verstorbene Großmutter sie sieht und *irgendwie bei uns* ist: *Meine Oma ist für mich nicht in Vergessenheit geraten sozusagen. Ich denke, deshalb glaube ich das auch irgendwie, weil ich meine Oma halt nicht vergessen habe. Deshalb.*

Religiöse Fragen brachte Franziska selbst ins Familiengespräch ein. Daß andere Familienmitglieder zur Auseinandersetzung mit religiösen Themen anstifteten, erinnert sie nicht. Franziska sammelte ihre Gotteserfahrungen nicht mit ihren Eltern, sondern mit ihrer Großmutter und im Religionsunterricht. *In der Schule haben wir dann die Gebete gelernt, dann habe ich die meiner Mutter vorgesprochen und so. Und die hat gesagt: "Jetzt betest Du halt heute abend das Gebet."* Franziska fühlte sich *auf der Suche alleingelassen.* Gemäß dem Auftrag ihrer Mutter, sich zum Beten zurückzuziehen, hat sie sich *das Beten selber aufgebaut – als etwas ganz Privates.*
Und heute? *Zwar habe ich Zweifel, wenn ich bete. Ich weiß ja gar nicht, ob mich jemand hört, aber trotzdem bete ich. Ich mache das immer abends, wenn ich im Bett liege, und alles ist dunkel. Mein Problem lösen muß ich allein, aber vielleicht gibt es mir ein bißchen Mut. Selbstvertrauen.*

Franziskas Eltern legten Wert darauf, daß ihre Tochter teilen lernt und Fairneß übt. Wollte Franziska als kleines Mädchen nicht mit ihrer Schwester teilen, nahmen ihr die Eltern alles weg. Diese Reaktion empfand sie damals als *schrecklich*, aber heute weiß sie, *ich würde es mit meinen Kindern auch so machen.* Lediglich die väterliche Strenge, mit der er das Erlernen eines Musikinstruments verfocht, lehnt sie noch immer ab.
Ich frage Franziska, wie sie eigene Kinder erziehen will, wenn sie einmal Mutter wird. *Wenn sie klein sind, meine Kinder, würde ich ein bißchen beten abends, nur daß der Tag schön war und daß wir froh sind, daß der Tag schön war, und*

dem Kind das schon auf den Weg geben, daß es nicht in die Schule kommt und da plötzlich denkt: ,Oh Gott, Religion! Oh Gott, was ist das?'

Bündelung der Ergebnisse

- Bei Franziska zeichnet sich eine herausragende Bedeutung der bereits vor zehn Jahren verstorbenen Großmutter ab – bis hin zu Auswirkungen auf Franziskas Verständnis von einem Leben nach dem Tod und dessen Bedeutung für die Hinterbliebenen (*Schutzengel*).

- Wirkzusammenhänge (ausbleibender) religiöser Familienerziehung zeichnen sich insofern ab, als Franziska den Auftrag ihrer Mutter, ein im Religionsunterricht neu erlerntes Gebet doch am Abend alleine zu sprechen, erfüllt; in der Konsequenz dieses Auftrags liegen zumindest ihr stark autodidaktisch und privat geprägtes Gebetsleben sowie ihr kirchendistanzierter Glaubensvollzug.

- Erwuchs die Bedeutung einer Gebetspraxis für sie als Kind aus der Verbindung mit ihrer Großmutter, ist das Gebet heute der geschützte Ort, an dem ihre Sehnsüchte und Ängste (etwa gegenüber dem Gottesbild, das ihr ihr erster Lehrer vermittelte) ihren Platz finden, und die Quelle, aus der sie Mut und Selbstvertrauen schöpft. Das Gebet – ein anthropologischer Ort Gottes – wird ihr zum emotionalen Schutzraum. (Die Zahl der Jugendlichen, die beten, ist größer als die Zahl derer, die eigenen Angaben zufolge an Gott glauben – mit ihrer Wendung *trotzdem bete ich* steht Franziska nicht allein[243].)

- In Übereinstimmung mit ihren Eltern möchte sie Werte wie Fairneß und Teilen eigenen Kindern weitergeben; im Kontrast zu ihnen wird sie aber weniger streng vorgehen als ihr Vater und schon vor Beginn der Schulzeit mit religiöser Familienerziehung einsetzen – in Anknüpfung an von ihr selbst initiierte Gespräche zu religiösen Fragen, die Franziska bereits in ihrer Herkunftsfamilie vorbrachte.

---

[243] s. Harz 1997.

3.4.7. Mephisto – cooler Kämpfer für religiöse Autonomie

Mephisto, 16 Jahre alt, besucht derzeit das Gymnasium. Er lebt bei seiner katholischen Mutter und seinem evangelischen Vater in ländlicher Gegend. Seine 24jährige Schwester wohnt bei ihrem Freund. Ein 22jähriger muslimischer Freund steht ihm sehr nahe. Vor kurzem trennte sich Mephisto von seiner zweiten Freundin.

Mephisto erzählt von Menschen, die in seinem Leben vorkommen. Ich hab' 'mal einen besten Freund gehabt, einen, mit dem ich halt alles zusammen gemacht hab'. Der hat mich vor einem Jahr versucht umzubringen, mit einer Überdosis Drogen, *angeblich weil Mephisto wegen seiner neuen, seiner zweiten Freundin weniger Zeit für ihn hatte. Darüber verlor Mephisto vorübergehend seinen Glauben:* Hab' gedacht: was soll eigentlich der ganze Scheiß? *Mephisto geht seinem früheren Freund – sie kannten sich seit zwölf Jahren – noch immer aus dem Weg, weil er ihm nicht mehr traut.*

Mephisto beschreibt seine zweite Freundin, mit der er fast zwei Jahre befreundet war, als *psychisch recht labil*. Sie waren zwischenzeitlich getrennt: *Ich hab' zu ihr gesagt, daß wenn sie für jemand anders 'was empfindet, soll sie Schluß machen.* Dann hat sie *Schluß gemacht* mit Mephisto, kehrte aber nach drei Monaten zu ihm zurück. Vor kurzem *hat sie mir gestanden, daß sie nochmal fremdgegangen ist, nur geküßt halt, aber ich mein', das Küssen ist für mich ein Grund, daß ich Schluß machen sollte, beim zweitenmal ist das nicht mehr verzeihbar.* Sie wollte sich dann mit Tabletten umbringen, kam in psychiatrische Behandlung und nimmt Psychopharmaka.

Nun kommt Mephisto auf seine Erziehung zu sprechen. *Erziehungsmäßig hab' ich mit meiner Mutter ein recht gutes Verhältnis gehabt, konnte eigentlich über alles reden.* Ähnliches galt für seine Schwester: *Wenn dann echt 'was war, wo ich dann nicht mehr gekonnt hab', dann bin ich halt zu meiner Schwester gegangen.* Auch die Schwester eines früheren Freundes war ihm vertraut. Heute bespricht er seine Probleme mit seinem muslimischen Freund, der ihm trotz räumlicher Entfernung *wie ein Bruder* ist.

Mephistos Mutter brachte ihrem Sohn *Gepflegtheit, Tischmanieren* und *Umgangsformen* bei, während ihm sein Vater *sachlich-wissenschaftliche Skepsis* mitgab. Sein Vater war und ist ihm in bezug auf Leistung und Durchsetzungsvermögen Vorbild. *Dann hab' ich mal mitgekriegt, daß man bis zu seinem zwölften Lebensjahr erzogen wird und dann danach halt sich selber erzieht. Da fängt man an, selbst zu lernen so, einfach durch Lebenserfahrung.*

Früher beteten Mutter und Großmutter mit Mephisto, *wenn jemand krank war, ja, ich hab' halt immer geglaubt, da ist noch jemand, der das hört und der das gut macht. Der dann, wenn man halt krank ist, der einen dann halt gesund macht.* Mephisto selber betete vor Sportwettkämpfen um ‚Segen' oder so 'was. Und heute? Mephisto betet, wenn er in Not ist: *Und in der Zeit, wo es einem halt so schlecht geht, da versuch' ich halt auch Hilfe von Gott zu bekommen, klar. Weil, dann geht's einem auch besser. Das ist so: wenn niemand anders da ist, dann wende ich mich schon an Gott.* Dabei stellt er sich kein Gegenüber vor. *Ich bete einfach.*

Mephistos Mutter wurde selbst katholisch erzogen. Mephisto meint, daß sich das *auch auf mich ein bißchen so niedergeschlagen hat.* Sie zwang ihm nichts auf: ‚*Mach dir dein eigenes Bild darüber*' und *‚Ich kann dir das nicht sagen. Du mußt selbst wissen, an was du glaubst und was du denkst.' Das hab' ich mir halt 16 Jahre jetzt so angeeignet.*
Mephisto glaubt, *daß es da auf jeden Fall 'was geben muß*; allerdings ist er skeptisch im Blick darauf, wie es sich mit Jesus Christus verhält. *Da hab' ich halt auch meine eigenen Vorstellungen. Ich glaub' nicht so an Gott als Person und Jesus.* Er versteht Gott als eine *Schutzhülle*, die alle und alles umgibt. *Und daß wir halt alle da drin stehen. Allgemein, das ganze Universum, daß das da drin steht.* Mephisto nimmt jedoch nicht an, daß Gott direkt Einfluß nimmt. *Gott kümmert sich nicht so ums Individuum, sondern eher ums Allgemeine. Der einzige Mensch, der das bis jetzt verstanden hat, der eigentlich fast das gleiche Gesamtbild hat, wie ich's seh', ist mein Freund. Das ist halt ein Mensch, mit dem komm' ich klar. Der ist zwar Moslem, aber trotzdem – gleiche Vorstellung von allem.*
Zugleich äußert er ein christliches Selbstverständnis: *Einfach der Glaube, der ist zwar in anderen Religionen auch da, aber das Christliche kommt da halt am*

nächsten. *Weil ich bin da halt mit aufgewachsen. Ich könnt' mir jetzt auch nie vorstellen, evangelisch zu werden, weil ‚evangelisch' ist für mich zu wenig Glaube. So kommt mir das auf jeden Fall vor.* (Mephistos Vater ist evangelisch, und nach Mephisto hat Glauben für ihn keine Bedeutung.)

Mephistos erste Freundin war eine katholische Polin. *Und das hat mich halt auch so ein bißchen mitgerissen.* Er begleitete sie in ihre Heimat: *In so 'ner kleinen Kapelle, da haben vielleicht zehn Leute 'reingepaßt. Und das hat mich so dermaßen begeistert, das da drüben ist viel religiöser. Da wird alles noch ganz anders gefeiert. Und das hat mir auch alles gefallen halt.*

Die Kirche heute ist nach Mephisto ein *Relikt aus dem Mittelalter. Die Kirche hat dieses Übersinnliche ausgenutzt, um die Leute unter Kontrolle zu halten.* Damit die Menschen die Kirche ernster nehmen, müßte sie moderner werden; so könnte sie auch weitere Menschen gewinnen. Das Alte und Konservative müßte abgelegt werden, und auch der Gottesdienst läuft immer auf dieselbe Weise, *die Pfarrer leiern ihren Text 'runter. Der Gottesdienst sollte auch für Jugendliche annehmbar gemacht werden.*

Mephisto nimmt an, daß es später nur eine einzige Religion geben werde, die dann jeder Mensch ausüben werde. *Jeder Mensch glaubt etwas*, darum denkt Mephisto, daß es immer Religion geben wird.

Sollte Mephisto heiraten, so möchte er, daß die Ehe dauerhaft Bestand hat. Er würde heiraten, wenn er sich *wirklich hundertprozentig sicher* wäre. Mephisto möchte seinen Kindern später unbedingt die religiöse Freiheit mitgeben, die ihm seine Mutter zusprach, *daß Du Deiner Meinung freien Lauf lassen kannst. Daß Du Deinem Glauben freien Lauf lassen kannst.*

Bündelung der Ergebnisse

- Bei Mephisto – Sohn einer katholischen Mutter und eines evangelischen Vaters – ist ein klarer Zusammenhang sichtbar zwischen dem Auftrag, den ihm seine Mutter gab, er solle sich in religiöser Hinsicht ein eigenes Bild machen, einerseits und seinem stark auf Eigenständigkeit bedachten Weltbild sowie seinem eigenen Erziehungsstil, den er heute sich selbst gegenüber pflegt und später als Vater seinen Kindern gegenüber zeigen möchte, andererseits.

- Auffällig sind die tragenden Rollen von Frauen: Bei Mutter und Großmutter lernte er das Beten, das er heute frei praktiziert. Bei Problemen bespricht er sich gerne mit seiner Schwester oder einer Freundin; zwei Freundschaften spricht er an.

- Daneben ist ihm die Freundschaft zu einem sechs Jahre älteren muslimischen Jugendlichen (*wie ein Bruder*) wichtig; und auf die Beziehung zu einem früheren Freund zurückblickend, stellt Mephisto eine emotionsgeladene Auseinandersetzung ins Zentrum.

- Sein Vater ist Vorbild in seinem Durchsetzungsvermögen, in seiner Leistungsfähigkeit und in seiner sachlich-skeptischen Haltung, nicht aber in der Religion (*'evangelisch' ist für mich zu wenig Glaube*). Eine indirekte Prägung durch den Vater deutet sich mit Mephistos Skepsis an, die sich insbesondere auf Glaubensinhalte erstreckt; zugleich ist er religiös-emotional stark ansprechbar (*dermaßen begeistert*).

- Wenn in Notsituationen niemand da ist, wendet sich Mephisto an Gott, ohne daß diese Hinwendung sich als Gottesbeziehung treffend charakterisieren ließe (*Schutzhülle*).

- Kirche sieht er als Relikt aus dem Mittelalter; er mahnt moderne und jugendgerechte Gestalten von Kirche an.

3.4.8. Soraja – hochambivalente Grenzgängerin zwischen religiösem Halt und Einhalt

Soraja, 18 Jahre, lebt in einer Kleinstadt bei ihrer muslimischen Familie. Dazu gehören ihre Eltern persischer Abstammung – ihr Vater arbeitet als Maurer, ihre

Mutter als Hausfrau –, zwei ältere Schwestern und ein jüngerer Bruder. Soraja schließt derzeit die Mittlere Reife ab. Sie hat einen katholischen Spanier zum Freund, tanzt und liest gern.

Soraja erinnert sich an eine unbeschwerte Kindheit, an gemeinsames Spielen mit christlichen Kindern, *kein Problem*. Früher dachte sie nicht an ihre Zugehörigkeit zum Islam. Erst als sie in die Pubertät und mit Jungen in Kontakt kam, wurde ihr deutlich, daß sie die Jungen nicht treffen durfte – im Unterschied zu christlich orientierten Mädchen.

Sie erinnert sich auch an eine Reise mit ihrer Familie in den Iran: *Und was halt ziemlich gravierend für mich war, ich bin überall eigentlich fremd gewesen, in meiner Heimat die Deutsche und hier die Perserin.*

Sorajas Vater ist Soraja gegenüber strenger als ihre – sich ihm meist unterordnende – Mutter. *Und bei uns ist es halt so, wenn meine Mutter uns Sachen erlaubt, dann ist mein Vater halt immer böse auf sie, warum sie denn so freizügig ist.* Fragen Soraja ihre Freundinnnen, ob sie mit ihnen ausgehen mag, *da will ich halt nicht immer sagen: ‚Oh, ich muß meine Eltern fragen', weil das kommt ein bißchen peinlich, und dann muß ich halt immer irgend'ne Ausrede finden.*

Wie hat Soraja gelernt, gut und böse zu unterscheiden? Als kleines Kind hat sie einmal drei Mark aus dem Geldbeutel ihrer Eltern gestohlen, um sich davon Süßigkeiten zu kaufen. *Und dann hab' ich so mitbekommen, so wenn man 'was Geklautes ißt, dann ist das so, als ob man Feuer essen würde. Hab' ich halt das mitbekommen, und das hab' ich halt damals meinen Eltern gebeichtet und so. Und für die war's dann nur wichtig, daß ich das denen gesagt habe, dann haben sie mich nicht irgendwie bestraft oder so. Und das war auch gut, daß ich ein schlechtes Gewissen hatte, hat mein Vater gesagt.*

Die unterschiedliche Strenge ihrer Eltern gilt auch in religiösen Belangen: *Sie läßt öfters ein Gebet aus. Er dagegen kommt abends von der Arbeit heim und holt zuerst alle Gebete nach, die er während der Arbeit nicht verrichten konnte.*

Wichtige Rituale, in die die Eltern ihre Kinder immer schon einbanden, sind neben Fasten und Beten das Opferfest, das mehrere Familien gemeinsam feiern, und das Zuckerfest am Ende des Ramadan, das mit Weihnachten vergleichbar sei. Zudem formuliert jedes Familienmitglied vor dem Essen leise *einen Spruch, daß man im Namen Gottes ißt.*

Und heute? Seit zwei Jahren hat Soraja einen katholischen Freund spanischer Herkunft, *ich hab' noch nie so einen ehrlichen Menschen kennengelernt.* Allerdings kann Soraja – obwohl es ihr größter Wunsch ist – ihn nicht ihren Eltern vorstellen, *weil die dann direkt auf eine Verlobung drängen würden, wenn 's 'was Ernsteres ist.* Soraja befürchtet erhebliche Schwierigkeiten, weil er Katholik ist. Deswegen verheimlicht sie ihre Freundschaft vor ihren Eltern; gleichwohl vermutet sie, daß ihre Mutter *eine Ahnung hat,* sie aber schweigend gewähren läßt. Wenn sie sich mit Felipe trifft, erklärt sie ihren Eltern, sie besuche eine Freundin. Dieser Umstand belastet sie sehr, sie möchte ihre Eltern nicht anlügen. Soraja sieht sich in einem Dilemma und betet darum, daß Gott ihr den richtigen Weg zeigen möge. *Jetzt ist halt so ein Durcheinander: Soll ich mich für meinen Freund entscheiden, den ich wirklich liebe, oder soll ich mich für meine Eltern entscheiden, die ich auch von Herzen liebe, und für meine Familie? Weil ich will meine Eltern nicht enttäuschen.* Sie könnte niemals mit Felipe durchbrennen, weil sie ohne ein gutes Verhältnis zu ihren Eltern nicht glücklich wäre. So wünscht sich Soraja am Ende ihrer Gebete, *daß jetzt Felipe zum Islam übertritt und daß meine Eltern ihn akzeptieren und alles. Man kann eigentlich nie entscheiden, wo die Liebe hinfällt, hab' ich da gemerkt. Man kann 's nicht programmieren oder steuern.* Dennoch möchte sie keinen Katholiken heiraten, *weil es nur Schwierigkeiten geben wird in unserer Ehe dann. Wie sollen wir unsere Kinder erziehen? Katholisch oder muslimisch? Ich will, daß sie muslimisch erzogen werden, und er bestimmt katholisch. Dann müßte einer von uns beiden in die andere Religion übergehen. Weil beide Religionen kann man nicht in einer Familie vereinen. Das geht nicht.*
Jedoch möchte Soraja nicht katholisch werden; für sie ist es undenkbar, *daß Jesus Gottes Sohn ist, weil Gott überhaupt keinen Sohn hat, und weil ich das überhaupt nicht einsehe, das hört sich jetzt witzig an, aber das eine, was mich ganz erschreckt, ist, daß man keine Verhütung machen darf. Und im Islam ist Verhütung erlaubt. Und ich hab' im Islam halt noch nie 'was entdeckt, was mir jetzt voll absurd vorkommt. Also zum Beispiel soll man ja jungfräulich in die Ehe gehen. Ich versteh' es so, daß die Frau davor geschützt wird, daß sie von irgend jemandem einfach geschwängert wird und dann halt alleine gelassen wird.*

Soraja betet nicht regelmäßig. Oft hält sie die Schule ab, und *die Lust ist dann meistens nicht da.* Erst später möchte sie sich daran halten. *Ich möchte 's eigent-*

lich so jetzt verschieben für mich. Ich möchte das so ein bißchen wenn ich älter bin verschieben, für mich ist jetzt die Schule wichtig und Freunde und alles, und die Religion ist soweit nur wichtig für mich, daß ich jetzt an meinen Gott glaub', und ich glaub' an den Koran und alles, aber für mich ist jetzt grad das wichtiger, und ich weiß auch, daß ich jetzt hier voll, also viele Sünden begehe eigentlich. Dennoch trägt Soraja die Religion *in meinem Herzen.*
Wenn Soraja betet, stellt sie sich Gott nicht bildlich vor. *Ich hab' die Liebe gespürt da in dem Moment in dem Gebet, also spüre Zugehörigkeit.* Wenn sie betet und durcheinander ist, erfährt sie durch das Gebet Konzentration und Ordnung. Wenn Soraja älter ist, möchte sie auf jeden Fall regelmäßig beten und *das Lügen möglichst stark einschränken.*
Soraja ist überzeugt, daß spätestens mit dem Tod alles, was getan wurde, bekannt wird. Sie stellt sich das so vor, daß das Leben dann wie ein Film abläuft, den sie und ihre Familie ansehen können, *und meine Eltern mir dann nicht mehr verzeihen können.* Darum hat sie Angst davor, *daß halt meine Taten und meine schlechte Taten, die ich jetzt mache, mir dann Gott auch nicht verzeiht vielleicht. Ich mach' sie trotzdem, obwohl ich weiß, daß ich das, daß ich das nicht machen darf.*

Sie bewegt sich zwischen ihren beiden älteren Schwestern; deren erste beschreibt sie als *vorbildlich*, die zweite dagegen als *Anti-Vorbild: Sie ist einfach ausgezogen*, lebt mit einem Deutschen zusammen, hat die Schule abgebrochen und lügt sie und ihre Familie ständig an, so daß ihr Soraja nicht mehr vertrauen kann. *Ich kann mit Menschen nicht umgehen, die mich anlügen, und wenn's meine eigene Schwester ist, ich kann das nicht. Und seitdem hab' ich dann keinen Kontakt zu ihr.*
Die Schwestern haben ihrem jüngeren Bruder beigebracht, daß *er nicht als unser Beschützer auftreten soll*, wie es ältere muslimische Brüder tun. Er weiß von Sorajas Freund, *hat mich den Eltern aber noch nie verpetzt.*

Soraja hat sich bei der Polizei beworben. Sollte sie genommen werden, dann müßte sie in eine größere Stadt umziehen. Sie könnte dann drei Jahre lang ihre Freiheit genießen. *Und deswegen will ich das auf jeden Fall machen. Man möchte das, was man nicht darf, das will man machen.* Soraja erklärt, daß ihre Eltern ihr und ihrem Temperament immer Grenzen gesetzt haben. Als Polizistin würde sie *anderen* Grenzen zeigen.

Und wie möchte sie eines Tages eigene Kinder erziehen? *Ich würde sie so erziehen, wie eigentlich meine Eltern mich erzogen haben.* Allerdings würde sie als Mutter Wert darauf legen, daß sie die Freunde ihrer Töchter kennenlernen würde. Wenn sie den Freund kennt, könnte sie besser auf ihre Tochter aufpassen, *daß ihr dann nichts Schlechtes passiert und sie von ihrem Freund nicht verarscht wird. Und ich möchte auch so meine Kinder sehr ehrlich erziehen, daß sie niemals Angst haben, mir 'was zu erzählen. Die sollen mir alles erzählen.*

Bündelung der Ergebnisse

- Bei Soraja liegen religiös geformte Idealbilder und heutige Realbilder so weit auseinander, daß von massiver Spannung die Rede sein muß.

- Zusammenhänge mit der von ihr wahrgenommenen Haltung ihrer persischen Eltern (auch in religiöser Praxis strengerer Vater und weniger strenge, sich ihm aber unterordnende Mutter, die ihre Tochter gewähren läßt), die Soraja eher in dieser Spannung zu halten scheinen, anstatt sie in die eine oder andere Richtung aufzulösen, deuten sich an.

- Soraja versucht ihre heftigen Ambivalenzen gleichsam chronologisch aufzulösen, indem sie das religiöse Ideal, das Halt schenkt (*Ich hab' die Liebe gespürt*), aber auch Einhalt gebietet (Sorge, ob ihre Eltern und Gott ihr ihre *Sünden* verzeihen), in die Zukunft verschiebt und auf diese Weise ihrer Realität und ihrem grenzensprengenden Temperament einen Platz in der Gegenwart einräumt.

- Ihr Berufswunsch (Polizistin) erzwingt einen Ortswechsel, der ihr Freiheit verheißt, und autorisiert sie zugleich, *anderen* die Grenzen zu setzen, die zu ihrem Ideal gehören, nicht aber zu ihrer eigenen Realität.

- Fremd erscheint sie im Iran wie in Deutschland; dabei erlebt sie eine unterschiedliche Religionszugehörigkeit unter Freundinnen als unproblematisch, aber in der Beziehung zu ihrem spanischen katholischen Freund (und generell auch für eine Ehe) als enorm beeinträchtigend.

3.4.9. Attila („Väterchen") – Opfer und Täter eines janusköpfigen väterlichen Erbes

Der syrischstämmige Attila ist 17 Jahre alt, wurde in Deutschland geboren, besucht das Gymnasium und lebt bei seiner Familie auf dem Dorf: mit zwei jüngeren Schwestern, zwei kleineren Brüdern und seiner Mutter, die als Hausfrau tätig ist. Sein Vater, ein ehemaliger Mudschaheddin, führt heute ein Lokal in der Nähe und lebt nur noch zeitweilig zuhause. Attila gehört wie seine Familie dem Islam an. Zur Zeit arbeitet er als Kellner.

Das erste Mal von Gott habe ich gehört, also soweit ich mich erinnern kann, war es so im Kindergartenalter, wo ich angefangen habe, das Alphabet zu lernen, das Alphabet des Koran. Da habe ich das erste Mal sozusagen Kontakt mit Gott im wörtlichen Sinne bekommen. Attilas Vater erzählte ihm zuerst von Gott und brachte ihm 25 Suren bei, die Attila auf Druck seines Vaters und mit dessen Hilfe auswendig lernte. Heute allerdings ist Attila *froh, daß ich das gemacht habe. Er ist mit uns meistens zur Moschee gegangen. Und er hat uns von Gott erzählt, von den Propheten und was gute Taten sind und was man vermeiden sollte, wie der Satan einen Menschen beeinflussen kann.*
Meine Mutter war früher auch sehr streng religiös. Sie hatte dieses schwarze Gewand an, wo man nur Gesicht und Hände gesehen hat. Attila dachte damals, der Mann sei im Haus der *Boß* und die Frau *Untertan, Sklave.* Heute dagegen hat Attila ein anderes Verständnis von Mann und Frau: *Also jetzt habe ich auch erfahren, daß Frau und Mann, also keiner ist besser oder mächtiger, sondern sie sind dafür da, daß sie sich gegenseitig ergänzen. So steht das auch im Koran.*
Ich bin zu meiner Religion gebunden, aber doch nicht so stark. Er vernachlässigt zwar seine Gebete, aber er ist dem Islam *in Gedanken* verbunden. Attila kennt die Ge- und Verbote des Islam, *nur ich praktiziere das nicht, weil ich irgendwie noch nicht reif bin. Ich will noch die anderen Sachen erleben, damit ich nicht*

175

später mir vorjaulen kann: ‚Oh Gott, warum habe ich das früher nicht gemacht?' Attila möchte nichts verpassen, und zugleich meint er: *Ich will, ich wünsche mir mit jedem neuen Tag, daß ich ein guter Moslem werde, auch jetzt, aber als Jugendlicher in meinem Alter in dieser Umgebung ist es schwer, jetzt sich an so 'was zu halten. Man sieht zu viel Schlechtes um sich herum.*
Attila hält ein Leben nach den Regeln des Islam für vollkommen: *Wer Islam richtig lebt, der macht keine Fehler.* Der Islam ermöglicht ein *perfektes Leben.*
Attila sieht sich als Vorbild und als von Gott Gesandter – insbesondere gegenüber einem guten Freund, den er vor dem Selbstmord bewahrte: *Ja, da bin ich ein Vorbild. Und er hat gemeint, er will sich selber umbringen. Da habe ich gesagt: ‚Da kommst Du in die Hölle.' Und dann hat er gesagt: ‚Na und?' Dann habe ich gesagt: ‚Wie willst Du es in der Hölle aushalten?' ‚Ich werde es schon aushalten.' Habe ich gesagt: ‚Gib 'mal Deine Hand her.' Er hat seine Hand gegeben. Dann habe ich gesagt: ‚Jetzt wirst Du Deine Hand fünf Sekunden lang unter dem Feuerzeug halten, 'mal sehen.' Dann habe ich das Feuerzeug angezündet, und er hat es zwei Sekunden ausgehalten. Dann habe ich gesagt: ‚Wie willst Du diesen Schmerz auf immer und ewig an Deinem ganzen Leibe spüren? Willst Du das Dir antun?' Dann war er sprachlos natürlich und war auch imponiert, denke ich mal. Und mit solchen Beispielen gehe ich voran, sagen wir 'mal so. Und an einem kritischen Zeitpunkt, da hat mich Gott geschickt, das weiß ich. Er hat sich die Adern schon aufgeschnitten, und das ist auch ein ziemlich kluger Junge, er schneidet die Adern nicht so auf, sondern längs, damit auch nicht irgendwie gut Blut durchfließt. In dem Moment rufe ich ihn an. Natürlich, Gott wollte, daß ich ihn anrufe. Nichts geschieht zufällig in diesem Leben. Ich wollte ihn einfach 'mal anrufen und fragen, wie es ihm geht. Ich rufe ihn an, und er erzählt mir, er säße gerade im Bad und hätte sich die Adern aufgeschnitten.*

Attila wurde mehrmals beim Stehlen erwischt. Daraufhin wurde er von seinem Vater *zusammengeschlagen*, was Attila als ungerecht empfand. *Aber ich habe ein Gefühl gehabt, das war keine richtige Handlung, daß er mich da zusammengeschlagen hat.*
Attila hat weiterhin gestohlen. Als sein Vater entdeckte, daß Attila ihm 600 DM weggenommen hatte, *dann wurde ich kräftig zusammengeschlagen. Also das war einer der Zeitpunkte, wo ich gedacht habe, ich sterbe.* Attila wurde gepeinigt, bis

seine Mutter dem Vater *eine Vase über den Kopf gezogen hat. Ansonsten hätte er auch nicht aufgehört.*
Danach hat Attila nochmals gestohlen, eine Apfelsaftschorle, die er dann aber ohne davon zu trinken wegwarf. *Ich habe nicht gewußt, warum ich das geklaut habe. Keine Ahnung, absolut gar nicht, warum ich das gemacht habe.*

Und mein Vater hatte mal eine schwache Situation in seinem Leben, wo er dann total den Islam vergessen hat, sich einer Frau hingegeben hat, meine Mutter sozusagen damit betrogen hat, und das war so seine fürchterlichste Zeitspanne in seinem Leben. Attila war damals zehn Jahre alt, *ich habe das sehr miterlebt, sehr arg miterlebt.* Attila sollte als ältester Sohn entscheiden, ob sich seine Eltern trennen sollten oder nicht. *Ich mußte mir alles anhören, was passiert ist mit meinem Vater, was er gemacht hat. Das war halt schwer zu verkraften.* Attila war enttäuscht von seinem Vater: *Das erwartet man nicht von einem Moslem, einem vorbildlichen Menschen. Das war ein Hammer für mich.* Attila entschied, daß sein Vater die Familie für eine Weile verlassen sollte. Attila ist noch immer voller Wut. *Seine Verhaltensweise finde ich unverantwortlich. Das ist für mich inakzeptabel.*

Damals ging es Attila sehr schlecht. Er hatte *falsche Freunde.* Sie haben ihm nicht geholfen, die islamischen Gebote einzuhalten: *Ich habe sehr viel Alkohol getrunken, ich habe Drogen genommen, ich war ziemlich tief gesunken mit Mädchen. Aber heute zum Glück, also Gott sei Dank nichts mit Mädchen, keine Drogen, auf alle Fälle nicht. Nun gegenüber Alkohol bin ich noch ein bißchen schwach. Also wenn ich 'mal wieder die alten Freunde treffe, dann zwingen die mich dazu, daß ich noch 'was trinke.*
Und heute? Attila fühlt sich noch *zu locker. Ich habe noch nicht mein geregeltes Leben, das ich mir vorstelle. Man läßt sich einfach gehen. Doch ich fühle mich schon schuldig dafür.*

Dennoch sieht sich Attila heute als weitgehend abgehärtet an: *Ich habe meine Psyche und mich selber ziemlich unter Kontrolle. Also zur Zeit brauche ich diese Abhärtung. Denn ohne dieses Durchhaltevermögen an seelischer Kraft würde ich das nicht durchziehen können mit meiner Familie, auf keinen Fall.*

Attila unterstützt seine Geschwister und seine Mutter: *Wenn er es nicht tut, dann muß ich es machen als Ältester der Familie und als ältester Mann der Familie sozusagen. Meine Mutter kann nicht die Last von vier Kindern alleine tragen. Ich versuche meine Geschwister abzulenken von der Realität, daß der Vater seine Aufgabe nicht richtig erfüllt. Denn es wäre zu hart für die Kinder noch, das zu erfahren, was der Vater gerade macht.* Attila übernimmt die väterliche Rolle: *Das ärgert mich auch. Das gibt zusätzliche Wut.*
Attila findet es *psychopathisch, daß ich Krokodilstränen bekomme. Also wenn ich jemanden zusammenschlage, kurz darauf, ohne daß ich es will also, fange ich an zu weinen.* Vor drei Jahren ging es so los. Er findet dieses Phänomen psychopathisch, weil er niemanden zu Unrecht schlägt; Attila sieht sich gerechtfertigt. Er vermutet daher, daß diese Tränen unterdrückte Gefühle sind: *Ich habe ziemliche Wut auf meinen Vater, und ich würde ihn gerne verschlagen 'mal, aber das geht nicht aus Respektgründen. Er ist der Ältere, man schlägt einfach seinen Vater nicht. Aber jedesmal, wenn ich einen Typ verschlagen habe, habe ich auch an meinen Vater gedacht, und das ist jedesmal, diese unterdrückten Gefühle gegenüber meinem Vater, so gewesen, als würde ich meinen Vater schlagen, und da leert sich 'was aus.*

Attila will *nicht mehr irgendeinem Vorbild folgen* und erzählt von der Orientierungslosigkeit, die er bei Jugendlichen in seiner Umgebung spürt, davon, daß (auch) ihnen Vorbilder fehlen: *Die Eltern sind zerstritten, und lauter so Drogen, Alkohol, Frauen, Kriminalität, Waffen, all das kommt dazu. Ich will ein Vorbild werden, aber ich will ein Vorbild von Grund auf werden. Nicht dadurch, daß ich andere Vorbilder hatte. Also ich will eine neue Struktur gründen sozusagen, Vorbildstruktur. Also ich will etwas Neues herausbringen. Und so ein Vorbild wünscht sich eigentlich jeder, an dem er sich orientieren kann. Und so etwas will ich in mir selber erschaffen mit Gottes Hilfe.*

Ich frage Attila nach seinen Hoffnungen für die Zukunft. *Daß ich zu einem richtigen Moslem heranwachse, jetzt. Und daß ich ein geregeltes Leben mit einer Familie habe. Separat dazu, daß meine Geschwister, meine Eltern auch ein geordnetes Leben haben. Und irgendwann 'mal, wenn ich sterbe, daß ich 'mal in ein Paradies komme.*

Bündelung der Ergebnisse

- Bei Attila dämmt ein religiös geformtes Familienverständnis den Ausbruch von Wut und Gewalt gegen seinen Vater ein (*aus Respektgründen*); dennoch wirken innerhalb der Familie gesammelte Gewalterfahrungen „mit Gewalt" weiter, indem sie brutale Ersatzhandlungen provozieren, die Attila kognitiv-religiös abfedert. Der weitgehende Ausfall des Vaters bedingt Attilas Perfektionierung, die für ihn jedoch weniger familienbiographisch motiviert, sondern vielmehr religiös verankert ist (*guter Moslem*); dabei praktiziert er seinen Glauben (*Nichts geschieht zufällig in diesem Leben.*) derzeit allenfalls ansatzweise.

- Der Vater fungiert als Vorbild und zugleich auch als Wurzel, von der Attila sich abschneiden muß: Er ist religiöses Vorbild und Vermittler muslimischer Traditionen, an die sich Attila halten will, aber auch Quelle brutaler Gewalt und bitterer Enttäuschung.

- Diese höchst ambivalente Besetzung des Vaters spiegelt sich in einer massiven Inkongruenz Attilas, dem doch gerade eine möglichst vollkommene Kongruenz am Herzen liegt.

- Zwei Varianten des Umgangs mit dieser zur Spaltung tendierenden Inkongruenz zeichnen sich ab: (1) die zeitliche Aufteilung ihrer beiden Seiten (*noch die anderen Sachen erleben* – später *guter Moslem*) und (2) die Projektion: Mit den Worten *Die Eltern sind zerstritten, und lauter so Drogen, Alkohol, Frauen, Kriminalität, Waffen, all das kommt dazu.* formuliert er das Sündenregister *anderer* ausländischer Jugendlicher (nicht aber dasjenige Attilas oder seines Vaters), während Attila seine eigenen Probleme auf schädliche Umwelteinflüsse attribuiert.

3.4.10. Attilas Mutter – „eine sehr gute Mutter, aber ein miserabler Vater"

Attilas Mutter, 36 Jahre, lebt auf dem Dorf, derzeit von ihrem Mann getrennt. Beide stammen aus Syrien. Wichtige Bezugspersonen sind neben ihren Kindern ihre Mutter und ihre Schwester, die in der Nähe wohnt. Sie erzählt von den Interessen sowie von den Freundinnen und Freunden ihrer Kinder – *aber Attila, der hat sich nirgends so festgehalten*. Im Fußball brachte er es zum Trainer, brach dann aber ab; und in die Moschee ging er regelmäßig, stieg dann aber wegen des dort üblichen traditionellen Erziehungsstils aus, den er von seiner liberal gesonnenen Mutter nicht kannte.

Rückblickend erinnert sie sich, wie Attila im Alter von vier Jahren begann, Fragen zu stellen, als er sah, daß eine muslimische Frau ganz in schwarz gehüllt war – im Unterschied zu seiner Mutter. Sie erklärte ihm, so kleideten sich fromme Frauen, woraufhin Attila ihr entgegnete, ob sie nicht fromm sei. Für Attilas Eltern wurden die Fragen ihres Sohnes zum Anstoß: *Wo orientieren wir uns jetzt?* Attilas Vater wandte sich im nachfolgenden Ramadan intensiv dem Leben in der Moschee zu; auch Attilas Mutter fing an zu beten. Sie eignete sich viel Wissen an, auch über den Gebrauch des Kopftuchs. Beide Eltern waren miteinander auf der Suche. *Es war eine sehr schöne Zeit. Und als ich meinem Mann gesagt habe: ‚Horch 'mal, der Islam gibt mir sehr viel Recht, bist Du bereit, mir das alles zu geben?', da sagte er: ‚Du mußt es fordern. Ich habe ein Paschaleben gehabt, ich werde es nicht freiwillig herausrücken, aber fordere es.' Das war mir auch genug. In dieser Zeit hat er Attila auch viel mit in die Moschee genommen. Er hat überhaupt viel die Kinder miteinbezogen.*
Später habe ihr Mann das Interesse an seinen Kindern verloren. *Er ist in seiner Heimat aufgewachsen, ich bin hier aufgewachsen, auch in einer ganz anderen Familienweise. Wir haben unsere Differenzen gehabt, aber durch meine Unterwürfigkeit und mit der Liebe, die wir hatten, konnten wir das überbrücken. Und durch den Islam konnten wir das noch viel besser überbrücken. Da gab es ein Fundament, da standen wir fest. Egal, wie wir dann hochgingen, wir kamen immer wieder auf dieses Fundament zurück.*

Heute ist Attilas Mutter Mitglied in einem islamischen Verein, einer deutschsprachigen Gruppe, die das Leben in Deutschland mit ihrem Glauben zu verbinden versucht, während sich ihr Mann vom Islam abgewandt habe.

Während Attila selbst seine religiöse Erziehung vorrangig auf seinen Vater zurückführt, erzählt Attilas Mutter, wie sehr gerade ihr die religiöse Erziehung ihres Sohnes Attila am Herzen lag: *Es ist einfach wichtig gewesen für mich, ihm zu vermitteln, Du bist nicht alleine, Gott ist immer bei Dir.* Dieses Ziel strebte sie besonders im frühen Kindesalter an, *wenn sie noch ganz klein sind. Gott paßt auf einen auf. Aber ich muß sagen, man muß auf sich selber aufpassen, daß Gott auf einen aufpaßt. Solche Sachen vermittle ich dem Kind nicht durch Erzählen, sondern das macht man durch das Leben.* Attilas Mutter brachte ihm Schutzverse nahe: *Gott ist bei Dir, wenn Du die Verse sagst, dann fühlst Du seine Stärke.* Einmal mußte Attila als kleiner Junge alleine durch ein Gewitter laufen: *Da konnte ich vertrauen. Er kam nach Hause, ganz stolz, ganz naß, und sagte: ‚Mama, ich hatte Angst, und da habe ich die Verse gesagt, und Allah hat mich begleitet.'*
Daß Gott immer segnet, daß Gott belohnt, das habe ich schon, als sie noch ganz klein waren, erzählt, insbesondere in der Zeit des Ramadan. Wenn die Kinder Geld spendeten oder fasteten, dann wurden sie von Allah gesegnet.
Daß Allah auch bestraft, sage ich nur, wenn es nötig ist. Ich versuche es hinauszuzögern, aber wenn es nötig ist, kommt es dann mit Paukenschlag. Es ist wichtig, daß die Kinder das auch mitbekommen. Ich sag' den Kindern auch, eine Mutter liebt die Kinder über alles. Aber sie bestraft auch, und so ist es auch mit Gott.
Eltern, also Mann und Frau wohlgemerkt, nicht nur die Mutter, sind für das kleine winzige Baby das Gottesbild. Im Arm der Eltern bin ich aufgehoben, ich habe Vertrauen. Ich bin aufgefangen, warm und satt. Das sind die ersten Bezüge zu Gott. Wenn die gut sind, wenn diese Verbindung 'mal fest entstanden ist, dann denke ich, wird das andere folgen.
Die Kinder sind sozusagen der Spiegel der Eltern, die den Kindern Beispiel sind: *Auch das religiöse Leben ist das, was man den Kindern vorlebt.* Attila wendet sich von der Religion ab wie sein Vater, und seine Schwestern sind pflichtbewußt wie Attilas Mutter.

Attilas Mutter wünscht sich, daß gottesfürchtige Menschen nicht belächelt, sondern respektiert werden, daß es auch islamischen Religionsunterricht gibt und religiöse Familienerziehung auf diesem Weg gesellschaftliche Förderung erfährt. Sie betont, daß es viel Gemeinsames zwischen Christentum und Islam gibt, und zitiert aus dem Koran: *Es ist gottgewollt, daß Ihr unterschiedlich seid, damit Ihr um das Gute wetteifern könnt,* und bezieht diesen Vers auf die Religionen.

Attila hatte eine sehr bewegte Kindheit, verbrachte wiederholt längere Zeiten in Syrien, jedesmal ohne Eltern. Damals habe ich mir nicht überlegt, wie schlimm das für das Kind sein muß. Später war Attilas Vater unter gefährlichen Bedingungen als Freiheitskämpfer im Einsatz: *Diese Situation war auch für meinen Sohn sehr schwer. Er hat Asthma bekommen.* Attilas Mutter wollte Ausgleich für das Fehlen des Vaters schaffen, *ihn ersetzen, weil er oft nicht da war.* Damit überforderte sich Attilas Mutter – und *rastete öfters aus: Es sind so Sachen, wenn ich mit etwas nicht zurecht gekommen bin, gibt es alte Muster. Wenn man nichts anderes kennt, geht man aus Verzweiflung auf die Kinder los, und das war fatal, eine Zeit. Das gab es auch bei mir. Ich habe Wert darauf gelegt, daß ich ohne schlagen auskomme, aber es gab eine Zeit, wo ich das auch gemacht habe.* Sie erlitt depressive Abstürze. *Ich habe damals gedacht, ich schaffe das ganz alleine, auch ein Vater zu sein. Aber heute weiß ich, ich bin eine sehr gute Mutter, aber ein miserabler Vater.*

Von ihrem Sohn erzählt sie, daß er die Rolle des Vaters und Ehemanns zu übernehmen versuchte. Von seinem Taschengeld macht Attila seinen Geschwistern teure Geschenke. *Auch mir kauft er Sachen, dazu hat er sich immer verpflichtet gefühlt. Das hat mir immer weh getan, daß mein Mann das nicht gemacht hat, sondern daß er sich dazu verpflichtet fühlt.*

Seine Mutter meint, Attila verleugne seine Wut, doch breche sie immer wieder hervor. Auch schaue er sich viele Gewaltfilme an und höre Rapperlieder, denen sie schlechten Einfluß zuschreibt, etwa *That's not right, but okay.* Im Streit mit ihr geriet er einmal völlig außer sich, so daß seine Mutter von Angst erfaßt wurde: *Ich hatte eine Auseinandersetzung mit ihm, da brüllte er mich so an, ist ganz blaß geworden, hat hyperventiliert, und ihm ist der Speichel aus dem Mund gelaufen.*

Attila entwickelte zwischenzeitlich Angst vor seiner eigenen Person – davor, er könne jemanden töten oder quälen und dabei Spaß empfinden. Attila offenbarte dies seiner Mutter, und beide gingen zum Vater, der seinen Sohn nicht ernst nahm. Attila war sehr getroffen. Seine Mutter verwies ihren Sohn auf den rächenden Gott, um ihm zu signalisieren, daß er selbst sich nicht zu rächen bräuchte. *Ich habe aber den Verdacht und die Angst, daß er sich rächen will.*

Nach Aussage seiner Mutter praktiziert Attila heute den Islam nicht mehr. Allein den Ramadan hält er ein und fastet. Woran sich Attila heute orientiere, frage ich sie. *Im Moment ist es ein junges Mädchen. ‚Mama, mir geht 's blendend!', sagt er zu mir.*

Attilas Mutter ist stolz auf ihren Sohn und bezeichnet ihre Beziehung zu ihm als *kumpelhaft*. Der Vater hingegen war für Attila zunächst ein *Lehrer*, als er ihn in die Moschee mitnahm; dann wurde er zum *Bestrafer* und schließlich zum *Arbeitgeber*, da Attila bei ihm in der Gastronomie arbeitete. Allerdings forderte sein Vater von ihm permanenten Einsatz. Attila widersetzte sich und erntete folgende Worte: *‚Wenn Du jetzt gehst, brauchst Du nie mehr wiederzukommen.' Dann ist Attila abgehauen, nach Dänemark zu seinem Onkel, eine Zeitlang.*

Attilas Mutter vermutet, daß ihre religiöse Erziehung bei Attila verzögert Wirkung wird zeigen können. Die Elternkonflikte haben ihn stark verwirrt. *Ich muß einfach Geduld haben und ihn seinen Weg gehen lassen. Ich denke, ich habe ihn begleitet, so gut ich konnte, und ich habe das auch gut gemacht. Ich bin überzeugt, eines Tages wird etwas herausprießen, wo ich dann sehen werde: Ja, das sind die Samen, die ich gelegt habe.*

Bündelung der Ergebnisse

- Attilas Mutter trägt zur Aufdeckung von Wirkzusammenhängen religiöser Familienerziehung bei, indem sie deutlich macht, wie sehr Attila (der das Engagement seiner Mutter um die religiöse Familienerziehung kaum würdigt) sich im Alltag an seinem – zugleich abgelehnten – Vater orientiert und unter diesem Zwiespalt leidet, so daß die Welt seiner religiösen Überzeugungen und seine Alltagswelt nahezu unverbunden nebeneinander stehen bleiben.

- Attilas Mutter sucht die ihr nachvollziehbaren mörderischen Rachegelüste ihres Sohnes gegen seinen Vater religiös auszubremsen, indem sie auf die Strafe verweist, die Gott verhängen wird; zugleich treibt das Bild vom strafenden Gott Attilas Aggressionspotential weiter an.

- Eine traditionelle Familienstruktur gibt den Söhnen den Vater, den Töchtern die Mutter als Vorbild: Attila und sein Vater wenden sich beide weitgehend von ihrer Religion ab, sie leben beide auf Pump; Mütter und Töchter hingegen sind dem Islam zugeneigt und verhalten sich pflichtbewußt (Attilas Mutter bis hin zum depressogenen Burn-out im Einsatz für den Familienzusammenhalt).

- Attilas Mutter betont die Zusammengehörigkeit von Gottesbild und Elternbild; die Konflikte zwischen Attilas Eltern irritieren seine Gottesbeziehung.

- Attilas Mutter versuchte ihren Kindern Mutter und Vater zu sein, und Attila will seiner Mutter ein Ersatzmann, seinen Geschwistern ein „Väterchen" sein.

3.4.11. Bündelung der Ergebnisse qualitativ-empirischer Familienforschung

Aus diesen und anderen idiographisch orientierten Darstellungen lassen sich in Grundzügen einige Ergebnisse formulieren, die nicht nur für ein einzelnes Individuum zutreffen.

- Es zeichnen sich *transgenerationale Wirkzusammenhänge* ab. Wirkzusammenhänge religiöser Familienerziehung in korrelationsstatistisch positivem Sinne deuten sich sowohl in religiös beheimateten als auch in religiös nicht verankerten Familien an.

- In den familiären Alltag eingebetteten *Abendritualen* (Tagesrückschau, Lied und Gebet) kommt eine religiös-emotional stabilisierende Wirkung zu. Diese hält bis ins Jugendalter hinein an und begünstigt die Ausbildung von Oasen, in denen Jugendliche eine eigenständige Gebetspraxis entwickeln und pflegen (z.B. Julia).

- Abendrituale sind „Einsatzorte" auch für den berufstätigen Elternteil, meist den Vater, wenngleich religiöse Erziehung sich nach wie vor als Domäne der *Familienmütter* zeigt.

- Die *Elternbefragung* führt meist zu Ergebnissen, die sich mit denen aus der Befragung Jugendlicher vereinbaren lassen. In einzelnen Fällen kommt es zu Unterschieden (Attila stellt bei der Beschreibung der religiösen Erziehung, wie er sie erlebte, seinen Vater ins Zentrum, während die Mutter die Abwesenheit des Vaters gerade in diesen Belangen beklagt).

- Religiös *unterschiedlich orientierte Eltern* motivieren „dritte Wege", etwa im Falle einer konfessionsverschiedenen Ehe der Eltern von Mephisto, der religiös an seiner katholischen Mutter (aber in anderen Zusammenhängen an seinem Vater) orientiert ist und – auf ihr Geheiß hin – religiöse Autonomie sucht.

- *Großeltern, vor allem Großmüttern* kommt für die Gestaltung von Familienreligiosität und für die religiöse Entwicklung von Kindern und Jugendlichen große Bedeutung zu (z.B. Fritz beim Tod seines Vaters oder Franziska). Sie fungieren oft als zentrale Vertrauenspersonen, die im Erleben ihrer heranwachsenden Enkelkinder einen Zusammenhang von Glaubens- und Alltagsvollzügen garantieren.

- *Elternbeziehung* reizt zur *Gottesbeziehung*: Ähnlichkeiten zwischen dem Gottesbild und der Beschreibung des leiblichen Vaters zeichnen sich ab – mitunter bis in die Wortwahl hinein (Julia). Auch die Beziehungsqualität der Eltern untereinander vermag sich in der Gottesbeziehung zu spiegeln (z.B. Attila und seine Mutter).

- *Ambivalenzen im Gottesbild* gehen mit *Ambivalenzen im Elternbild* einher, etwa bei Attila, der seinem Vater sowohl Respekt als auch Wut entgegenbringt. Die Qualitäten der Bindung zu den Eltern[244] und der Beziehung zu Gott zeigen einen in ihrer Struktur analogen Aufbau, auch in psychiatrisch auffälligem Kontext.

- Religiöse Erziehung fördert die Ausbildung selbstreflexiver Kompetenzen und eines Empfindens von Recht und Unrecht, was *Straffälligkeit* zwar nicht gänzlich verhindert, aber präventiv eindämmt. Interesse an religiösen Fragen entsteht bei straffälligen Probanden meist nicht durch religiöse Erziehung im Kindesalter, sondern durch einschneidende Erlebnisse im Jugendalter. *Gefängnisseelsorge* kann an – wenn auch in der Regel lediglich rudimentär gegebene – religiöse Erfahrungen der Betroffenen anknüpfen, um Wege aus der Kriminalität anzubahnen.

- Bei der *muslimischen Befragung* ergibt sich für beide Jugendliche, daß sie später dem Islam gemäß leben wollen, aber noch nicht heute – aus Angst, Leben zu versäumen, und zugleich im Wissen, dabei zu sündigen (stärkere Tendenz zur Tabuisierung von Sexualität als zur Tabuisierung von Aggressivität). Das *Dilemma*, das sich zwischen Lebenslust und Glaubensvollzug auftut, erfährt eine chronologische Auflösung: Attila bewahrt den Islam „in Gedanken", Soraja trägt ihn „in meinem Herzen".

- Zudem zeichnet sich bei der *muslimischen Befragung* ab, daß *religiöse Erziehung im Kindesalter* eine ausschließlich familiäre Aufgabe ist, die zunächst offenbar nicht mit spezifischen Angeboten religiöser Institutionen einhergeht.

- *Initiativen* zur Gestaltung von Familienreligiosität gehen auch *von Kindern aus*. Sie stellen ihren Eltern Fragen, die diese zur Auseinandersetzung mit ihren Sinn- und Wertkonzepten herausfordern (Attila und Franziska).

- Religiöse *Suche außerhalb der Familie* erfolgt bei Franziska, deren religiöses Interesse zuhause auf für sie unzureichende Gegenliebe stößt, zugunsten des Religionsunterrichts. Nur selten öffnen sich Jugendliche, deren Fragen im

---

[244] s. Spangler & Zimmermann 1999.

familiären Binnenraum wenig Resonanz finden, öffentlichen Räumen, etwa Kirchenräumen, da sie kaum eine für sie einladende Kirche erleben.

- Eingeübtes Sozialverhalten in religiös aufgeschlossenen Familien – insbesondere gegenüber Geschwistern – fördert ein *religiöses Selbstverständnis Jugendlicher*, das nicht in einem lebensfernen Privatraum Zuflucht sucht, sondern über die Grenzen der Herkunftsfamilie hinaus zu sozialem und politischem Engagement motiviert (z.B. Julia und Fritz).

3.4.12. Bewertung der Instrumente qualitativ-empirischer Familienforschung

Bewertungen der im Rahmen der qualitativen Studie favorisierten und gewählten Untersuchungsinstrumente lassen sich wie folgt zusammenfassen.

Datenerhebung

Für mich überraschend war die Beobachtung, daß bei der ganz großen Mehrzahl der befragten *Jugendlichen* über den Zeitraum der Datenerhebung hinweg ein starkes Interesse an den zu thematisierenden Fragen erhalten blieb oder gar geweckt werden konnte – mit dem Effekt, daß viele von ihnen sich spontan bereit erklären, im Falle möglicher Nachfragen oder weiterer Forschungsanliegen unterstützend und auskunftswillig zur Verfügung zu stehen. An dieser Stelle danke ich allen Probandinnen und Probanden: Es sind beeindruckende Persönlichkeiten, die diese Untersuchung durch ihre Gesprächsbereitschaft ermöglicht und mir mitunter unvergeßliche Stunden geschenkt haben.

Die Wahl der *Altersstufe* der befragten Jugendlichen erwies sich als sinnvoll. Mit 16 – 18 Jahren waren bei den meisten Befragten selbstreflexive Fähigkeiten und ein Verbalisierungsvermögen ausgebildet, das dem Forschungsprozeß zugute kam; auch die dafür wichtige Balance von Nähe und Distanz zum Forschungsgegenstand war bei den meisten Jugendlichen gegeben.

Die Befragung von *Eltern* lief weitgehend auf die Befragung von Müttern hinaus. Für das kriminologische Sample ergab sich bei der Elternbefragung ein Zugangsproblem. Soweit Elternteile jedoch erreichbar waren, erwiesen sich die Interviews als höchst wertvoll – auf weite Strecken zur Absicherung der Aussagen Jugendlicher aus anderer Perspektive, immer wieder aber auch zur Relativierung und „Relationierung" in dem Sinne, daß divergierende Aussagen von Eltern und Jugendlichen Rückschlüsse auf potentielle familiäre Strukturen, Wahrnehmungs- und Kommunikationsmuster zuließen.

Schwierigkeiten – vornehmlich unter den psychisch auffälligen Probandinnen und Probanden – ergaben sich angesichts der verschiedenen *Zeitebenen*, die im Interview eine zentrale Rolle spielten und eine nicht immer gewährleistete Konzentrationsfähigkeit voraussetzten. Auf Fragen nach zurückliegenden Ergebnissen, insbesondere nach religiöser Familienerziehung etwa im Vorschul- und frühen Schulalter, konnten etliche Jugendliche nur schwer und zeitlich versetzt antworten, konkret beispielsweise am Ende des Interviews, wenn ihnen zu bereits einige Zeit zurückliegenden Fragen noch Wichtiges einfiel.

Zusammenfassend erwies sich die auf einem halbstrukturierten Leitfaden basierende Interviewführung zur Erschließung von Wirkzusammenhängen religiöser Familienerziehung als geeignete *Methode* der Datenerhebung.

Die Nutzung des *Freiburger Persönlichkeits-Inventars (FPI)* erbrachte auf weite Strecken eine Bestätigung der Eindrücke, die die Interviewerinnen und Interviewer in der Zeit der Gesprächsführung selbst sammeln konnten. In – ohnehin nur wenigen – strittigen Fragen trug der FPI zu deren Klärung bei.

Datenaufbereitung

Die Datenaufbereitung erfolgte aufgrund von *Transkriptionsregeln*, deren Differenzierungsgrad sich als zielführend herausstellte.

Datenauswertung

Da die Entwicklung einer Methodologie das erklärte erste Projektziel ausmachte, erschien es unerläßlich, die gewählte zusammenfassend-inhaltsanalytische Auswertungsstrategie so auszuführen, daß hernach begründete Schlüsse daraus gezogen werden können, ob
(1) dieses Verfahren der Fragestellung angemessen ist,
(2) möglicherweise trotz des erheblichen Zeitaufwands thematisch relevante Daten verloren gehen,
(3) angesichts der bei der Durchführung der inhaltsanalytischen Schritte allemal verbleibenden Entscheidungsspielräume die erforderliche intersubjektive Reliabilität gewährleistet ist und
(4) andere Verfahren mit geringerem Aufwand ähnlich detaillierte Ergebnisse erbringen können.

Zur Prüfung dieser Fragen tragen bei
- im Falle von 1. (*Angemessenheit des Verfahrens*) der Versuch, auf der Grundlage der inhaltsanalytisch gewonnenen deskriptiven Kategorien Hypothesen zu Wirkzusammenhängen religiöser Familienerziehung zu generieren;
- im Falle von 3. (*intersubjektive Reliabilität*) die auszugsweise parallele Auswertung von verfahrensstrategisch strittigen und inhaltlich besonders gewichtigen Passagen;
- im Falle von 2. (*Datenverlust*) und von 4. (*Verfahrensalternativen*) der Versuch, unabhängig von der inhaltsanalytischen Auswertung alternative Strategien zu nutzen, also Verdichtungsprotokolle anzufertigen, wie sie aus (sozial-) psychologischen Pilotstudien bekannt und dort üblich sind. Der Vergleich legt offen, ob die weniger aufwendige Erstellung von Verdichtungsprotokollen ähnlich detaillierte Resultate erbringt wie eine zusammenfassende Inhaltsanalyse und ob darüber hinaus Verdichtungsprotokolle möglicherweise sogar thematisch relevante Inhalte bewahren, die in der Gefahr stehen, in den Mühlen inhaltsanalytischer Technik zermahlen zu werden.

Zur Frage nach der Angemessenheit des Verfahrens

Hypothesen zu Wirkzusammenhängen religiöser Familienerziehung lassen sich – wie in den Abschnitten 3.4.4 – 3.4.10 auszugsweise dokumentiert – aus den inhaltsanalytisch erzielten Resultaten gewinnen, die ihrerseits einzelnen Probandinnen und Probanden zur Prüfung vorgelegt wurden; darum kann das gewählte Verfahren als der Fragestellung angemessen gelten. Dabei kommt den Hypothesen keine nomothetische Beweiskraft zu, sondern ein idiographischer Hinweischarakter.

Zur Frage nach der Gefahr des Datenverlusts

Im Text Unerwähntes findet in einem induktiv-zusammenfassend ausgerichteten Aufbereitungs- und Auswertungsverfahren keine Aufnahme. Beispielsweise kann zur Kategorienbildung nur beitragen, was eine Probandin (z.B. Julia) zu ihren Beziehungen zu ihren Brüdern zum Ausdruck bringt; der Umstand, daß ihre Schwester keine Erwähnung findet, wird in keiner der Kategorien explizit. Eine *Hermeneutik des Verdachts* kann aber nur greifen, wenn auffällige Fehlanzeigen überhaupt expliziert werden. Zusätzliche Anmerkungen und „Memos"[245], die das inhaltsanalytische Verfahren ergänzen, sind dabei hilfreich.

Zur Frage nach intersubjektiver Reliabilität

Die intersubjektive Reliabilität wurde exemplarisch überprüft, und zwar an inhaltlich besonders wichtigen sowie an für den ersten Auswerter problematischen Sequenzen. Im Ergebnis kann die Zuverlässigkeit der Resultate als recht hoch eingeschätzt werden, angesichts der in der Auswertung allemal verbleibenden Entscheidungsspielräume sogar als überraschend hoch.

---

[245] s. Strauss & Corbin 1996.

Zur Frage nach Verfahrensalternativen

Unter Einbeziehung der obengenannten verfahrensstrategischen Erweiterungen kann die gewählte Auswertungsmethode der zusammenfassenden Inhaltsanalyse als zielführend gelten. Sie bedarf jedoch eines erheblichen Zeitaufwands. Die Erstellung von Verdichtungsprotokollen ist in dieser Hinsicht sparsamer – allerdings in einem geringeren Maße, als zunächst zu vermuten stand, da die inhaltsanalytische Arbeit mit wachsender Routine an Tempo gewinnt. In ihrer Qualität und in ihrer inhaltlichen Differenziertheit weichen die Ergebnisse beider Strategien nur unwesentlich voneinander ab. Unter dieser Prämisse erscheint eine ausschließliche Erstellung von Verdichtungsprotokollen bei qualitativ orientierten Auswertungen teilstrukturierter Interviews verantwortbar. Die Erstellung von „Memos" erweist sich auch hier als hilfreich, auch wenn diese Auswertungsstrategie weniger als die Inhaltsanalyse in der Gefahr steht, bei den zusammenfassenden Schritten inhaltlich relevante Daten zu verlieren.

Sowohl aus den inhaltlichen Verdichtungen als auch aus den inhaltsanalytisch gewonnenen Kategorien lassen sich *Hypothesen zu Wirkzusammenhängen religiöser Familienerziehung* generieren – zunächst mit individuell biographischem Zuschnitt, dann aber auch personenübergreifend und schließlich in Vernetzung mit einschlägigen Theorieansätzen. Darum ist das gewählte Auswertungsverfahren nicht nur den vorliegenden Daten, sondern auch dem Charakter einer Pilotstudie angemessen, die gerade auf die hypothetische Erschließung von Wirkzusammenhängen abzielt.

Vernetzung empirisch gewonnener Erkenntnisse mit Lehr-Lern-Konzepten

Über die deskriptiv ausgerichteten Untersuchungsschritte hinaus liegen Versuche vor, die dabei gewonnenen Ergebnisse mit der *Konzeption von Fritz Oser und Paul Gmünder*[246] sowie mit dem *Modell des Cognitive Apprenticeship nach Allan Collins, John S. Brown & Susan E. Newman*[247] zu verschränken.

---

[246] s. Oser & Gmünder 1996.
[247] s. Collins, Brown & Newman 1989, 453 – 494.

Dabei ergibt sich im Zusammenhang mit dem Konzept von Fritz Oser und Paul Gmünder eine altersgemäße Einstufung der befragten Probandinnen und Probanden, die allerdings zu lediglich geringer Differenzierung innerhalb des Samples beiträgt. Häufig lassen sie sich auf Zwischenstufen plazieren, insbesondere zwischen Do-ut-des-Vorstellungen, die sich bereits in der Kindheit ausbilden und göttliches und menschliches Wirken gleichsam vertraglich aufeinander abzustimmen suchen, einerseits und einer Trennung von göttlichem und menschlichem Bereich, welche letzterem eine religiös oder auch nichtreligiös gefärbte Autonomie zuspricht, andererseits[248].

Das Modell des Cognitive Apprenticeship entstammt der kognitionspsychologisch orientierten Lehr-Lern-Forschung und zielt auf die Einführung in eine Expertenkultur, konkret auf das Einüben von Fertigkeiten (von Lesen, Schreiben und Rechnen), und zwar in sechs Schritten: (1) zeigt ein Experte das zu erlernende Vorgehen (*modeling*[249]); es folgen (2) die individuelle Ermunterung und Förderung (*coaching*: „Du kannst es", „Probier doch 'mal"), (3) als Lernen in sozialen Kontexten eine Teilproblemlösung durch den Lehrer bzw. Experten, der sich in wachsendem Maße zurückzieht (*scaffolding* = durch den Meister erfolgender Bau eines Gerüsts, innerhalb desselben der Lehrling sich bewegen kann, und *fading* = Sich-ausschleichen des Experten bzw. des Meisters), (4) die sprachliche Externalisierung des Wissens durch die Lernenden (*articulation* als Versprachlichungshilfe), (5) ein Vergleich der eigenen Denkprozesse mit denen der Experten (*reflection*: Wie siehst Du, Lehrling, das Problem? Wie siehst Du, Meister, das Problem?) und (6) die eigenständige Problemlösung durch Lernende (*exploration*: Untersuchung durch Lernende selbst, die ihrerseits zu Experten geworden sind).

Die Vernetzung mit dem Modell des Cognitive Apprenticeship ermutigt dazu, letzteres zu einem Modell des *Religious Apprenticeship* zu entfalten; dieses sollte die formalen Aspekte des Modells des Cognitive Apprenticeship integrieren, darüber hinaus aber den spezifischen Bedingungen religiösen Lernens Rechnung tragen, indem neben der Sachebene auch der Beziehungsebene das ihr gehörende Gewicht zugemessen wird.

---

[248] s. Schweitzer 1996, 129 – 157; Helsper 2000, 279 – 313.
[249] s. Bandura 1979.

Elternbefragung

Der Sinn der Elternbefragung steht – angesichts der Vergleiche zwischen den Resultaten aus den Interviews mit Müttern (in Ausnahmen mit Vätern) und den Untersuchungsergebnissen, die aus den Gesprächen mit ihren Töchtern und Söhnen hervorgehen – außer Frage. Die Gegenüberstellung bringt auf weite Strecken eine wechselseitige Stärkung inhaltlicher Befunde ans Licht, und sie führt im einzelnen mitunter zu interessanten Divergenzen zwischen Selbst- und mütterlicher bzw. väterlicher Fremdeinschätzung. Auffällig ist die leichtere Erreichbarkeit der Mütter, wenn es um die Gewinnung von Eltern bei der Interviewführung geht.

Steckbriefe

Die Erstellung von sogenannten Steckbriefen erleichtert den Zugriff auf die erhobenen, aufbereiteten und ausgewerteten Daten und läßt zudem erste Typisierungen von einschlägigen Wirkzusammenhängen zu.

3.4.13. Strategien und erste Ergebnisse quantitativ-empirischer Familienforschung

Der qualitativ ausgerichteten folgte eine quantitativ-empirische Teilstudie. Die Daten sollten dabei mittels Fragebogen schriftlich erhoben werden. Dieser wurde so konzipiert, daß die Themen des Interviewleitfadens in transformierter Gestalt darin Eingang fanden und zudem Fragen aufgenommen wurden, die sich aus dem hypothesengenerierenden Verfahren der qualitativen Teilstudie ergeben hatten. Nach einer Optimierung des Fragebogens durch Konsultationen mit Expertinnen und Experten – mit Vertreterinnen und Vertretern der am Projekt beteiligten Disziplinen sowie mit potentiellen Probandinnen und Probanden – folgte ein Testlauf unter insgesamt 400 Jugendlichen, soweit möglich unter Einbeziehung der Eltern.

Aus Erhebung und Aufbereitung der Fragebogendaten des genannten Umfangs gingen bei deren Auswertung einige Resultate hervor, die Aufmerksamkeit verdienen. Auf Prozentzahlen verzichte ich, da sich in einem Testlauf lediglich erste Tendenzen abzeichnen, die in einer noch ausstehenden repräsentativen Untersuchung geprüft werden müssen.

- Mit der Erziehung durch ihre *Eltern* zeigt sich die große Mehrheit der Jugendlichen zufrieden. Eltern fungieren – in unterschiedlicher Stärke – *als Vorbilder* der Jugendlichen. Beide Ergebnisse treffen in stärkerem Ausmaß auf die weiblichen und in geringerer Ausprägung auf die männlichen Befragten zu.

- Bei der Frage, inwiefern *Reden und Handeln der Eltern* aus der Sicht Jugendlicher übereinstimmen, differenzieren die Befragten deutlich: Die Mehrheit der Jugendlichen stimmt der Aussage zu, die Mutter lebe, was sie sage, während dies für Väter nur in eingeschränktem Maß gilt.

- Darüber hinaus zeichnet sich eine starke *Bereitschaft zu freiwilligen Hilfeleistungen* ab – eine Antworttendenz, die nicht nur auf soziale Erwünschtheit zurückgeführt werden muß, wie der Fortgang dieser Dokumentation zeigen wird. Diese Selbsteinschätzung Jugendlicher trifft sich mit der Fremdeinschätzung durch ihre Eltern.

- Eine wichtige Bedeutung sprechen der eigenen Religiosität insbesondere *weibliche Jugendliche* zu, vorrangig in Krisensituationen.

- Die befragten Jugendlichen berichten, daß ihre *Eltern* sich *in der religiösen Erziehung* weitgehend *einig* waren und sind. Die Eltern selbst bestätigen dies, allerdings in geringerem Maß, als im Vergleich dazu ihre Kinder meinen.

- *Charakteristika eines religiösen Menschen* sind aus der Sicht der Jugendlichen sowie aus der Sicht der Eltern vorrangig sein Gottesglauben und sein soziales Engagement – deutlich stärker als etwa der Kirchgang. Die obengenannte auffällige Hilfsbereitschaft kann offenbar stark religiös motiviert sein.

- *Eltern* fungieren auch *als spezifisch religiöse Vorbilder*, allerdings weniger häufig denn als Vorbilder in anderen Zusammenhängen; auch die Zufriedenheit der Jugendlichen mit der spezifisch religiösen Erziehung durch ihre Eltern liegt zwar hoch, aber deutlich unterhalb des Maßes an Zufriedenheit mit der allgemeinen Erziehung.

- Das *Gottesbild*, das Jugendliche rückblickend von *ihrer Kindheit* zeichnen, zeigt, sofern es personale Züge trägt, sowohl strenge als auch liebenswürdige Konturen; am deutlichsten zeigen sich in diesem Bild Liebe und Ermutigung, auch Gottes Vergebungsbereitschaft. Auch hier zeichnet sich eine deutliche Übereinstimmung zwischen der Selbsteinschätzung Jugendlicher und der Fremdeinschätzung durch ihre Eltern ab.

- Das *aktuelle Gottesbild* der befragten Jugendlichen schließt sich daran nahtlos an: Bei Gott denken sie vorrangig an Liebe – weibliche Jugendliche noch stärker als männliche –, aber auch stark an Vergebung und Ermutigung (im Kontrast zu Haß, Rache und Angst). In der Tendenz treten auch Annahme, Anerkennung, Nachsicht und Erlösung durch Gott deutlich hervor (im Unterschied zu Ablehnung, Zurückweisung, Strafe und Verdammung). Sind dämonische Gottesbilder[250] weitgehend „out", allerdings zugunsten einer religiös motivierten Tendenz zur Tabuisierung von Aggressivität?

- Alle Jugendlichen, die sich an einen in der Familie gepflegten religiös geprägten *Abendritus* erinnern, können konkrete Gebete und religiöse Geschichten anführen. Im selben Umfang geben Jugendliche an, daß der Abendritus für sie wichtig war. Mit anderen Worten: Wer einen Abendritus kennengelernt hat, schätzt ihn! Auch eine große Mehrheit der Eltern glaubt, daß Abendriten in der Entwicklung ihrer Kinder eine große Bedeutung zukommt.

- Ein *Wirkzusammenhang religiöser Familienerziehung* zeichnet sich ab, wenn diejenigen Jugendlichen, die sich daran erinnern, wie ihre Eltern und Großeltern ihnen als kleinen Kindern biblische Geschichten nahegebracht haben, angeben, daß sie eigenen Kindern einmal von Gott erzählen möchten.

---

[250] s. Frielingsdorf 1997.

- Die *Unterstützung der Eltern bei der allgemeinen Erziehung durch die Großeltern* hat eine Mehrzahl der befragten Eltern *nicht* in guter Erinnerung.

- Schwierigkeiten, Hilflosigkeit und Hindernisse bei der religiösen Familienerziehung werden in etlichen Familien vorgebracht. Die *Unterstützung* jedoch, die Eltern *durch die Großeltern* ihrer Kinder *in der spezifisch religiösen Erziehung* erfahren haben, haben noch mehr Befragte *nicht* in guter Erinnerung, als es bereits für die allgemeine Erziehung gilt – trotz der bedeutsamen Rolle, die Großeltern bei der religiösen Entwicklung Heranwachsender nach deren eigenem Bekunden (in der qualitativ-empirischen Forschung) spielen.

- Die Angabe, daß für sie und ihre Familien der Kirchgang unbestrittenermaßen zum *Weihnachtsfest* gehört, findet sich bei mehr Eltern als die Zustimmung zu der Aussage, daß sie Weihnachten bewußt als christliches Fest in ihrer Familie begehen. Erfolgt der Kirchgang in einigen Familien gleichsam bewußtlos?

3.4.14. Familienreligiosität – Zukunftsperspektiven

Familienreligiosität erweist sich als ein Thema, zu dem sich ein Feldzugang (zu Familien) erschließen und für das sich eine geeignete Methodologie entwickeln läßt. Aus dem einer Pilotstudie wohl angemessenen *multi*disziplinären Vorgehen kann ein *inter*disziplinäres werden, das die daran beteiligten Disziplinen sowohl miteinander zu verschränken als auch jeweils freizugeben vermag – für die religionspädagogischen Disziplinen und ihre Kooperationspartnerinnen Kriminologie / Soziologie und Psychiatrie / Psychologie ein von unterschiedlichen Wissenschaftsverständnissen gepflasterter steiniger Weg, aber doch ein zukunftsträchtiger, wenn er weder die nichttheologischen Disziplinen zu bloßen Gehilfinnen degradiert noch einer Dominanz von Human- und Sozialwissenschaften das Wort redet, die dem kritischen Potential der Theologie nichts zutraut und dieses folglich verschenkt.

Im Rahmen einer weiterführenden *quantitativen Studie* sind die im Pilotprojekt erarbeiteten, von Expertinnen und Experten geprüften und einem Probelauf unterzogenen Fragebögen einer *repräsentativen Untersuchung* zuzuführen.

Die *retrospektive Betrachtung von weit zurückliegenden Ereignissen* ist Jugendlichen jedoch oft nur dann möglich, wenn ihnen hierfür ein ausreichender zeitlicher Rahmen und unterstützende Begleitung zur Verfügung stehen, so daß es weiterhin qualitativer Forschung bedarf.

Im Rahmen einer weiterführenden *qualitativen Studie* brauchen keine zusammenfassenden Inhaltsanalysen mehr erstellt zu werden; es genügt die Anfertigung von Verdichtungsprotokollen.

Verstärkt zu befragen sind *muslimische Probandinnen und Probanden*; zusätzlich anzufragen sind *Menschen jüdischen Glaubens*.

Diskussionswürdig ist – aufgrund ihrer überraschend großen Bedeutung für die religiöse Familienerziehung und die Persönlichkeitsentwicklung vieler der bisher befragten Jugendlichen – die *Interviewführung mit Großeltern*, auch angesichts ihrer von den Eltern oft abweichenden Einschätzung, wie allgemeine und wie insbesondere religiöse Familienerziehung glücken kann.

Eine Neuerung kann im *Führen von Familiengesprächen*[251] bestehen, bei denen die Möglichkeit entsteht, daß die Forschenden neben inhaltlichen Auskünften, die ein einzelnes Gegenüber erteilt, Interaktionsformen einer Familie und systemische Dynamiken kennenlernen können, wovon ich mir beträchtlichen Erkenntnisgewinn verspreche. Familienforschung kann sich schwerlich auf Einzelgespräche beschränken. In diesem Zusammenhang könnte – im Anschluß an das Modell des Cognitive Apprenticeship – ein *Modell des Religious Apprenticeship* entwickelt werden.

Longitudinalstudien, die diesen Namen ansatzweise verdienen, sind bei einer längeren Laufzeit zumindest diskussionswürdig. Untersuchungswiederholungen

---

[251] s. Hildenbrand 1999.

würden eine Strategie erlauben, die nicht mehr vorrangig retrospektiv orientiert sein müßte, sondern zwei je aktuelle Momentaufnahmen zum Vergleich heranziehen könnte.

Langfristiges religionspädagogisches Ziel ist die *Qualifizierung von Eltern im Sinne religiöser Kompetenz*, mit anderen Worten eine *Elternschule*, die zum Gelingen religiöser Familienerziehung beiträgt – auch angesichts der Erfahrung, daß familiäre Binnenbeziehungen erschreckend oft unheilvoller wirken als die Beziehungen, die dem häuslichen Bannkreis entzogen sind. So oder so bleibt Familienreligiosität, wenn sie nicht zu einer Kuschelecke verkommen will, auf öffentliche Räume und Unterstützung angewiesen.

3.5. Eine Bündelung – anhand multidisziplinärer Zugänge zu religionspädagogischer Theorie und Praxis

Multidisziplinäre Zugänge zu religionspädagogischer Theorie und Praxis kündigte der Untertitel dieses Buches an. Dazu zählten in einem ersten Schritt pädagogisch-psychologische Lerntheorien, heute schon als klassisch geltende verhaltenspsychologische Ansätze ebenso wie vergleichsweise junge systemtheoretische Konzepte. Die ihnen jeweils eigenen Lernziele signalisieren bereits die Unterschiedlichkeit dieser Theorien: Konditionierte Verhaltensmodifikation verlangt nach einer Außensteuerung von Lernprozessen durch Lehrende, Selbstorganisation in Prozeßgestalten hingegen läßt vorrangig an eine Innensteuerung von Lernprozessen denken.

Ein zweiter Schritt galt religionspädagogischen und theologischen Zugängen zum (religiösen) Lernen. Dabei war mir wichtig, nicht nur die bekanntesten unter diesen Ansätzen – die Stufenkonzepte von Fowler sowie von Oser und Gmünder – zu präsentieren und kritisch zu würdigen, sondern auch die Anfänge ihrer religionspädagogischen Forschungsanstrengungen zu markieren – mit Goldman – und religiöses Lernen darüber hinaus als emotionales, auch als mystagogisches, als diakonisches und soziales zu qualifizieren.

Beide Theoriestränge, der pädagogisch-psychologische im ersten Schritt und der religionspädagogisch-theologische im zweiten Schritt, sollten je eigens entwickelt werden, ohne die eine Disziplin einer anderen über- oder unterzuordnen.

Denn nur auf Augenhöhe kommen sie miteinander in Berührung, werden Gemeinsamkeiten und Differenzen offenbar. Und beide begegneten und begegnen erneut im dritten Schritt, wenn religiöse Praxisgestalten an den Lernorten Schule, Gemeinde und Familie exemplarisch aufscheinen – in der Hoffnung, daß sie Leserinnen und Leser zu eigenen Lernprozessen anstiften und zu deren Gestaltung ermutigen.

Literatur

Autorinnen und Autoren mit gleichlautendem Nachnamen werden – im Unterschied zu allen anderen, deren Nachname zu keinerlei Verwechslung Anlaß gibt – in den Fußnoten durchgängig unter Hinzufügung ihres jeweiligen Vornamens geführt. Auf diese Weise bleibt die Eindeutigkeit der Angaben gewährleistet.

Aetheria, Eine Pilgerfahrt in das Heilige Land (Peregrinatio Aetheriae). Eingeleitet und erklärt von Hélène Pétré. Übersetzt von Karl Vretska, Klosterneuburg bei Wien: Bernina, 1958.

Anderson, John R., Kognitive Psychologie. Eine Einführung. Deutsche Übersetzung herausgegeben von Angelika Albert, 2. Auflage, Heidelberg: Spektrum der Wissenschaft, 1989.

Arnold, Wilhelm, Eysenck, Hans J. & Meili, Richard (Hrsg.), Lexikon der Psychologie, 3 Bde., 2. Auflage, Freiburg i.Br. – Basel – Wien: Herder, 1987.

Bandura, Albert, Sozial-kognitive Lerntheorie, Stuttgart: Klett-Cotta, 1979.

Beile, Hartmut, Religiöse Emotionen und religiöses Urteil. Eine empirische Studie über Religiosität bei Jugendlichen (Glaubenskommunikation Reihe Zeitzeichen; Bd. 4), Ostfildern: Schwabenverlag, 1998.

Biemer, Günter & Biesinger, Albert (Hrsg.), Christ werden braucht Vorbilder. Beiträge zur Neubegründung der Leitbildthematik in der religiösen Erziehung und Bildung, Mainz: Grünewald, 1983.

Biesinger, Albert & Bendel, Herbert (Hrsg.), Gottesbeziehung in der Familie. Familienkatechetische Orientierungen von der Kindertaufe bis ins Jugendalter, Ostfildern: Schwabenverlag, 2000.

Biesinger, Albert & Kießling, Klaus, Meditation und Kontemplation als Grenzerfahrung. Ein religionspädagogischer Diskussionsbeitrag zum Konzept einer „Deautomatisierung von Kategorisierungsprozessen", in: Werner Simon (Hrsg.), meditatio. Beiträge zur Theologie und Religionspädagogik der Spiritualität. Günter Stachel zum 80. Geburtstag (Forum Theologie und Pädagogik; Bd. 4), Münster: Lit, 2002, 81 – 92.

Böse, Reimund & Schiepek, Günter, Systemische Theorie und Therapie. Ein Handwörterbuch, Heidelberg: Asanger, 1989.

Buggle, Franz, Die Entwicklungspsychologie Jean Piagets, 3. Auflage, Stuttgart – Berlin – Köln: Kohlhammer, 1997.

Bundesministerium für Familie, Senioren, Frauen und Jugend (Hrsg.), Kinder und ihre Kindheit in Deutschland. Eine Politik für Kinder im Kontext von Familienpolitik (Schriftenreihe des Bundesministeriums für Familie, Senioren, Frauen und Jugend; Bd. 154), Stuttgart – Berlin – Köln: Kohlhammer, 1998.

Cohn, Ruth C., Von der Psychoanalyse zur themenzentrierten Interaktion. Von der Behandlung einzelner zu einer Pädagogik für alle, 13., erweiterte Auflage, Stuttgart: Klett-Cotta, 1997.

Cohn, Ruth C. & Farau, Alfred, Gelebte Geschichte der Psychotherapie. Zwei Perspektiven, 2., überarbeitete Auflage, Stuttgart: Klett-Cotta, 1987.

Collins, Allan, Brown, John S. & Newman, Susan E., Cognitive Apprenticeship: Teaching the Crafts of Reading, Writing, and Mathematics, in: Lauren B. Resnick (Hrsg.), Knowing, Learning and Instruction. Essays in Honor of Robert Glaser, Hillsdale: Laurence Erlbaum Associates, 1989, 453 – 494.

Cyrill von Jerusalem, Katechesen. Aus dem Griechischen übersetzt und mit einer Einleitung versehen von Dr. Philipp Haeuser (Bibliothek der Kirchenväter; Bd. 41); München: Kösel & Pustet, 1922.

Danner, Helmut, Methoden geisteswissenschaftlicher Pädagogik. Einführung in Hermeneutik, Phänomenologie und Dialektik, 2. Auflage, München – Basel: Reinhardt, 1989.

Dell, Paul F., Klinische Erkenntnis. Zu den Grundlagen systemischer Therapie (Systemische Studien; Bd. 1), Dortmund: Modernes Lernen, 1986.

Diers, Michaela (Hrsg.), Mystik. Ein Lesebuch für Nachdenkliche, München: Deutscher Taschenbuch-Verlag, 2002.

Duden, Bd. 7: Das Herkunftswörterbuch. Etymologie der deutschen Sprache, herausgegeben vom Wissenschaftlichen Rat der Dudenredaktion, 2., völlig neu bearbeitete und erweiterte Auflage, Mannheim – Wien – Zürich: Dudenverlag, 1989.

Duden, Bd. 8: Die sinn- und sachverwandten Wörter. Wörterbuch für den treffenden Ausdruck, herausgegeben vom Wissenschaftlichen Rat der Dudenredaktion, 2., neu bearbeitete, erweiterte und aktualisierte Auflage, Mannheim – Leipzig – Wien – Zürich: Dudenverlag, 1986.

Duden, Bd. 10: Das Bedeutungswörterbuch. Wortbildung und Wortschatz, herausgegeben vom Wissenschaftlichen Rat der Dudenredaktion, 2., völlig neu bearbeitete und erweiterte Auflage, Mannheim – Leipzig – Wien – Zürich: Dudenverlag, 1985.

Duden, Bd. 11: Redewendungen und sprichwörtliche Redensarten. Idiomatisches Wörterbuch der deutschen Sprache, herausgegeben vom Wissenschaftlichen Rat der Dudenredaktion, Mannheim – Leipzig – Wien – Zürich: Dudenverlag, 1992.

Duncker, Karl, Zur Psychologie des produktiven Denkens (1935), Erster Neudruck, Berlin – Göttingen – Heidelberg: Springer, 1963.

Edelmann, Walter, Lernen, in: Roland Asanger & Gerd Wenninger (Hrsg.), Handwörterbuch der Psychologie, 4., völlig neubearbeitete und erweiterte Auflage, München – Weinheim: Psychologie-Verlags-Union, 1988, 393 – 397.

Edelmann, Walter, Lernpsychologie, 6., vollständig überarbeitete Auflage, Weinheim: Psychologie-Verlags-Union, 2000.

Eilenberger, Gert, Komplexität. Ein neues Paradigma der Naturwissenschaften, in: Hoimar von Ditfurth & Ernst P. Fischer (Hrsg.), Mannheimer Forum 89 / 90. Ein Panorama der Naturwissenschaften, München – Zürich: Piper, 1990, 71 – 134.

Englert, Rudolf, Religionspädagogik, in: Walter Kasper u.a. (Hrsg.), Lexikon für Theologie und Kirche, Bd. 8, 3., völlig neu bearbeitete Auflage, Freiburg i.Br. – Basel – Rom – Wien: Herder, 1999, 1062 – 1064.

Fahrenberg, Jochen, Hampel, Rainer & Selg, Herbert, Das Freiburger Persönlichkeitsinventar (FPI). Revidierte Fassung FPI-R und teilweise geänderte Fassung FPI-A1. Handanweisung, 5., ergänzte Auflage, Göttingen: Hogrefe, 1989.

Fetz, Reto L., Kreis des Verstehens oder Kreis der Wissenschaften? Anthropologie im Spannungsfeld von Philosophie und Wissenschaft, in: Freiburger Zeitschrift für Philosophie und Theologie 26 (1979) 163 – 201.

Fischer, Klaus P., Gotteserfahrung. Mystagogie in der Theologie Karl Rahners und in der Theologie der Befreiung, Mainz: Grünewald, 1986.

Fowler, James W., Stufen des Glaubens. Die Psychologie der menschlichen Entwicklung und die Suche nach Sinn, Gütersloh: Kaiser, 2000.

Frielingsdorf, Karl, Dämonische Gottesbilder. Ihre Entstehung, Entlarvung und Überwindung, 3. Auflage, Mainz: Grünewald, 1997.

Gadamer, Hans-Georg, Erziehung ist sich erziehen, Heidelberg: Kurpfälzischer Verlag, 2000.

Gareis, Balthasar, Religion und Kriminalität, in: Edgar Schmitz (Hrsg.), Religionspsychologie. Eine Bestandsaufnahme des gegenwärtigen Forschungsstandes, Göttingen: Hogrefe, 1992, 223 – 234.

Gerbig, Christian, Chaos. Eine Einführung. Unveröffentlichte Diplomarbeit am Fachbereich Visuelle Gestaltung der Fachhochschule für Gestaltung Schwäbisch Gmünd, 1993.

Glasersfeld, Ernst von, Wissen, Sprache und Wirklichkeit. Arbeiten zum radikalen Konstruktivismus (Wissenschaftstheorie, Wissenschaft und Philosophie; Bd. 24), Braunschweig – Wiesbaden: Vieweg, 1987.

Goldman, Ronald, Religious Thinking from Childhood to Adolescence, 4. Auflage, London: Routledge & Kegan Paul, 1968.

Grice, G. Robert, The relation of secondary reinforcement to delayed reward in visual discrimination learning, in: Journal of Experimental Psychology 38 (1948) 1 – 16.

Grimm, Jacob & Grimm, Wilhelm, Deutsches Wörterbuch. Sechster Band, Leipzig: Hirzel, 1885; fotomechanischer Nachdruck als Bd. 12, München: Deutscher Taschenbuch-Verlag, 1999.

Grom, Bernhard, Religiöse Sozialisation in der Familie. Zur Bedeutung eines unterschätzten Lernorts, in: Stimmen der Zeit 214 (1996) 601 – 610.

Hahlweg, Kurt, Beziehungs- und Interaktionsstörungen, in: Hans Reinecker (Hrsg.), Lehrbuch der Klinischen Psychologie. Modelle psychischer Störungen, Göttingen – Toronto – Zürich: Hogrefe, 1990, 295 – 319.

Halisch, Frank, Beobachtungslernen und die Wirkung von Vorbildern, in: Hans Spada (Hrsg.), Lehrbuch Allgemeine Psychologie, Bern – Stuttgart – Toronto: Huber, 1990, 373 – 402.

Hammers, Alwin J., Der systemische Ansatz in der Psychotherapie, in: Jürgen Blattner, Balthasar Gareis & Alfred Plewa (Hrsg.), Handbuch der Psychologie für die Seelsorge, Bd. 2: Angewandte Psychologie, Düsseldorf: Patmos, 1993, 234 – 257.

Harz, Frieder, Mit Kindern beten. Situation klären – Praxis gestalten, 2. Auflage, Nürnberg: Landesverband für Evangelische Kindertagesstätten in Bayern, 1997.

Helsper, Werner, Jugend und Religion, in: Uwe Sander & Ralf Vollbrecht (Hrsg.), Jugend im 20. Jahrhundert. Sichtweisen – Orientierungen – Risiken, Neuwied – Berlin: Luchterhand, 2000, 279 – 313.

Henning, Christian & Nestler, Erich (Hrsg.), Religion und Religiosität zwischen Theologie und Psychologie. Bad Boller Beiträge zur Religionspsychologie (Einblicke. Beiträge zur Religionspsychologie; Bd. 1), Frankfurt am Main: Lang, 1998.

Herbst, Michael, Seelsorge und Psychotherapie, in: Seelsorge. Ergebnisse aus Sozialwissenschaft und Theologie 2 (1999) 4 – 11.

Herget, Ferdinand, Einsichtiges Lernen im Religionsunterricht an beruflichen Schulen. Untersuchung der Lernbegriffe und Unterrichtsmethoden von Formalstufenlehre, Lerntheorie und Strukturtheorie unter gestalttheoretischen Aspekten und Vorschläge für die Unterrichtsgestaltung (Tübinger Perspektiven zur Pastoraltheologie und Religionspädagogik; Bd. 8), Münster: Lit, 2000.

Herzog, Walter, Diskrepanzen und Modelle: Auf der Suche nach dem Gegenstand der Psychologie, in: Zeitschrift für Klinische Psychologie, Psychopathologie und Psychotherapie 32 (1984) 21 – 42.

Herzog, Walter, Das moralische Subjekt. Pädagogische Intuition und psychologische Theorie, Bern – Göttingen – Toronto: Huber, 1991.

Herzog, Walter, Pädagogik und Psychologie. Nachdenken über ein schwieriges Verhältnis, in: Zeitschrift für Pädagogik 40 (1994) 425 – 445.

Herzog, Walter, Wissensformen und didaktische Theorie, Teil 1 (Vorlesung an der Universität Bern im Wintersemester 1994 / 95), Bern: Studentische Buchgenossenschaft, 1995.

Herzog, Walter, Wissensformen und didaktische Theorie, Teil 2 (Vorlesung an der Universität Bern im Sommersemester 1995), Bern: Studentische Buchgenossenschaft, 1995a.

Hetzer, Hildegard, Selbständige Bemühungen kleiner Kinder, Gott zu begreifen, in: Der Evangelische Erzieher 23 (1971) 137 – 148.

Hildenbrand, Bruno, Fallrekonstruktive Familienforschung. Anleitungen für die Praxis (Qualitative Sozialforschung; Bd. 6), Opladen: Leske + Budrich, 1999.

Hobelsberger, Hans, Themenzentrierte Interaktion, in: Walter Kasper u.a. (Hrsg.), Lexikon für Theologie und Kirche, Bd. 9, 3., völlig neu bearbeitete Auflage, Freiburg i.Br. – Basel – Rom – Wien: Herder, 2000, 1392.

Höger, Rainer, Chaos-Forschung und ihre Perspektiven für die Psychologie, in: Psychologische Rundschau 43 (1992) 223 – 231.

Keupp, Heiner, Solidarisch und doch frei. Für eine kommunitäre Individualität, in: Psychologie heute 22 (1995) 50 – 55.

Kießling, Klaus, Behaviorismus, in: Walter Kasper u.a. (Hrsg.), Lexikon für Theologie und Kirche, Bd. 2, 3., völlig neu bearbeitete Auflage, Freiburg i.Br. – Basel – Rom – Wien: Herder, 1994, 152.

Kießling, Klaus, Humanistische Psychologie, in: Walter Kasper u.a. (Hrsg.), Lexikon für Theologie und Kirche, Bd. 5, 3., völlig neu bearbeitete Auflage, Freiburg i.Br. – Basel – Rom – Wien: Herder, 1996, 327 – 328.

Kießling, Klaus, Psychotherapie – ein chaotischer Prozeß? Unterwegs zu einer postcartesianischen Psychologie, Stuttgart: Radius, 1998.

Kießling, Klaus, Böse sind immer die anderen. Psychologische Konzepte des Bösen in Geschichte und Gegenwart, in: Diakonia 32 (2001) 98 – 105.

Kießling, Klaus, Seelsorge bei Seelenfinsternis. Depressive Anfechtung als Provokation diakonischer Mystagogie, Freiburg i.Br.: Herder, 2002.

Kießling, Klaus, „Nützlich und notwendig": Psychologisches Grundwissen in Theologie und Praxis (Praktische Theologie im Dialog; Bd. 24), Fribourg / Schweiz: Universitätsverlag, 2002a.

Klaghofer, Richard & Oser, Fritz, Dimensionen und Erfassung des religiösen Familienklimas, in: Unterrichtswissenschaft 15 (1987) 190 – 206.

Klein, Stephanie, Religiöse Tradierungsprozesse in Familien und Religiosität von Männern und Frauen, in: Religionspädagogische Beiträge 43 (1999) 25 – 40.

Klosinski, Gunther (Hrsg.), Religion als Chance und Risiko. Entwicklungsfördernde und entwicklungshemmende Aspekte religiöser Erziehung, Bern – Göttingen – Toronto – Seattle: Huber, 1994.

Knab, Doris, Erziehung, in: Walter Kasper u.a. (Hrsg.), Lexikon für Theologie und Kirche, Bd. 3, 3., völlig neu bearbeitete Auflage, Freiburg i.Br. – Basel – Rom – Wien: 1995, 853 – 855.

Koervers, Hans-Jürgen, Jugendkriminalität und Religiosität. Untersuchungen zur Religiosität delinquenter Jugendlicher und Perspektiven einer präventiven religiösen Erziehung (Forum zur Pädagogik und Didaktik der Religion; Bd. 1), Weinheim: Deutscher Studien-Verlag, 1988.

Kriz, Jürgen, Lück, Helmut E. & Heidbrink, Horst, Wissenschafts- und Erkenntnistheorie. Eine Einführung für Psychologen und Humanwissenschaftler. Mit einem Beitrag von Walther Zitterbarth und Hans Werbik, Opladen: Leske und Budrich, 1987.

Kriz, Willy C., Lernziel: Systemkompetenz. Planspiele als Trainingsmethode, Göttingen: Vandenhoeck & Ruprecht, 2000.

Kuld, Lothar & Gönnheimer, Stefan, Compassion – Sozialverpflichtetes Lernen und Handeln, Stuttgart – Berlin – Köln: Kohlhammer, 2000.

Langer, Inghard, Das Persönliche Gespräch als Weg in der psychologischen Forschung, Köln: Gesellschaft für wissenschaftliche Gesprächspsychotherapie, 2000.

Langmaack, Barbara, Einführung in die Themenzentrierte Interaktion (TZI). Leben rund ums Dreieck. Mit einem Geleitwort von Wolfgang Schmidbauer, Weinheim – Basel: Beltz, 2001.

Lanzerath, Dirk, Autopoiesis, in: Walter Kasper u.a. (Hrsg.), Lexikon für Theologie und Kirche, Bd. 11, 3., völlig neu bearbeitete Auflage, Freiburg i.Br. – Basel – Rom – Wien: Herder, 2001, 15.

Leslie, Julian C., Operant, in: Wilhelm Arnold, Hans J. Eysenck & Richard Meili (Hrsg.), Lexikon der Psychologie, Bd. 2, 2. Auflage, Freiburg i.Br. – Basel – Wien: Herder, 1987, 1509.

Lott, Friedhelm, Religionsunterricht als themenzentrierte Interaktion im Kontext einer Schule der Zukunft (Zeitzeichen; Bd. 9), Ostfildern: Schwabenverlag, 2001.

Matzdorf, Paul & Cohn, Ruth C., Das Konzept der Themenzentrierten Interaktion, in: Cornelia Löhmer & Rüdiger Standhardt (Hrsg.), TZI. Pädagogisch-therapeutische Gruppenarbeit nach Ruth C. Cohn, 2. Auflage, Stuttgart: Klett-Cotta, 1993, 39 – 92.

Mayring, Philipp, Qualitative Inhaltsanalyse. Grundlagen und Techniken, 6., durchgesehene Auflage, Weinheim: Deutscher Studien-Verlag, 1997.

Metzger, Wolfgang, Psychologie. Die Entwicklung ihrer Grundannahmen seit der Einführung des Experiments (Wissenschaftliche Forschungsberichte, Reihe I: Grundlagenforschung und grundlegende Methodik, Abteilung C: Psychologie; Bd. 52), 5. Auflage, Darmstadt: Steinkopff, 1975.

Metzger, Wolfgang, Gestalt-Psychologie. Ausgewählte Werke aus den Jahren 1950 bis 1982. Herausgegeben und eingeleitet von Michael Stadler und Heinrich Crabus, Frankfurt am Main: Kramer, 1986.

Muck, Otto, Kontingenz, Kontingenzerfahrung, in: Walter Kasper u.a. (Hrsg.), Lexikon für Theologie und Kirche, Bd. 6, 3., völlig neu bearbeitete Auflage, Freiburg i.Br. – Basel – Rom – Wien: Herder, 1997, 329 – 330.

Müller, Philippe, Psychologie ohne Seele, in: Wilhelm Arnold, Hans J. Eysenck & Richard Meili (Hrsg.), Lexikon der Psychologie, Bd. 3, 2. Auflage, Freiburg i.Br. – Basel – Wien: Herder, 1987, 1759 – 1760.

Oelkers, Jürgen, Die Frage nach Gott. Über die natürliche Religion von Kindern, in: Vreni Merz (Hrsg.), Alter Gott für neue Kinder? Das traditionelle Gottesbild und die nachwachsende Generation, Fribourg / Schweiz: Paulusverlag, 1994, 13 – 22.

Oser, Fritz & Gmünder, Paul, Der Mensch – Stufen seiner religiösen Entwicklung. Ein strukturgenetischer Ansatz, 4. Auflage, Gütersloh: Kaiser / Mohn, 1996.

Peitz, Heinz-Hermann, Kriterien des Dialogs zwischen Naturwissenschaft und Theologie. Anregungen aus dem Werk Karl Rahners (Innsbrucker theologische Studien; Bd. 53), Innsbruck – Wien: Tyrolia, 1998.

Piaget, Jean, Biologie und Erkenntnis. Über die Beziehungen zwischen organischen Regulationen und kognitiven Prozessen (1967). Aus dem Französischen von Angelika Geyer, Frankfurt am Main: Fischer, 1992.

Piaget, Jean, Der Strukturalismus (1968). Aus dem Französischen von Lorenz Häfliger, Olten – Freiburg i.Br.: Walter, 1973.

Platt, John, Social traps, in: American Psychologist 28 (1973) 641 – 651.

Pongratz, Ludwig J., Problemgeschichte der Psychologie, 2. Auflage, München: Francke, 1984.

Pongratz, Ludwig J., John Broadus Watson, in: Wilhelm Arnold, Hans J. Eysenck & Richard Meili (Hrsg.), Lexikon der Psychologie, Bd. 3, 2. Auflage, Freiburg i.Br. – Basel – Wien: Herder, 1987, 2531 – 2533.

Quitmann, Helmut, Humanistische Psychologie. Zentrale Konzepte und philosophischer Hintergrund, Göttingen – Toronto – Zürich: Hogrefe, 1985.

Rahner, Karl, Sendung und Gnade. Beiträge zur Pastoraltheologie, Innsbruck – Wien – München: Tyrolia, 1959.

Rahner, Karl, Die Beachtung der Altersstufen und die stufenweise Initiation in das gelebte Christentum, in: Franz X. Arnold, Karl Rahner, Viktor Schurr & Leonhard M. Weber (Hrsg.), Handbuch der Pastoraltheologie. Praktische Theologie der Kirche in ihrer Gegenwart, Bd. II / 1, Freiburg i.Br. – Basel – Wien: Herder, 1966, 110 – 133.

Rahner, Karl, Die grundlegenden Imperative für den Selbstvollzug der Kirche in der gegenwärtigen Situation, in: Franz X. Arnold, Karl Rahner, Viktor Schurr & Leonhard M. Weber (Hrsg.), Handbuch der Pastoraltheologie. Praktische Theologie der Kirche in ihrer Gegenwart, Bd. II / 1, Freiburg i.Br. – Basel – Wien: Herder, 1966a, 256 – 276.

Rahner, Karl, Frömmigkeit früher und heute, in: ders., Schriften zur Theologie, Bd. 7, Einsiedeln – Zürich – Köln: Benziger, 1966b, 11 – 31.

Rahner, Karl, Die Rücksicht auf die verschiedenen Altersstufen in der immer erneuten Glaubensmystagogie, in: Franz X. Arnold, Ferdinand Klostermann,

Karl Rahner, Viktor Schurr & Leonhard M. Weber (Hrsg.), Handbuch der Pastoraltheologie. Praktische Theologie der Kirche in ihrer Gegenwart, Bd. III, Freiburg i.Br. – Basel – Wien: Herder, 1968, 528 – 534.

Rahner, Karl, Einübung priesterlicher Existenz, 2. Auflage, Freiburg i.Br. – Basel – Wien: Herder, 1970.

Rahner, Karl & Vorgrimler, Herbert, Kleines Konzilskompendium, 18. Auflage, Freiburg i.Br. – Basel – Wien: Herder, 1985.

Rogge, Jan-Uwe, Die Gefahr des Bösen, die Lust am Bösen: Über die Gewalt in den Medien, in: Anton A. Bucher, Rudolf Seitz & Rosemarie Donnenberg (Hrsg.), Das Böse. Tabu oder Herausforderung? (Veröffentlichung der Salzburger Internationalen Pädagogischen Werktagungen; Bd. 53), Salzburg: Müller, 1999, 39 – 54.

Rogge, Klaus E. (Hrsg.), Steckbrief der Psychologie, 4. Auflage, Heidelberg: Quelle und Meyer, 1983.

Rombach, Heinrich, Substanz – System – Struktur. Die Ontologie des Funktionalismus und der philosophische Hintergrund der modernen Wissenschaft, 2 Bde., 2. Auflage, Freiburg i.Br. – München: Alber, 1981.

Roth, Henrik, Skinner-Box, in: Wilhelm Arnold, Hans J. Eysenck & Richard Meili (Hrsg.), Lexikon der Psychologie, Bd. 3, 2. Auflage, Freiburg i.Br. – Basel – Wien: Herder, 1987, 2095.

Sandt, Fred-Ole, Religiosität von Jugendlichen in der multikulturellen Gesellschaft. Eine qualitative Untersuchung zu atheistischen, christlichen, spiritualistischen und muslimischen Orientierungen (Jugend – Religion – Unterricht. Beiträge zu einer dialogischen Religionspädagogik; Bd. 3), Münster: Waxmann, 1996.

Schambeck, Mirjam, Mystagogisches Lernen, in: Georg Hilger, Stephan Leimgruber & Hans-Georg Ziebertz (Hrsg.), Religionsdidaktik. Ein Leitfaden für Studium, Ausbildung und Beruf, München: Kösel, 2001, 373 – 384.

Schiepek, Günter & Tschacher, Wolfgang, Application of Synergetics to Clinical Psychology, in: Wolfgang Tschacher, Günter Schiepek & Ewald J. Brunner (Hrsg.), Self-Organization and Clinical Psychology. Empirical Approaches to Synergetics in Psychology (Springer Series in Synergetics; Bd. 58), Berlin – Heidelberg – New York: Springer, 1992, 3 – 31.

Schlippe, Arist von, Der systemische Ansatz – Versuch einer Präzisierung, in: Zeitschrift für systemische Therapie 6 (1988) 81 – 89.

Schlippe, Arist von, Familientherapie im Überblick. Basiskonzepte, Formen, Anwendungsmöglichkeiten (Beihefte zur Zeitschrift Integrative Therapie; Bd. 6), 9. Auflage, Paderborn: Junfermann, 1991.

Schlüter, Richard (Hrsg.), Ökumenisches und interkulturelles Lernen. Eine theologische und pädagogische Herausforderung, Paderborn: Bonifatius, und Frankfurt am Main: Lembeck, 1994.

Schmidt, Heinz, Ethik und Didaktik der Diakonie – Perspektiven für diakonisch-soziales Lernen, in: Arnd Götzelmann (Hrsg.), Einführung in die Theologie der Diakonie. Heidelberger Ringvorlesung (DWI-Info / Forum Materialien Informationen; Sonderausgabe), Heidelberg: Selbstverlag des Diakoniewissenschaftlichen Instituts der Universität Heidelberg, 1999, 135 – 154.

Schuster, Robert, Was sie glauben. Texte von Jugendlichen, Stuttgart: Steinkopf, 1984.

Schwab, Ulrich, Familienreligiosität. Religiöse Traditionen im Prozeß der Generationen (Praktische Theologie heute; Bd.23), Stuttgart – Berlin – Köln: Kohlhammer, 1995.

Schweitzer, Friedrich, Religion im Lebenslauf: Biographie und religiöse Entwicklung, in: Werner Tzscheetzsch & Hans-Georg Ziebertz (Hrsg.), Religionsstile Jugendlicher und moderne Lebenswelt (Studien zur Jugendpastoral; Bd. 2), München: Don Bosco, 1996, 129 – 157.

Schweitzer, Friedrich, Lebensgeschichte und Religion. Religiöse Entwicklung und Erziehung im Kindes- und Jugendalter, 4., überarbeitete und erweiterte Auflage, Gütersloh: Kaiser – Gütersloher Verlagshaus, 1999.

Schweitzer, Friedrich, Nipkow, Karl E., Faust-Siehl, Gabriele & Krupka, Bernd, Religionsunterricht und Entwicklungspsychologie. Elementarisierung in der Praxis, Gütersloh: Kaiser – Gütersloher Verlagshaus, 1995.

Seckler, Max, Die Reich-Gottes-Idee bei Johann Baptist Hirscher und in der Tübinger Schule. Zur Aktualität der Zentralidee des Christentums, in: Gebhard Fürst (Hrsg.), Glaube als Lebensform. Der Beitrag Johann Baptist Hirschers zur Neugestaltung christlich-kirchlicher Lebenspraxis und lebensbezogener Theologie, Mainz: Grünewald, 1989, 12 – 31.

Seitz, Willi, Kontingenz, in: Wilhelm Arnold, Hans J. Eysenck & Richard Meili (Hrsg.), Lexikon der Psychologie, Bd. 2, 2. Auflage, Freiburg i.Br. – Basel – Wien: Herder, 1987, 1134.

Slee, Nicola, Kognitiv-strukturelle Untersuchungen zum religiösen Denken. Überblick und Diskussion unter besonderer Berücksichtigung der Forschung im Anschluß an Goldman in Großbritannien, in: Karl E. Nipkow, Friedrich Schweitzer & James W. Fowler (Hrsg.), Glaubensentwicklung und Erziehung, Gütersloh: Mohn, 1988, 124 – 143.

Spada, Hans, Ernst, Andreas M. & Ketterer, Werner, Klassische und operante Konditionierung, in: Hans Spada (Hrsg.), Lehrbuch Allgemeine Psychologie, Bern – Stuttgart – Toronto: Huber, 1990, 323 – 372.

Spangler, Gottfried & Zimmermann, Peter (Hrsg.), Die Bindungstheorie. Grundlagen, Forschung und Anwendung, 3., durchgesehene Auflage, Stuttgart: Klett-Cotta, 1999.

Stadler, Michael, Kruse, Peter & Carmesin, Hans O., Erleben und Verhalten in der Polarität von Chaos und Ordnung, in: Günter Küppers (Hrsg.), Chaos und Ordnung. Formen der Selbstorganisation in Natur und Gesellschaft, Stuttgart: Reclam, 1996, 323 – 352.

Strauss, Anselm & Corbin, Juliet, Grounded Theory: Grundlagen Qualitativer Sozialforschung, Weinheim: Beltz und Psychologie-Verlags-Union, 1996.

Theißen, Gerd, Universales Hilfsethos gegenüber allen Menschen? – Neutestamentliche Wurzeln der Diakonie, in: Arnd Götzelmann (Hrsg.), Einführung in die Theologie der Diakonie. Heidelberger Ringvorlesung (DWI-Info / Forum Materialien Informationen; Sonderausgabe), Heidelberg: Selbstverlag des Diakoniewissenschaftlichen Instituts der Universität Heidelberg, 1999, 34 – 54.

Trautner, Francesca, Die Entwicklung des Glaubens im Rahmen der Persönlichkeitsentfaltung – James Fowlers Stufentheorie zur Glaubensentwicklung, in: Karl Frielingsdorf (Hrsg.), Entfaltung der Persönlichkeit im Glauben, Mainz: Grünewald, 1996, 41 – 55.

Tschacher, Wolfgang, Prozeßgestalten. Die Anwendung der Selbstorganisationstheorie und der Theorie dynamischer Systeme auf Probleme der Psychologie, Göttingen – Bern – Toronto – Seattle: Hogrefe, 1997.

Ulich, Dieter, Pädagogische Psychologie, in: Roland Asanger & Gerd Wenninger (Hrsg.), Handwörterbuch der Psychologie, 4., völlig neubearbeitete und erweiterte Auflage, München – Weinheim: Psychologie-Verlags-Union, 1988, 512 – 516.

Uslar, Detlev von, Stimmung und Emotion. Trauer und Freude, Angst und Heiterkeit, in: Daseinsanalyse 6 (1989) 20 – 28.

Utsch, Michael, Religionspsychologie. Voraussetzungen, Grundlagen, Forschungsüberblick, Stuttgart – Berlin – Köln: Kohlhammer, 1998.

Waldenfels, Bernhard, Einführung in die Phänomenologie, München: Fink, 1992.

Walter, Hans-Jürgen, Gestalttheorie und Psychotherapie. Ein Beitrag zur theoretischen Begründung der integrativen Anwendung von Gestalt-Therapie, Psychodrama, Gesprächstherapie, Tiefenpsychologie, Verhaltenstherapie und Gruppendynamik, 3. Auflage, Opladen: Westdeutscher Verlag, 1994.

Watzlawick, Paul, Beavin, Janet H. & Jackson, Don D., Menschliche Kommunikation. Formen, Störungen, Paradoxien, 8. Auflage, Bern – Stuttgart – Toronto: Huber, 1990.

Wehner, Ernst, Geschichte der Psychologie, Teil II, in: Wilhelm Arnold, Hans J. Eysenck & Richard Meili (Hrsg.), Lexikon der Psychologie, Bd. 3, 2. Auflage, Freiburg i.Br. – Basel – Wien: Herder, 1987, 749 – 751.

Wesley, Frank, Geschichte der Psychologie, Teil I, in: Wilhelm Arnold, Hans J. Eysenck & Richard Meili (Hrsg.), Lexikon der Psychologie, Bd. 3, 2. Auflage, Freiburg i.Br. – Basel – Wien: Herder, 1987, 734 – 749.

Willke, Helmut, Systemtheorie. Eine Einführung in die Grundprobleme, 2. Auflage, Stuttgart – New York: Fischer, 1987.

Wittling, Werner, Iwan Petrowitsch Pawlow, in: Wilhelm Arnold, Hans J. Eysenck & Richard Meili (Hrsg.), Lexikon der Psychologie, Bd. 2, 2. Auflage, Freiburg i.Br. – Basel – Wien: Herder, 1987, 1562 – 1564.

Pastoralpsychologie und Spiritualität

Herausgegeben von Karl Frielingsdorf

Band 1 Martin Lörsch: Systemische Gemeindeentwicklung. Ein Beitrag zur Erneuerung der Gemeinde im Geist des Zweiten Vatikanischen Konzils. 1999.

Band 2 Angelika M. Eckart: Bezogene Individuation in der Ehe. Eine pastoralpsychologische Studie über den Beitrag systemischer Therapiemodelle für die institutionelle katholische Eheberatung. 1999.

Band 3 Peter Egenolf: Identitätsfindung im Ordensleben. Eine Auseinandersetzung mit L. M. Rulla über die spirituelle und psychosoziale Dynamik in der Ausbildung zum Ordensleben. 2000.

Band 4 Jürgen Langer: Auf Leben und Tod. Suizidalität bei Jugendlichen als Herausforderung für die Schulseelsorge. 2001.

Band 5 Roland Sabel: Der Gottesbezug als grundlegende Lebensausrichtung. Zugangswege zum "Prinzip und Fundament" der "Geistlichen Übungen" des Ignatius von Loyola für Menschen am Beginn des 21. Jahrhunderts. 2003.

Band 6 Klaus Kießling: Religiöses Lernen. Multidisziplinäre Zugänge zu religionspädagogischer Theorie und Praxis. 2003.